封疆大吏吴棠

FENGJIANG DALI WUTANG

徐茵 著

全国百佳图书出版单位
时代出版 APGTIME
时代出版传媒股份有限公司
黄山书社

图书在版编目(CIP)数据

封疆大吏吴棠/滁州市文联编;徐茵著.—合肥:黄山书社,2021.1

ISBN 978-7-5461-9495-0

Ⅰ.①封… Ⅱ.①滁… ②徐… Ⅲ.①吴棠(1813-1876)—生平事迹 Ⅳ.①K827=49

中国版本图书馆 CIP 数据核字(2021)第 003800 号

封疆大吏吴棠
FENGJIANG DALI WUTANG

徐 茵 著

出 品 人 贾兴权
责任编辑 章莹莹
责任印制 李晓明 李 磊
装帧设计 钱志刚
出版发行 黄山书社(http://www.hspress.cn)
地址邮编 安徽省合肥市蜀山区翡翠路 1118 号出版传媒广场 7 层 230071
印　　刷 永清县晔盛亚胶印有限公司
版　　次 2021 年 1 月第 1 版
印　　次 2023 年 6 月第 3 次印刷
开　　本 700 mm × 1000 mm 1/16
字　　数 210 千字
印　　张 17.25
书　　号 ISBN 978-7-5461-9495-0
定　　价 66.00 元

服务热线 0551-63533706

销售热线 0551-63533761

官方直营书店(https://hsss.tmall.com)

总 序

滁州雄峙皖东，襟江带淮，春秋时期即为吴头楚尾之地。自隋开皇三年（583 年）设州至今已 1400 多年，有“金陵锁钥、江淮保障”“形兼吴楚、气越淮扬”之誉。千百年来，长江文化、淮河文化、淮扬文化在这里交融传承，形成了滁州开创性、开放性和包容性兼备的文化特征。这些文化特征，孕育了滁州丰富多元而又有自身独特魅力的文化森林。

滁州人文荟萃，底蕴深厚。西晋末年，琅琊王司马睿由此东渡，建立东晋；五代后周，赵匡胤在此击败南唐主力，奠定北宋帝业根基；元朝末年，朱元璋肇建“滁阳一旅”，开创大明王朝。鲁肃、徐达、戚继光、憨山、吴敬梓、吴棠、章益等诸多名人光耀故里。唐宋年间，韦应物、李绅、李德裕、王禹偁、欧阳修、辛弃疾等文学家、政治家先后治滁，留下德政遗风和《滁州西涧》《醉翁亭记》等千古华章。明朝中期，一代儒学宗师王阳明任太仆寺少卿，讲学滁州，“儒风之盛、夙贯淮东”。

滁州敢为人先，具有光荣的革命传统。抗日战争时期，滁州是全国 19 个抗日根据地之一，刘少奇、罗炳辉、方毅、张云逸等老一辈革命家在此留下了光辉的战斗足迹。1978 年，凤阳县小岗村 18 户农民首创农业“大包干”，揭开中国农村改革的序幕。历经四十多年的改革开放，滁州积极融入长三角，经济社会发展取得长足进展，主要经济指标稳居全省前列。

为弘扬和传承地域文化，由滁州市委、市政府提出，市委宣传部牵头，市文联组织创作了《滁州文化丛书》，收录的 8 本作品逾 150 万字，多角度讲述滁州文化故事，力求深层次挖掘滁州文化底蕴、展现滁州文化魅力。《醉翁亭畔话醉翁》以通俗活泼的文字勾勒了欧阳修在滁州为官两年多时间里的生动图景，深入发掘醉翁文化的当代价值。《朱元璋与淮西集团》重点描绘朱元璋与跟随他起兵的淮西籍（主要为现滁州市地域）将臣的卓著功勋、恩怨情仇，突出了“滁阳一旅”在朱元璋军事生涯中的独特作用，是朱元璋与凤阳、滁州故土关系的全新视角，史料翔实，逻辑严密。《王阳明在滁州》描写了王阳明在滁州任南京太仆寺少卿期间，广纳弟子，传授“心学”的脉络轨迹。晚清名臣四川总督吴棠，是从滁州走出的“天下知名淮海吏”，《封疆大吏吴棠》一书，依据大量的文献资料和吴氏宗亲的口述，对吴棠一生的功绩及吴棠故居做了详细介绍，很多资料、图片为业内首次披露。章益与其父章心培，均为滁州文化名人。他于 1943 年至 1949 年间出任国立复旦大学校长，将复旦大学完整地交给了新中国。《国立复旦校长章益》叙写了章益的生平事迹、学术成就等。《故事里的琅琊山》汇集了琅琊山说不完的故事，帝王将相、文人墨客、一木二瓦、片石半碣，都在传达这座滁州名山的文化情愫。滁州古建筑是滁州文明史的实物见证，是和古人对话的重要通道，《滁州古建筑的前世今生》一书，介绍了滁州市代表性古建筑，希望能让读者追书而行。《滁州民俗面面观》一书则介绍了滁州文化中积淀的岁时习俗、信仰习俗、生活生产经营习俗、婚育寿庆习俗等，对了解江淮地区民风民俗及其流变具有重要意义。

丛书的作者都长期致力于滁州地域文化研究，他们积极搜集资料，广泛开展田野调查，潜心开展创作，力求以最切合的形式，将作品的文化内涵表达完整，故事讲述生动活泼。书稿完成后，我们又先后聘请了刘思祥（安徽省社会科学院人物研究所原副所长、副研究员）、倪阳（滁州学院原党委副书记、市地情人文研究会会长）、许恒贵（滁州市委党史和地方志研究室副主任）、卜平（滁州市政协原调研员、章益生平研究专家）、骆跃泉（滁州市委党校总务处处长、市地情人文研究会副秘书长）、贡发芹（安徽省文史馆特聘研究员、明光市政协文史委主任、吴棠研究专家）等专家对 8 部作品分别进行审读，提出修改意见。在此，我们向各位作者、各位专家表示衷心感谢！

习近平总书记说：“要讲清楚中华优秀传统文化的历史渊源、发展脉络、基本走向，讲清楚中华文化的独特创造、价值理念、鲜明特色，增强文化自信和价值自信。”同时强调，“在历史进程中凝聚下来的优秀文化传统，决不会随着时间推移而变成落后的东西。”《滁州文化丛书》的创作出版，正是践行习近平总书记讲话精神的具体体现。希望这套丛书能够继续延展下去，将滁州优秀历史文化不断发扬光大。

是为序！

《滁州文化丛书》推进工作领导小组

2020 年 12 月 23 日

前　言

晚清四川总督吴棠（1813—1876），字棣华，号春亭、仲宣、仲仙。清代安徽盱眙（今滁州明光市三界镇）人，同治三年（1864年），迁居滁州老城区（今属琅琊区）。幼时虽家贫，仍读书不辍。于道光十五年（1835年）中举，大挑一等，踏上仕途。

吴棠为官后浚河筑堤、赈灾恤民，勤于政事、保境安民，兴办书院、以文化民，治所内政治清明，百姓安居。“老成练达，办事勤能”的吴棠政声卓著，一路由知县升任漕运总督、江苏巡抚、闽浙总督、四川总督、署成都将军，最终成为封疆大吏、晚清重臣。光绪二年（1876年）去世，谥“勤惠”。

清代有“天下八督”之说，即直隶、两江、湖广、两广、闽浙、四川、陕甘与云贵八位总督（清末才增设东三省总督），吴棠曾任两督。吴棠因善政宜民、实心任事、忠于朝廷，“书生跃马君恩重”，而得慈禧太后赏识、倚重，多有迁升。吴棠是清朝政府为遏制曾国藩、李鸿章湘淮集团而着力提拔的官员，因此遭到世人妒忌，“享盛誉者谤亦随”。

因地域关系，吴棠深受桐城派文人“经世致用”的文化影响，“吾眙桐城去不远”。他建“望三益斋”“滁山书堂”藏书万卷，刻书70种，至今仍藏于国内外49个图书馆。吴棠与桐城派文人交往密切，为桐城派文化的继承和弘扬、儒家学说的传播和光大作出重要贡献。

吴氏家族久居安徽滁州，这里是欧阳修、王阳明的宦游地，吴棠深受欧阳修亲民思想的影响，常自喻“我是亲民旧宰官”。常以王阳明“愿闻己过，求通民情”名句自励，操行政绩，为民所仰。

吴棠及其吴氏家族对故乡情谊深厚，“足迹半天下，无如故乡亲。交游及四海，无如故乡人”。在晚清动荡的局势中，他上奏朝廷，驱除祸害滁州六年的太平军叛将李昭寿，越境派兵接管、驻防滁州。并奏请豁免税赋、捐银重建学堂、捐款重建醉翁亭等，帮助滁城百姓休养生息。吴棠是从滁州走出的“天下知名淮海吏”，也是皖东地区清代著名乡贤。

目 录

滁州文化丛书

CHUZHOU WENHUA CONGSHU

上卷

吴棠与滁州

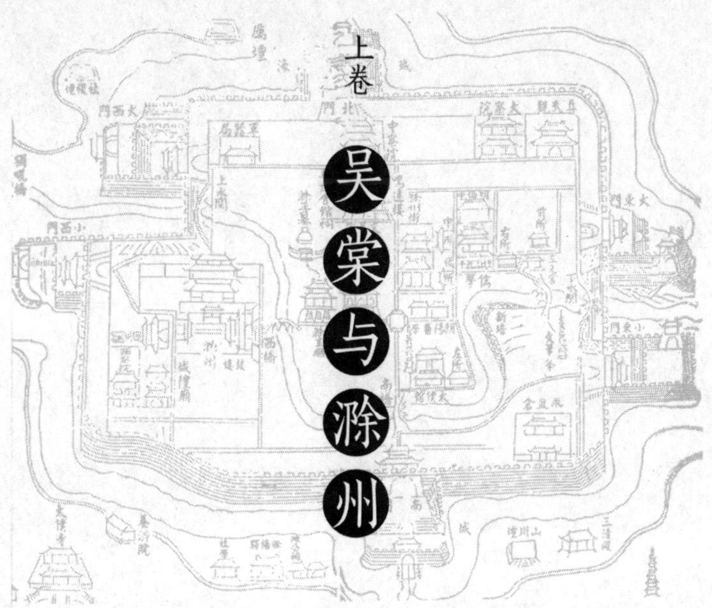

明代滁州城图

第一章 ‖ 映雪苦读寒门子

——吴棠求学

第一节 故乡老三界 孝敬千春延

清代康熙六年（1667年），江南省分为安徽、江苏两省，盱眙县时属安徽省泗州管辖。康熙十九年（1680年），泗州城沉没水中，泗州州治移置盱眙。雍正二年(1724年)，升泗州为直隶州，隶安徽布政使司，盱眙仍为属县。

民国时期，盱眙县直属安徽省。民国二十一年（1932年），安徽省政府划盱眙县大部分地建立嘉山县，县治设在三界。1949年，新中国建立后，盱眙属安徽省滁县专区。为加强对洪泽湖的管理，1955年，盱眙县划属江苏省，隶属淮阴专区。1994年5月31日，嘉山县改为县级明光市，隶属滁州市。

为什么要把盱眙县和明光市的历史叙述得如此清楚明白呢？因为清代嘉庆十八年（1813年），三界的一户贫穷的乡村教师家中，诞生了一位滁州市晚清最为著名的封疆大吏——四川总督吴棠。在吴棠出生的时候，盱眙县尚属安徽省，明光市也没有成立，所以吴棠自称故乡是“安徽盱眙”，每对人说自己是“安徽盱眙县人”。

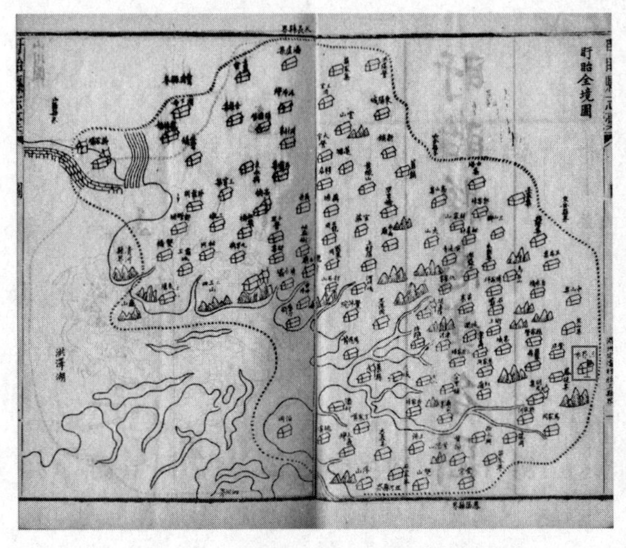

光绪《盱眙县志稿·盱眙全境图》中的三界市

吴棠的故乡“三界”扼江淮分水岭咽喉，钟灵毓秀之地。因处于安徽省滁州、定远、盱眙交界，所以称“三界”或“三界市”。清末津浦铁路通车后，在“三界”附近的小村施郢设了车站，后来成为现在的明光市三界镇的所在地，“三界”被称为“老三界”（以下统称）。

“老三界”在元明时期已发展为重要集镇。晚清时期，吴棠贵为封疆大吏，家乡很多人走出老三界追随于他。尤其是咸丰八年（1858年），老三界被太平军叛将李昭寿烧毁之后，吴棠夫人黄氏带领亲友逃奔时在清河县任职的吴棠，最多时“亲友避难相从者千余人”。这些人有的在军中效力，有的还升了官。同治三年（1864年），太平天国都城天京（今南京）被清军攻破以后，吴棠奏请朝廷驱逐了李昭寿，江淮地区获得安宁。从老三界外出的人纷纷在故乡建房，一时老三界新房林立，成为江淮重镇。位于三县交界的老三界远离政治中心，其繁荣也引来了土匪的觊觎，时常前来骚扰、绑架、勒索。因此，吴棠奏请朝廷同意后，在老三界建了土城。

老三界逐步发展，民国时期，规模越来越大。到了民国二十年（1931 年）5 月，三界士绅邵树谷、吴敬业等人向安徽省政府及南京国民政府内政部“请求变更行政区划，设县分治”。第二年的 10 月 13 日，安徽省政府以 4 个县交界处“重峦叠嶂，盗匪潜滋，拟将原 4 个县分属的 6554 平方公里、91647 人划设新县”。11 月 15 日，经国民政府内政部和安徽省政府批准，从滁县划出马垣墙、樊山寺、江宁后、盈福寺、小岱山、三都六（张八岭）6 个保；从来安县划出嘉山集、尹家集、张铺营 3 个保；从定远县划出嘉山保、大北保、大南保（大横山堡）、潘家营、三和集、槐墟院 6 个保；从盱眙县西南部划出自来桥、乌石山、黄寨、鲁山、凤贤集、罗家岭、大越、管店、刘家集、石坝、明光集、许家河、马家岗、红庙集、查家埠、西永兴、爱棠镇 17 个保，计 32 个保，组成了新设的嘉山县行政区域。1940 年 4 月，又将盱眙县的仇集（现仍属盱眙县）、涧溪、旧县、潘村、古沛、泊岗一带划给嘉山县。老三界自此与盱眙县脱离，成为嘉山县政府的办公地点。民国二十六年（1937 年）12 月 30 日，日寇由南京浦口沿津浦铁路向北进犯，20 日滁县沦陷，21 日来安县城沦陷，22 日嘉山县城沦陷。日寇纵火焚烧了老三界的 6 条街，仅剩下一条南小街，嘉山县衙也被焚毁大半。1938 年以后，民国嘉山县政府迁徙到县东的自来桥，后来又迁到全椒县境内的古河集。1945 年抗战胜利以后，嘉山县政府接管汪伪县政府，迁到明光镇办公。1949 年后一直延续至今。

老三界吴氏来自皖南休宁县商山吴氏孝敬堂，历史悠久，系出唐朝的吴少微。吴少微，字明著、仲材，号遂谷，进士出身，步入仕途后，连续升到晋阳尉，官拜左台监察御史。吴少微是唐代文学家，与著名散文家富嘉谟同时，富吴二人同在晋阳为官时，情投意合。唐初文章犹承六朝余风，富嘉谟和吴少微的文章，始以经术为本，崇雅黜浮，渐趋雄迈，名重一时，人争效之，文体为之一变，世人称为“吴富体”。“吴富体”是唐代最早出现的新式散文文体，吴、富二人由此声振文坛。

吴少微是吴国第一代君主泰伯的第 61 世孙，汉长沙王吴芮第三子浅的后人。唐贞观十四年（640 年），朝廷大招天下名儒讲学于新安歙州，吴少微的父亲义方，参与了盛会。贞观二十三年（649 年），祖父吴良任歙县县令，因父子俩喜爱当地的山水之美，遂举家由豫章（今江西南昌）迁居于歙县问政山。义方生三子太微、少微、宝微。义方墓葬黄墩，少微为守父墓迁居黄墩。少微的母亲叶太夫人葬休宁龙源，少微因守墓又自黄墩迁到休宁莲塘之东的石舌山。后少微的儿子吴巩及第为官，奉少微为新安吴氏一世祖。改石舌山为凤凰山，改莲塘为凤凰池。吴巩传十二世至吴依罋的儿子吴子明，自休宁邑西的金竺迁到商山，是为商山一世祖。

吴子明传九世于吴友贤。吴友贤，字益修，生于南宋绍兴六年（1136 年），在商山为父母庐墓而以孝闻世。“庐墓”是指古人于父母或师长死后，服丧期间在墓旁搭盖小屋居住、守护坟墓的一种行孝的做法。乾道五年（1169 年）六月，通奉大夫、前兵部侍郎兼吏部尚书金安节为吴氏题写“孝敬”二字，悬于吴氏祠堂，并写《孝敬堂记》，文中说：“故益修孝也，而予好之。益修敬也，而予羡之。乃为书孝敬二字，以榜于其堂，不独彰益修之美，亦藉以为范世励俗之助也。”意思是说，对于吴益修为父母守护坟墓尽孝的事迹，金安节是认同并喜欢的，对吴益修不但尊敬而且羡慕。于是为之书写“孝敬”二字，名之于吴氏祠堂，不仅仅是为了彰显吴益修的孝行，而且是让世俗的人以吴益修为榜样，孝敬父母。吴友贤是为吴氏孝敬堂的始祖。

吴友贤传十一世至吴元愷，字士刚，生于明洪武二十六年（1393 年）；传四世至吴万，字汝灵，号西楼。吴万于万历年间“由徽迁滁，始卜居于滁、定、盱之三界市”[①]。吴氏由休宁县商山迁徙到三界这个山清水秀的山村，世代耕读相守，遂为盱眙人。吴万传七世至吴承璧，是为吴棠高祖。曾祖父吴连、祖父吴钋、父亲吴洰。这就是吴棠所说：“吾宗商山初发源，孝敬遗泽千春延。”

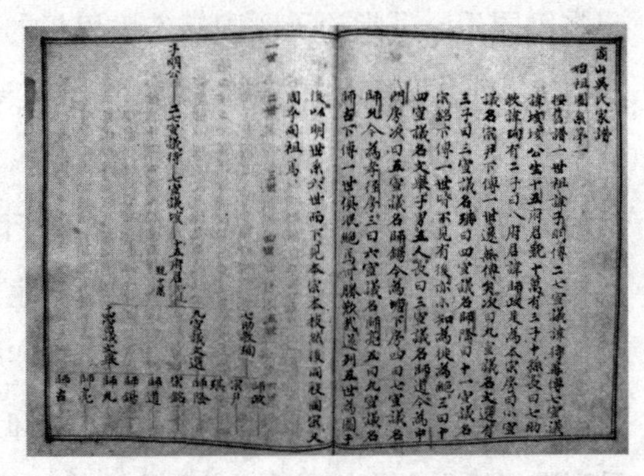
商山吴氏家谱
始祖图系第一

关于老三界，吴棠的侄儿吴炳仁曾有诗说：

①《清代诗文集汇编》编纂委员会编：《清代诗文集汇编·望三益斋诗文钞》，上海：上海古籍出版社，2010 年版，第 82 页。

卜居三百载，地僻胜朱陈。
市小千家集，山深四姓亲。
往来崇礼义，彼此互婚姻。
户户闻弦诵，熙熙风俗淳。

老三界虽然是一个地处三县交界的偏僻村镇，却是一个风俗淳厚、户户向学、崇尚礼仪的“万山重中小桃源”。自明代中叶到晚清，吴氏迁到老三界居住，已经300多年。吴、邵、程、万四姓互通婚姻，其乐融融。吴棠的母亲和嫂嫂都是程姓的姑娘，与吴家数代互为婚姻，相处和睦。吴棠少时家贫，也得到外婆家的照顾。

老三界离盱眙县城远，离滁州县城近，吴氏家族庐墓均在滁境，因而与滁州联系较多。滁州自隋朝开皇三年（583年）设置以来，历史悠久，文化底蕴深厚。琅琊山、醉翁亭等名胜古迹，欧阳修、王阳明等先贤的事迹，给吴棠带来深刻影响。欧阳修在滁州与民同乐，吴棠深受欧阳修亲民思想的影响，常自喻“我是亲民旧宰官”。吴棠后来辗转各地做官，在其诗集中经常可以看到“醉翁亭北，环滁山下”“蔚然深秀指琅琊”的诗句。他在写给薛时雨的信中说：“安得携我良友，优游散步于醉翁亭下，把襟联吟，一倾积愫。”王阳明在滁州讲学，本地学生众多，其“知行合一”的重要思想，在滁州影响数百年。吴棠常以王阳明“愿闻己过，求通民情”名句自励，操行政绩，为民所仰。甚至连吴棠的母亲都受到滁州历史文化的影响，她曾以宋代滁州知州王禹偁的诗《磨》来激励吴棠：

但存心里正，无愁眼下迟。

若人轻着力，便是转身时。

吴棠正是在这样一个环境中成长为中兴名臣、封疆大吏。

第二节 父母性高洁 家风惯守贫

吴棠的父亲吴洹，字圣基，号北山。生于乾隆四十一年（1776年）四月初九。在他11岁的时候，父亲吴钍就去世了。21岁时母亲汪氏也去世了。吴洹性情和易，是一个温厚善良的老好人，但是对于谋生经济之道不大擅长，“不治生产”。贫苦无以为生，于是就努力学习，靠给人家当家庭教师“坐馆为业”。嘉庆五年（1800年），吴洹娶了武庠生程夔光之女为妻。程宗与吴宗均是明代中叶自徽州迁居老三界的，世代互为婚姻。程夔光“豪毅有节，乐与知名人士谈宴”。所以，程氏在娘家的时候就很有见识，了解很多古代历史上的事情。程夔光见吴洹父母双亡，空有房屋数间，家徒四壁，就教育女儿不要嫌弃婆家眼下的贫困，并从各个方面帮助吴洹。吴洹晚年回忆起岳父对自己的帮助时，还感慨地说：“知天命，安守贫困的道理，都是得力于岳父的教诲啊！”

吴棠的母亲程氏，因教子有方，后被朝廷敕封孺人，死后晋赠一品夫人。当年她嫁到吴家的时候，吴洹正在亲戚胡心斋家中做家庭教师，每月得钱两三贯，不足以养家。程氏就想方设法，做各种副业以贴补家用。《先妣程太恭人述略》中说："家君性恬淡，不治生产，太恭人亲操井臼，治酒浆醯醢、女红以佐生计。"这篇文章是吴棠兄弟所写，所说应该是属实的。在目前所发现的资料中始终没有看到吴洹从事农业生产的记载，看来一是吴家到了吴洹这一代非常贫困，已经没有土地；二是吴洹不治生产，对农活不熟悉，否则也可以租种别人的田。吴洹虽识字，但因没有功名，没有受到正规教育，所以薪资很低。作为居住在农村而没有土地又不从事农业生产的吴家，其贫困的程度是可以想见的。吴棠就出生在这样一个困难的家庭，他出生的时候，吴洹已有一子二女。长子吴检已经7岁，二女后来一嫁韦聚华，一嫁太学生邵宝。尽管家庭经济困难，程氏仍然想尽办法来维持生活。过了几年，吴检13岁了，吴棠也6岁了。恰遇荒年，家庭更加困难，吴洹只好从胡家借回一点米来煮稀粥吃。因米太少，吴洹把稀粥分给吴棠兄弟吃，再加上野菜一起煮成羹供自己果腹。吴洹看着吴棠兄弟吃着粗劣的饭

享壽七十有七生 不孝降服男檢 娶程氏以恭公女
續娶程氏履安公女又續娶李氏長秦公女 不孝棠
娶李氏同邑庠生世錡公女續娶譚氏寶慶府知府
光祐公女又續娶黃氏兩淮伍祐場大使宗壽公女
側室史氏女二長適定遠韋 名 聚華次適定遠國學
生邵 名 寶孫男 炳彝 娶鳳陽萬 名 邦治女 炳仁 娶定
遠程 名 致慶女 炳壽 未聘孫女一 不孝檢出 炳禾 娶
句容縣知縣王 名 會圖女 炳麟 聘定遠同知銜胡 名
清女 炳和 未聘孫女 金鑾 適河南葉縣知縣秦 名 茂

林公子爾熙 金蕙 未字 不孝棠出 不孝等奉 太恭
人教素不力於學又昏迷無狀不能述 太恭人懿
行於萬一謹就 太恭人之所著於族黨而傳於閭
閻者敬陳始末伏祈
矜鑒而表揚焉則 不孝等 世世子孫感且不朽
不孝 降服子吳檢 孤子吳棠 泣血稽顙

吴棠、吴检《先妣述略》

食，教育他们：“吃得菜根，百事可做。”这时，有个想要吴家房子的人建议吴家把房子卖掉，以换取金钱来度过荒年。这几间屋子是吴家仅剩的祖产，程氏说：“祖宗几代人留下的家产，后人应该继承光大。现在把它卖了供子孙坐吃山空，很快就会把家产败光的，我们再困难也要守护好。”正是有了程氏的坚持，才保住了房屋，一家人有个遮风避雨的地方。同时，母亲这种要为祖宗争气，不能做败家子的骨气，也给年少的吴棠留下了深刻的印象。可是不卖房子，日子怎么继续过下去？吴洹和程氏商量以后，决定让吴检辍学，帮助家里挣钱，而让吴棠专心读书。从此，程氏每天三更天起床，磨豆腐让吴检去卖。

老三界是典型的丘陵山区，在水利设施缺乏的古代，一遇天旱便会闹水荒。不仅田里颗粒无收，连吃水也很困难。因此，尽管吴棠父母都很勤劳，哥哥年仅 13 岁就干杂活、卖豆腐、捻草养家，但家里还是很困难。吴检开始谋生之时，正值荒年，农民手中没有钱，豆腐也不好卖，有时等了很长时间也没卖完。有一天，一直卖到下午还没卖完，吴检实在太饿了，就把剩下的两块豆腐吃掉了。尽管没有盐的豆腐不好吃，但是饥饿的吴检吃得那样香甜，丝毫没有想到回家交不上账的后果。吃完以后，把卖豆腐的钱数了又数，发现对不上账。吴检眼看天都快黑了，一想到回家无法交账，就不敢回家。等到吴洹和程氏发现吴检还没有回来的时候，天都已经全黑了。他们急忙出门去找，找了很久也没有找到。最后当吴洹找到吴检的时候，只见他蜷缩在一间房屋的门侧，一副可怜的样子。吴洹又心疼又生气，问：“为什么到现在还不回家？”吴检怯懦地说：“因为今天肚子实在太饿，就吃了两块豆腐，怕回家挨打。”吴洹拉着儿子的手，自责道：“都是我的错，都是我的错。”父子俩相拥大哭。吴洹曾有一首《苦荒词》记述吴家的窘境：

齐向娘前哭，邻家见午烟。
甕无平粜粟，囊罄典衣钱。
藜藿曾充食，亲朋鲜见怜。
数椽坚誓守，留待子孙贤。

这首诗是说邻居家已经烧午饭了，自己家中的午饭还没有着落，孩子们饿得一起对着母亲哭。家中的米缸已经空了，口袋里

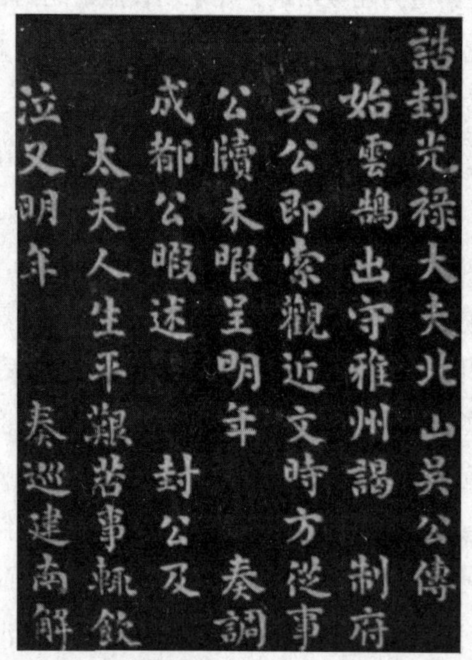
誥封光祿大夫北山吳公傳
始雲鵠出守雅州謁 制府
吳公即索觀近文時方從事
公牘未暇呈明年 奏調
成都公暇述 封公及
太夫人生平艱苦事輒欲
泣又明年 奏巡建南解

黄云鹄《北山吴公传》

典当衣物的钱也用光了。用野菜充饥是经常的事，亲戚也很少给予帮助。但是，无论如何都要把家中仅剩的几间茅屋保住，留待将来子孙成才。

数十年后，吴检的儿子吴炳仁已是扬州知府，回忆这段往事，写道："呜呼，吾家穷困如此，每一思之，不禁涕泪涔涔下矣。吾子孙得以有今日，安忍忘耶。"在其《冰蚕剩稿》中还有一首诗《风雪负籴》：

漏下三更弟犹读，籴米百里兄未归。
吾祖望儿愁不寐，四郊风紧雪花肥。

荒年时本地买不到米，要到百里之外的县城去买。吴检去买米，恰逢下大雪，直至深夜才冒雪而归。吴检进门时已经冻得说不出话来，手脚都被冻开裂了。程氏本就担心大儿子晚归而没有睡觉，一见吴检冻成这样，心疼得抱住儿子坐在火边烤。这时小吴棠也没有睡觉，正在灯下读书，见哥哥回来了，也急忙过来拉住哥哥冻得冰凉的手。程氏流着泪说："你们兄弟千万不要忘了今日啊。"

吴检很有做生意的头脑，他觉得仅仅靠白天卖豆腐，赚的钱太少，无法补贴一家6口的生活。于是，他就把吴洹的一件冬天御寒的棉袍当给当铺，用当得的一点钱，置了一盘石磨，帮人磨麦子换取工钱。到冬天的时候，吴检已经赚了一些钱，再把吴洹的棉袍赎了回来。就这样，渐渐余了一些钱，吴检就买了一头毛驴。用毛驴推磨，既可以节省体力，又可以再做些别的活计。吴检就一边看着毛驴磨面，一边用白天捡来的草捻成穿铜钱用的绳子。清代用的铜钱需要用绳子串成一串串的，方便携带，而这些绳子就是用专门的草捻成的。吴检后来告诉儿孙：“我一夜的辛苦，父母的早餐及茶盐诸费就不愁了。”就这样，程氏又做一些米酒、豆酱等让吴检白天与豆腐一起卖，晚上磨面、捻草，渐渐地家里的日子就可以维持了。过了几年，吴检娶了舅舅家的女儿。这位小程氏和姑姑程氏一样能干，家务之余还帮助吴检做生意。家中终于有了可以吃一个月的余粮，生活的压力减轻了，吴棠终于可以安心读书了。

吴洹和程氏生性善良，虽然贫困，但仍帮助亲朋，助人为乐。尤其是对生活的乐观、豁达，给吴棠和后人以积极的影响。吴棠考上举人，官至知县，遇大水，冒酷暑指挥泄洪，赈济灾民，收养弃婴2000余名。吴洹闻之大喜，说：“我现在吃得饱，睡得安稳了。”后来吴棠虽然身居高位，但是每到一处任职，都

奉
天承運
皇帝制曰雲霄官閥式崇開府之勳勞
戟家風實賴亢宗之美爰施寵獎用
責徽章爾吳洹通頭品頂戴四川總
督吳棠之父世授青緗庭生玉樹貽
之清白蔚為盛世珪璋教以義方屹
作熙朝屏翰茲以覃恩贈爾為光祿
大夫錫之誥命於戲稱先則古詩書
蘊文武之謨浴德澡身忠孝立子臣
之鵠祇承渥典允荷殊榮
制曰家聲光大庭闈之式穀攸先門祚
繁昌閨閫之貽麻風裕濟加天寵用
闡母儀爾程氏通頭品頂戴四川總
督吳棠之母嫻於典則著有規型愛
必先勞每勖莅官之敬忠於所事率
由貽穀之賢茲以覃恩贈爾為一品
夫人於戲錫茂獎於蘭陔芳昭益播
被恩風於蕙閫馨澤彌新祇承榮章
允標淑德
誥命
同治十一年十月初九日
之寶

同治皇帝敕封吴棠父母的圣旨（吴棠侄五世孙吴至海提供）

把百姓的疾苦放在心上，甚至不惜得罪权贵，也要惩治不顾民生利益的官吏。吴检的儿子吴炳麒（忠州知州）、吴炳仁（上海海关道），吴棠的次子吴炳祥（江南盐巡道）、三子吴炳和（直隶候补道）、女婿杨士燮（浙江巡警道）后来都成为朝廷官员，仍然牢记家训“且喜家风惯守贫”。

第三节　自幼勤努力　苦读不计时

吴棠小时候不是才思敏捷的人，说话很迟，“讷讷如不能出口”，而且不苟言笑，又因排行老二，被称为“二痴”。吴棠一生都给人很木讷，即质朴迟钝、没有口才的印象。但是他很勤奋，笨鸟先飞，抓住一点点的时间刻苦学习。而且他心里很有主意，每遇大事都有决断，不拖泥带水，不犹豫不决。终于功夫不负有心人，无论是做官还是为学都取得很大成就。

一、棠名棣之华，仲宣是为号

吴棠的父亲吴洹在吴棠出生的时候，就用《诗经·小雅》中的《常棣》为之取名。常棣即棠棣，“常棣之华，鄂不韡韡。凡今之人，莫如兄弟。”棠棣花开，花萼花蒂鲜艳明媚。今世之人，都不如兄弟亲近。大约是因为棠棣之花，花开时锦锦簇簇，并开两朵或者三朵。而吴棠又有哥哥吴检，吴洹由棠棣花联想到兄弟，希望他们兄弟情深，就为次子取名吴棠，字棣华，号春亭。

目前国内的历史文献和研究文章对吴棠是字“棣华”还是字“仲宣”没有定论，原因是历史文献记载的混乱给今人造成困惑。一种是“吴棠，字棣华，号仲宣”。如《重修盱眙吴氏族谱》中吴棠传写着：“吴棠，字棣华，号仲宣。”[①]《吴勤惠公年谱》中写着：“公讳棠，字棣华，号春亭，又号仲宣。”[②]黄云鹄《吴勤惠公传》中也写道：“公名棠，号仲宣。”[③]

另一种是“吴棠，字仲宣，号棣华”。如王锡元《盱眙县志稿》、1962年版《盱眙县志》、汪雨相《嘉山县志稿》、《安徽历史名人词典》等都写着：“吴棠，字仲宣。”甚至民国年间纂修的正史《清史稿·吴棠传》等资料也写着：“吴棠，字仲宣，号棣华。”

今根据以下几个证据将吴棠的字确定为棣华，号春亭、仲宣、仲仙。一是根据古人取名与字的习惯来确定。“古者名以正体，字以表德。”意思是说，名是用来区分彼此的，字则是表示德行的。两者性质不同，用途也不大一样。名与字在多数情况下共同构成一个人的代号，尽管用途不尽相同，但两者之间还是有联系的。古人给孩子取名时往往就因名取字，名与字大多有联系，内容毫不相干的情况几乎见不到。如三国时的名将张飞，字翼德，在这一名字中，“飞”是名，“翼德”则是对“飞”的解释，因为“飞”就是“翼之德”（翅膀扇动而造就的功德）。吴洹为次子取名棠，字

①《盱眙吴氏孝敬堂族谱》，同治十三年（1874年）望三益斋刻本，第35页。吴至海提供。

② 陈庆年：《吴棠年谱》，《近代史资料》总75号，北京：中国社会科学出版社，1989年版，转引自贡发芹《吴棠史料》第57页。

③ 沈云龙主编，缪荃孙纂录：《近代中国史料丛刊·续碑传集·督抚》，台北：文海出版社，1966年版，第21页。

棣华。棣华是棠字的延伸，符合古人起名的习惯。

二是晚清有称呼别人号的习惯。如曾国藩，字伯涵，号涤生，人多称涤生。李鸿章，字渐甫或子黻，号少荃（泉），人多称少荃（泉）。与吴棠有交往的晚清名人都称呼他仲宣或仲仙，在曾国藩、李鸿章与吴棠的大量信件中都是如此称呼。吴棠于咸丰八年（1858年）在籍丁忧，李鸿章有《戊午七月庐垣再陷重过明光次韵示吴仲仙》二首，称吴棠为仲仙。后来，薛时雨等乡贤也称其仲仙。

三是依据吴棠生前在其所写文章后的署名。吴棠往往署名为“盱眙吴棠 仲宣”或“盱眙吴棠 仲仙”。古人在成年以后，往往自称其名、别号表示谦逊，而不会自称字。

四是根据比较可信的历史文献。如《重修盱眙吴氏族谱》是吴棠生前亲自主持纂修的，由吴棠族侄吴焘、吴炳彝编纂，吴棠的儿子吴炳祥、吴炳和亲自校刊的。再如吴棠去世后，吴炳祥于光绪十七年（1891年）请吴棠的再传弟子陈庆年撰写的《吴勤惠公年谱》。还有曾跟随吴棠多年的四川成都知府黄云鹄撰写的《吴勤惠公传》。这些史料都记载的是“吴棠，字棣华，号仲宣”，应该是可信的。

古人在成年以后，名字只供长辈和自己称呼，自称其名表示谦逊，而字才是用来供社会上的人称呼的。别号是使用者本人起的，不像姓名要受家族、行辈的限制，因而可以更自由地抒发或标榜使用者的某种情操。吴棠原号春亭，仲宣可能是在任职淮安的时候自己起的号。淮安古称山阳。山阳郡有名人王粲（177—217），字仲宣。王粲是东汉末年文学家，“建安七子”之一。蔡文姬的父亲蔡邕一见到王粲，就觉得他是个奇才。蔡邕的才学天下闻名，受到满朝官员的敬重，蔡邕府第前经常是车马填巷，他家的客厅也常宾客满坐。一天，蔡邕听说王粲在门外求见，便急忙出迎，连鞋子穿倒了也顾不上。王粲一进门，满屋的人都感到很吃惊。有可能吴棠仰慕王粲的才学高义，遂以此为号。

同治七年（1868年），吴棠在《泉漳治法论》一书上的钤印即“仲宣”。同治十一年（1872年），吴棠在《杜诗镜铨》一书上的钤印即“仲仙”。可知吴棠是两号同用。中国社会科学院顾建娣博士在其著作《吴棠与咸同政局》中这样标示：“吴棠，字棣华，号仲宣（或仲仙）、春亭”，应是很准确的。[①]

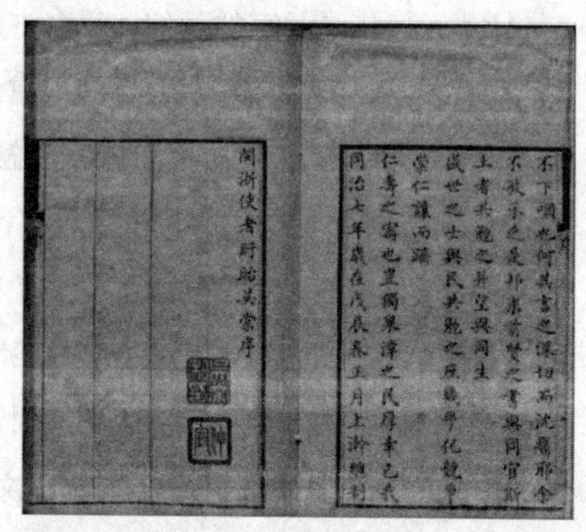
不下咽也何其言之深切而沈痛耶令
不敢予之是邦東京賢之書與同官浙
上者共勉之并望與同生
盛世之士與民共勉之庶幾乎化鏡乎
棠仁讓而躋
仁壽之寓也豈獨泉漳之民厚幸已哉
同治七年歲在戊辰春王月上浣

吴棠在《泉漳治法论》书中的钤印“仲宣”

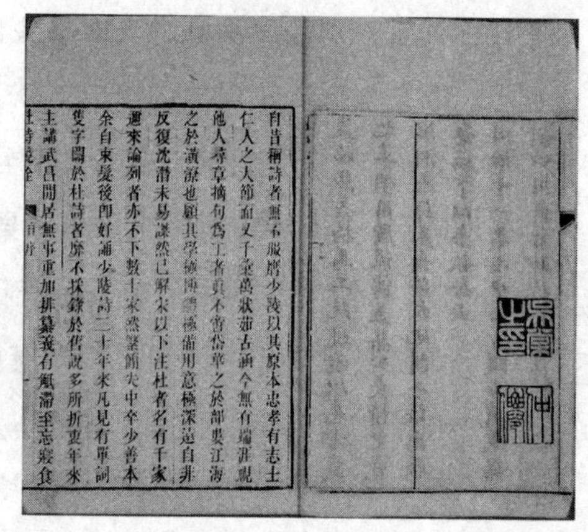
自昔稱詩者無不服膺少陵以其原本忠孝有志士
仁人之大節而又千彙萬狀茹古涵今無有端涯泯
他人尋章摘句爲工者眞不啻岱華之於部婁江海
之於潢潦也顧其學極博書極備用意極深遠自非
反復沈潛未易謀然已解宋以下注杜者名有千家
邇來論列者亦不下數十家然繁簡失中卒少善本
余自束髮後即好誦少陵詩二十年來凡見有單詞
隻字關於杜詩者靡不採錄於舊說多所折衷年來
主講武昌閒居無事重加排纂義有觚滯至忘寢食
杜詩鏡銓 自序

吴棠在《杜诗镜铨》书中的钤印“仲仙”

二、家贫难酬师，映雪苦读时

老三界地处三县交界的偏僻之地，远离政治和文化中心，教育资源缺乏。又因家贫无法支付学费，频繁更换业师。所以吴棠

① 顾建娣著：《吴棠与咸同政局》，北京：中国社会科学出版社，2014年版，第5页。

除跟随父母学习以外，多是跟从吴氏族亲或亲戚学习。其父母为了让他安心学习，不惜让 13 岁的哥哥吴检辍学，做小生意以补贴家用。尽管他非常努力，但是由于教育资源缺乏和家境贫寒，还是给他的学习带来了很大的困难。相比较于他同时代的左宗棠、曾国藩、李鸿章、张之洞等人的学习生涯，吴棠最终能考取举人，取得后来的成就真的是难能可贵。

嘉庆二十三年（1818 年），吴棠进入吴氏孝敬堂的家塾。家塾对于贫苦的家庭是免费的，这对于吴棠家来说是一件大好事。可是学费虽然免了，但买书的钱也是一笔开支，吴家一时拿不出。于是，吴棠的母亲程氏就帮别人家做女红赚一点钱，为吴棠买了纸和笔。吴棠就借同窗的书，把每日先生要教的内容抄下来，回家以后复习诵读，这样就解决了书费的难题。这段无书可读的经历，深深地印在了吴棠的心中。后来，终其一生，他都对书籍有着发自内心的喜爱。他藏书、刻书，帮助困难的学子，甚至在他去世的前一天，还筹划着要为家乡的学子办一所学校。

其时，家塾的先生为吴棠的族兄吴榜。吴榜，字凝芳，是盱眙县庠生，饱读诗书。庠生也就是秀才，为明清科举制度中府、州、县学生员的别称。州、县学为“邑庠”，所以秀才也叫“邑庠生”，或叫“茂才”。秀才向官署呈文时自称庠生、生员等。

嘉庆二十五年（1820 年），吴棠改从族祖父吴泰受业。吴泰，字甸春，盱眙贡生。道光元年（1821 年），吴棠的三伯父吴求逝世了，吴棠的父亲兄弟四人，大哥吴礼、二哥吴恭早逝，吴洹在外授馆，家中诸事都是吴求操持。他一去世，只留下一女，吴洹便不能再外出授馆。吴洹遂回家设馆，以方便教授吴棠兄弟、抚养侄女。所以吴棠从9岁起，跟随父亲在家学习。吴洹教子很严，无论寒暑，每天鸡鸣即起，教吴棠以《朱子小学》及圣贤书。把前贤名言粘在窗户上，以便吴棠随时学习。山区缺水，吴棠每天天不亮就要起床，到土井边排队等着打水。即使这样短暂的时间，吴棠也不浪费，仍挟着书卷，借着手中灯笼的模糊光亮诵读，不负片刻光阴。每天晚上，一盏灯挂在墙上，哥哥吴检用石磨磨麦作面粉，吴棠就在磨旁就灯夜读。无论季节变化，从不间断。第二年，吴棠10岁了。吴洹已教不了吴棠，于是吴棠外出求学，随凤阳县万文渊学习。万文渊，字龙文，庠生。此时，吴棠家境稍有好转，所以在凤阳跟从万文渊学习了3年，这是他从师就学中时间最长的。

吴棠虽然年幼，但自励刻苦。因家贫，经常借月光读书。冬天下了大雪，借雪光读书，甚至在除夕夜就邻居家的灯光读书。13岁时，吴棠再次回家塾跟从族兄吴榜学习。14岁，吴棠跟从舅舅程瑞轩学习。程瑞轩，字兆麟，盱眙县庠生。15岁那年，族兄吴楷回乡探亲，吴棠把自己的文章送给吴楷审改，向吴楷请教。吴楷，字次山，有《蕉窗吟稿》，历任建始县、宜山县、怀集县、临桂县知县，百色同知、林州知州。吴楷是吴棠高祖吴承璧的弟弟吴承旨的后人。其父亲吴淮，字簪园，有《经义考四卷》《制艺四卷》，曾因参加《四库全书》的校刊工作，而授桃源县教谕，历任福建霞浦、南靖等县知县。吴楷是当时吴氏家族中唯一在外做官并有举人功名的人，无论学识和眼界都是当时老三界首屈一指的人。吴棠得到他的指教，学业上得到提高。后来吴棠与这位族兄一直保持良好的关系。

16岁开始，吴棠跟从族叔盱眙庠生吴洛（字卫生）学习两年。18

岁，吴棠入族兄吴棨门下受业。吴棨，字戟门，号小园，盱眙庠生，生于乾隆四十九年（1784 年），是吴楷的亲哥哥，吴炳经和吴焘的父亲。因吴楷无子，过继吴炳经为后。对于吴炳经和吴焘，吴棠后来都视如己出。吴炳经在同治三年（1864 年）随吴棠家族一同迁居滁州，在滁州建了北公馆。吴焘一直待在吴棠幕府，直至光绪二年（1876 年）陪同吴棠一起从四川回乡（见《游蜀日记》）。同治年间吴棠主持纂修的《重修盱眙吴氏族谱》就是吴焘亲自编纂的。吴棨“宽仁有度，敦孝友，好学不倦，工吟咏，诗派近渔洋山人（王士禛）”，晚年著有《见猎集》，卒于道光二十六年（1846 年）。

道光十一年（1831 年），也就是吴棠 19 岁这一年，改从定远贡生邵僦（字屏山）读书。当年八月，吴棠以《樊迟问仁三章》为安徽学政鄂木顺额选中，补盱眙县学生员。鄂木顺额，钮祜禄氏，字复亭，满洲正蓝旗人。明清时期，经本省各级考试入府、州、县学者，通名生员，俗称秀才，亦称诸生。生员常受本地教官（即教授、学正、教谕、训导等）及学政（明为学道）监督考核。

道光十二年（1832 年），吴棠赴亲戚李氏家坐馆授徒，开始他的教学生涯。

三、有书不为贫，勤学终有成

吴棠考中秀才之后，一边教学，一边继续苦读。曾手持文章求教于定远县举人陶杰（字琴坡）先生。吴棠的母亲是个有见识的女性，她经常邀请有文化的乡邻晚间来家里做客，这些人与吴洹高谈阔论，引经据典，给吴棠以很深的启迪。每至夜深，程氏都要做些夜宵来款待乡邻。有次家中经济困难，一时无钱，程氏不惜剪去自己的长发换钱来酬宾。多年以后，她的孙子吴炳仁还作诗记下了这件事：

老辈谈经灯火新，兄酬弟劝乐双亲。
回思剪发留宾日，一家都含太古春。

道光十五年（1835年）八月，吴棠应本省恩科乡试，中式第62名举人。其主考为阁学卓海帆先生，名秉恬；编修单地山先生，名懋谦；房师溧水县刘眉士先生，名佳。

单懋谦（1802—1879），字地山，湖北襄阳人。道光十二年（1832年）进士。次年，授翰林院编修。吴棠在同治元年（1862年）曾写信给单懋谦，诉说对老师的思念。吴棠的应试题是《君子不以言举人》，其文曰：

人不以言定，君子之重于举人也。夫人以言举，则重言而轻人矣。君子取人，则以人为重，夫岂以言定人乎？且国家延揽天下士，莫不以得人为幸，得人者得其人之真，而伪者不得托也。至取人之术疏，而不以人之所存者观其人，第以人之所发者信其人。不以人之所藏者察其人，转以人之所炫者决其人。无定识者，必无以别英才，而人之真不出，而取人者之真亦不出。君子曰："是泛于观人也，是易于听言也。"是以言定人，而不知以人定人也，则未尝据言与人之轻重而衡之也。尧典重若采之任，　而静言者勿庸皋谟，详官人之方，而巧言者必黜。古君子旁求俊乂，实有专存乎？言之先者而言其后焉者也，则汲引为有要也。德进事举之有经而言扬，始明其典庶狱、庶慎之有职，而庶言亦列其官。古君子鉴别人材，实有兼重乎言之外者而言其附焉者也，则登进未敢轻也。而谓君子曾以言举人乎？士林之趋，向因朝廷之好尚而开。吾取人而先取言，而人既工其言以悦吾，吾爱言而遂爱人，而人不且袭其言以尝吾乎？就令不必袭，而舍其可据之人，录其无凭之言，迨至其言不符，而吾所深信之人转为吾所深疑之人，亦自咎知人之明未至矣。君子所以清举人之源也。堂陛之经纶，待修士之才猷而定。吾举人而皆由言进，则以言见者可以取；吾举人而第由言进，而不以言见者，皆可弃乎？就令可以弃而置其常见之人，信其暂见之言，迨至其言不验，而吾所甚羡之人转为吾所甚鄙之人，亦自悔察言之识未精矣。君子所以杜举人之弊也，必文章道德之宗，而后登之廊庙，此意似失之严，而不知其严以待人正其厚以待人也。盖英俊登朝，不以详慎为嫌，而以幸进为耻。人不以言举，庶暗修者得以自见耳。 故有君子之鉴衡弗爽，而华士不参钧衡之任，真儒乃展经济之材，以雄辩高谈之士而使屈于衡茅，此意或邻于隘，而不知其隘于待人，正其善以全人也。盖瑰词驰骋，用之清谈则可喜，试之实务则多疏。人不以言举，斯浮夸者无由滥列耳。故有君子之赏识维精，而经术不贻误于苍生，贤才可上贡于天子。此君子之重于取人也。

吴棠对这篇文章很满意，后来还将之收入其著作《望三益斋诗文钞》中。吴棠多年的辛苦终于有了成果，考中举人就意味着进入了国家人才库，成为官吏的后备人才。当月，吴家双喜临门，吴棠娶盱眙庠生李世锜之女李氏为妻。

第四节　乡亲情义重　助君上青云

吴棠考中举人以后，依然刻苦攻读，先后5次进京赶考，均名落孙山。最大的收获是在京结识盱眙同乡杨殿邦，得到他的器重与帮助，并与杨家结成五代人的缘分。

一、京城有奇遇，乡亲施甘霖

吴棠于道光十六年（1836年），赴礼部会试落第，返乡继续教授蒙馆以维持生计，作有《励志》诗曰：

澄波容易变狂澜，始信人生立脚难。
安得一渠清白水，出山还作在山看。

吴棠虽然未考中，对人生的艰难有了初步认识，但是，仍然踌躇满志，对未来充满希望。

道光十八年（1838年），吴棠再赴礼部会试，但仍然名落孙山。正月初一，写《元日》诗一首，曰：

万象欣欣在早春，东皇肃驾展朱轮。
冈陵愿祝君亲寿，草木都欣天地仁。
老辈过谈风自古，贫家得乐味弥真。
轮蹄且莫催游子，留恋庭晖爱未伸。

这一首诗描绘了山区春节的热闹景象，以及抒发对家乡父母的思念与挚爱之情，但是比起《励志》一诗的高昂格调，其情绪要低落得多。

两年后，吴棠接连两次赴京参加礼部考试，先是道光二十年（1840年）庚子科，后是道光二十一年（1841年）辛丑科（恩科）。因经济困难，吴棠扛着行李进京，恰遇泗州同乡前辈杨殿邦，便住到杨殿邦的府邸。杨殿邦（1773—1859），字翰屏，号叠云，泗州招贤乡（今泗洪县铁佛乡一带）人，后迁居淮安城中，性格朴实，天资聪慧，善书画，工诗词古文，精武术骑射。嘉庆十九年（1814年）进士，历任贵州按察使、山西布政使、太仆寺少卿，后升任内阁学士兼礼部侍郎，署仓场总督兼户部侍郎。道光二十四年（1844年）实授漕运总督。杨殿邦与吴棠年龄相差40岁，却有同乡之谊。他对吴棠非常关心和器重，生活上照顾吴棠，学业上谆谆教诲，每日教授诗文，并以远大志向来勉励吴棠。吴棠在受教之余还接触到了杨家的丰富藏书，开阔了眼界，找到了学习路径。杨殿邦还以《大学衍义》《困学纪闻》《日知录》等精品典籍作为主要的教授内容。《大学衍义》是南宋理学家真德秀的政治哲学类著作，共43卷，成书于绍定二年（1229年）。《困学纪闻》是南宋著名学者王应麟的力作，该书博涉经史子集，展示了其精湛的考据学功力，确立了该书在我国古文献学史上的卓越地位，与《容斋随笔》《梦溪笔谈》并称宋代三大考据笔记。《日知录》是明末清初著名学者、大思想家顾炎武的代表作品，对后世影响极大。该书以明道、救世为宗旨，囊括了作者全部的学术、政治思想，遍布经世、警世内涵。这些经典藏书，对于经济拮据要靠亲手抄书的吴棠来说，实如久旱逢甘霖。他在杨殿邦的教导下，如饥似渴地学习着。可是终究时间太短，吴棠之前又没有受到系统的教育，一时的拔苗助长，难以取得显著效果，这两次的科考吴棠还是名落孙山。但是，这段学习生涯对吴棠一生的学习至关重要，正如他日后所说“于学稍知准的”。有机会接触到未曾读过的大量精品典籍，又得到杨殿邦亲自指导，吴棠在读书、应试、做学问等方面大为精进，为他后来做官、理政打下了基础。

二、入幕习吏事，一生恩惠深

道光二十四年（1844 年），吴棠再次入都参加甲辰科会试，依然未中，赶巧他又参加了清朝政府大挑举人的考试。“大挑”是乾隆十七年（1752 年）规定的一项用人制度，三科（原为四科，嘉庆五年改为三科）不中的举人，由吏部据其形貌应对挑选，一等以知县用，二等以教职用。每六年举行一次，意在使举人出身的士人有较宽的出路，名曰“大挑”。重在形貌与应对，须体貌端正，言语严谨，于时事吏治素有研究。吴棠在“大挑”中被评为一等，掣签江南河道总督府（府衙驻地在今江苏淮安市淮阴区境）督办河工，时年 32 岁。吴棠于当年五月二十四日到任。在江南河道总督府工作期间，吴棠于道光二十六年（1846 年）冬，被杨殿邦招入漕运总督府，学习吏事。道光二十九年（1849 年），吴棠补桃源知县，后转任清河知县，署邳州知州。杨殿邦一直关注吴棠，一有漕舟经过淮安，就打听吴棠的政绩和官声。一听到老百姓赞扬吴棠，就高兴地笑出声来。后来，吴棠从老家接来父母，奉养在清河寓署。杨殿邦与吴洹见面，倍感亲切。杨殿邦比吴洹大 3 岁，两人谈起家乡的“故里河山事，观者以为耆英复见”。咸丰八年（1858年），太平军和捻军从南北两面攻打江淮各州县，淮安形势危急，杨殿邦率军平乱。每次遇见吴棠，都勉励他为朝廷奋力驰驱，忠心报国。第二年，杨殿邦阻击太平军失利，因兵败被撤职，在军中戴罪效力。咸丰九年（1859年），死于军中。

杨殿邦对吴棠的一生，无论是治学还是为官都影响很大，尤其是道光二十六年（1846年）冬，招入幕府学习吏事，对其熟悉官场情况、了解各种官府制度起到了很大的作用。梁启超在《李鸿章传》中，评价李鸿章在曾国藩幕府的工作经历时说：“而随赞曾军数年中，又鸿章最得力之实验学校，而终身受其用者也。”杨殿邦对吴棠官宦生涯的重要性正合梁启超所言。三十年后，吴棠在其亲撰的《杨叠云师诗集叙》中说：“师恩未报，三复遗编，不禁泪涔涔下也。”[1]

杨殿邦只有一个儿子杨鸿弼，字仲禾，因为有足疾，不能当官。娶江西新城著名桐城派文人陈用光的侄孙女为妻。杨殿邦去世后，杨家很快衰落。这时，吴棠给了杨家很大帮助。先是资助杨家的生活，抚养杨家诸子成长，并把次女吴金蕙嫁给杨殿邦的长孙杨士燮。

吴金蕙于同治九年（1870年）与杨士燮在成都总督府成亲，待同治十一年（1872年）生了长子杨毓璋后，才与杨士燮返回淮安杨家。三年中她把嫁妆典卖一空，用以支持杨士燮和诸弟的学习费用。后来，杨家八子“一门三进士”“五子登科”，“而且都

①《清代诗文集汇编》编纂委员会编：《清代诗文集汇编·望三益斋诗文钞》，上海：上海古籍出版社，2010年版，第97页。

成为历史风云人物”。杨鸿弼的长子杨士燮，字味春，是光绪甲午进士。老二杨士普早卒。老三杨士晟是光绪壬辰进士，后来吴棠孙女又嫁给他的三儿子。老四杨士骧是光绪丙戌进士，历任直隶通永道道员、直隶按察使、江西布政使、直隶布政使，接替袁世凯任山东巡抚、直隶总督、北洋大臣等。老五杨士琦，字杏城，是光绪壬午举人，为李鸿章、袁世凯的重要部属，在袁世凯许多重大政治活动中都曾出谋划策，后担任了民国时期熊希龄内阁的交通总长。光绪之死，一种说法是被袁世凯下毒，而那剧毒药水是杨士琦花重金从洋人手中购得。杨士琦娶吴检的女儿为妻，于光绪八年（1882 年）七月到滁州城结婚，与舅兄吴炳仁有大量诗词唱和。吴炳仁有《味春妹丈别七年矣，昨杏城妹丈来滁入赘，得悉都中近状，赋以寄怀并简杏城》

杨士燮像

吴棠的小女儿金蕙、女婿、外孙等合影

等诗。老六杨士钧为宣统三年（1911 年）小吕宋总领事，民国初年任沈阳电报局局长。老七杨士铨是光绪癸巳举人。老八杨士骢后来两次担任国会众议院议员，袁世凯的三女儿袁叔祯是他的儿媳妇。杨士燮亦有 8 子，分别到日本、美国、英国等国留学。长子杨毓璋留学日本，回国后先是当上了沈阳电话局和电报局的督办，后来在天津成为中国银行行长，先当官后学业务，数年后成为名副其实的银行家。外人说这是得益于家族势力，尤其四叔杨士骧接替袁世凯做了直隶总督。而杨毓璋等杨家诸人都和北洋要员们有着密切的关系，袁世凯、黎元洪、徐世昌、冯国璋等都和杨毓璋过从甚密。

杨毓璋有四女一子，其子就是著名的翻译家杨宪益，曾与夫人戴乃迭合作翻译《红楼梦》《儒林外史》等多部中国文学名著，在国外皆获得好评，使中国的传统文化产生了广泛影响。其大妹杨敏如是北京师范大学文学院古典文学教授，叶嘉莹的师姐。小妹杨苡是著名翻译家。

吴棠的外孙媳妇（左二）和曾外孙（女）杨宪益、杨敏如、杨苡

杨敏如的儿子罗晋曾对记者说：“早年，杨殿邦对吴棠有知遇之恩，所以在杨家困难之时，吴棠嫁女及时挽救了杨家。”说得也有一定道理。

第二章 ‖ 理漕督川名天下

——吴棠仕宦历程

第一节　仕宦之旅　勤政惠民

吴棠于道光二十四年（1844年）以大挑知县分发南河，后历任桃源、清河知县。咸丰二年（1852年），署邳州知州。咸丰十年（1860年），任淮海、徐州、淮徐道，帮办江北团练及徐宿军务。咸

漕运总督府

丰十一年（1861年），授江宁布政使兼署漕运总督，同治二年（1863年）补授漕运总督。同治四年（1865年）二月，命署两广总督，力辞不就。同治五年（1866年）十月调任闽浙总督，同治六年（1867年）十二月补四川总督，署成都大将军，光绪二年（1876年）卒。

一、治水赈灾

吴棠自道光二十四年（1844年）至二十九年（1849年），在江南河道总督府任职期间防汛除险，堵筑支河，“丰工出力”。因治水赈灾成绩卓著，受到河道总督杨以增、太常寺少卿王茂荫等人的赏识，屡次以“于河工地方均有裨益”为由，向朝廷奏保，予以重用。他在之后的任职中也一直重视治理水患，每逢辖区内发生灾荒，必奔走于烈日下，查看实情，开仓赈济，百姓常常为其劳碌而落泪。

道光二十九年（1849年），吴棠任桃源知县。道光三十年（1850年）八月，黄河南岸于公堤崩溃，卜家湖水大涨，围困县城。吴棠沿湖边筑长堤护之，百姓号为“吴公堤”。吴棠有《桃源仓家集勘灾》一诗：

长堤一线界湖河，竟截蛟龙不敢过。
谁遣平原成泽国？徒令沃壤卷层波。
民寒更苦秋风早，地下偏逢苦雨多。
求牧求刍惭负负，距心其奈负心何！

为了了解民情，吴棠经常微服私访。一日，吴棠听说丰口村乡民不思救灾，还聚众赌博，就悄悄地去实地查看，结果发现此地经常发生灾荒，农民非常贫困。有位老人给吴棠唱了一首民谣：“看禾苗，把头摇，三个粒子结到梢。三个粒子两个瘪，还有一个秕着腰。割下一亩禾，不够童子一担挑！”吴棠回到县衙，颁发了一道禁赌章法：“聚赌一次，罚银十两。参赌一次，罚银五两。抓到赌场钱物，一概充公，用于救济灾民。参赌聚赌的人，还罚挑土方二十。”

吴棠还派衙役驻村监督执行。三个月内，全县没收钱物合银二万七千两，这些钱物全部用于救济灾民。查出参加赌博的人，罚他们每人挑土二十方。不能出力挑土的，就令其出高价银两雇用他人完成挑土方任务。吴棠还抽调能工巧匠，制造水车，遇涝排水，逢旱提水。桃源县赌博之风得到遏制，灾情也迅速缓解。

咸丰元年（1851年），吴棠任清河县知县。二月二十日，两江总督陆建瀛、江苏巡抚傅绳勋奏请以吴棠调补清河县知县，曰：“查清河县为冲、繁、疲、难沿河最要之缺，必须精明强干、熟悉河务之员，方足以资治理。”清雍正年间，分全国州县为冲、繁、疲、难四类，以便选用官吏。交通频繁曰冲，行政业务多曰繁，税粮滞纳过多曰疲，风俗不纯、犯罪事件多曰难。冲、繁、疲、难

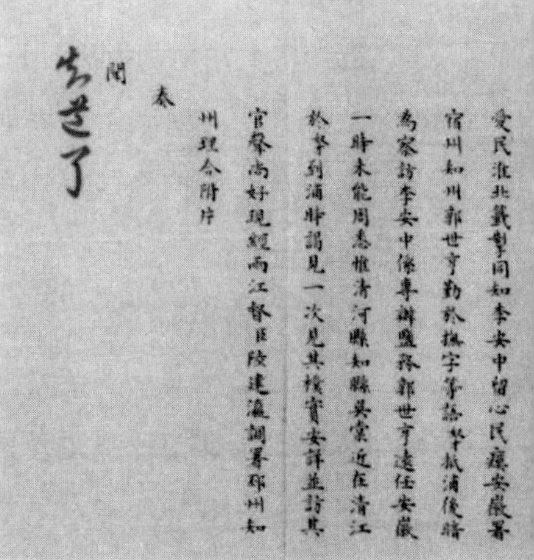
愛民淮北監掣同知李安中留心民瘼安徽署
宿州知州郭世亨勤於撫字等語臣抵浦後隨
為察訪李安中係專辦鹽務郭世亨遠任安徽
一時未能周悉惟清河縣知縣吳棠近在清江
於臣到浦時謁見一次見其樸實安詳並訪其
官聲尚好現經兩江督臣陸建瀛調署邳州知
州理合附片
奏
聞
知道了

台北故宫博物院藏“朱批奏片”（文献号：086077）

俱全的县称为“最要”或“要”缺，清河县就是“最要之缺”。清河县是淮安的中心区域、河道总督府的驻地，战略地位非常重要。所以清河县知县既要精明强干，又要熟悉河务。吴棠因有河道总督府的工作经历加精明强干而被选中。

咸丰元年（1851 年）八月十九日，黄河在丰县北面决口。地点在砀山县蟠龙集，即今丰县李寨镇二坝村一带。黄河这条具有“善淤、善决、善徙”特性的大河，像一头猛兽，冲决堤坝，奔腾咆哮，声如雷鸣，向北奔窜，三四十里外涛声可闻。黄水下泄，江苏、山东两省一片汪洋，大面积遭受黄水侵袭，数百万灾民流离失所。山阳（今淮安）、阜宁、清河、桃源等 55 州县百姓生计无着，不得已背井离乡，颠沛流离，其情形之悲惨实难以言表。咸丰三年（1853 年），安徽巡抚李嘉瑞途经山东、江苏两省交界处时，有如下耳闻目睹之状：“饥民十百为群，率皆老幼妇女，绕路啼号，不可胜数。或鹑衣百结，面无人色，或裸体无衣，伏地垂毙。其路旁倒毙死尸，类多断胔残骸，目不忍睹。”钦差大臣胜保也在奏折中提到灾民惨状，“现闻沿河饥民，人皆相食”。面对这么严重的灾情，这么多的难民，吴棠忙得不可开交。黄河决口以后，朝廷派来的赈灾大员、两江总督府、江苏省等机构下派的救灾官员一时云集清河。吴棠没日没夜地奔走在各衙门救灾官员与灾民之中，汗流浃背，衣衫尽湿。

咸丰二年（1852 年）五月二十七日，吴棠继室谭夫人生下了三子吴炳和。六天以后，因产褥热去世。这种在产褥期内，出现发热持续不退，或突然高热寒战的疾病，在古代死亡率很高。而此时的吴棠正投身于救灾行动中，无暇顾及家庭的不幸。

鲁一同在《通甫类稿·吴仲仙明府同年四十叙》中曰："当是时，清河繁剧甲天下，而君以一令奔走往来使辕、诸大府间，请谒上下，百务聚积于时。方盛暑，君又有妻之丧，一切不顾。每出，则衣襦湿淋漉。归不需时，已坐堂皇，决庶狱矣。"[①] 吴棠的母亲程太夫人，既悲痛儿媳妇去世，又怜惜刚出生就没有母亲的小孙儿。每天把小婴儿抱在怀里，孩子哭，她也哭。她指着小婴儿对吴棠说："即使你当官有差事在身，你怎么能对孩子如此不管不顾？"程太夫人边说边哭，从此以后，她的精神状态就很不好，以致大病一场。吴棠治下的老百姓，看到他如此辛苦，家中又有丧事，都心疼地流下泪来。有的老大妈还捧着鸡蛋送到县衙，担心吴棠没有菜吃。

同治五年（1866 年），吴棠初任闽浙总督，即前往海宁、海盐一带查勘塘工，督饬修塘安堵海潮一事。海塘是人工修建的挡潮堤坝，亦是中国东南沿海地带的重要屏障，具有重要作用。吴棠关注海塘工程，保证了塘内良田免遭海潮侵害。

同治七年（1868 年），吴棠调任四川总督。《都江堰志》载，川西第一奇功都江堰的治理修缮，为历代四川地方官的难题，经费支绌，遇险时，需要临时报请朝廷拨款修缮。吴棠督川时十分重视川省的水利建设，决定每年拨银七千两作为治理费用，并成为定例，在治理修缮都江堰工程上作出了较大贡献。

同治十一年（1872 年）正月，四川夏涝秋旱，收成减少一半，粮价上涨，到处闹饥荒。吴棠平抑物价，发谷赈饥，亲自前往现场，监督发放。并上奏朝廷请于厘金项下拨银二十万两以资赈济，为救灾获得了大笔银两。十二月，筹款修建被大水冲坏的夔州府、酆都县两城。

---

① 郝润华编校：《鲁通甫集》，西安：三秦出版社，2011 年版，第 128 页。

二、勤政惠民

吴棠治理地方，严禁苛派，清理积狱，捕捉盗贼匪徒，施行“首恶必惩，胁从解散”政策，维护辖境社会秩序。任清河知县期间，以无积狱被称为“吴青天”。因生长于民间底层，吴棠深知百姓疾苦，通晓市井百态。从政之后，勤修吏治，关注民生，体恤民情。

吴棠为官近 30 载，在清淮地区（淮河与大运河交汇的淮安府一带）任职达 17 年。咸丰十一年（1861 年），吴棠署漕运总督。清廷裁撤河道总督署，其职能并入漕运总督署。大运河在淮安境内总长约三百里，大运河的贯通对漕运及南北物资交流起到了巨大作用，淮安成为南北物资运输的重要枢纽。明朝以后，黄河全面夺淮，淮安成为控制南北漕粮的唯一通道。同治四年（1865 年），吴棠疏通运河河道，筹划恢复中止了 20 余年的运河漕运，购米四万

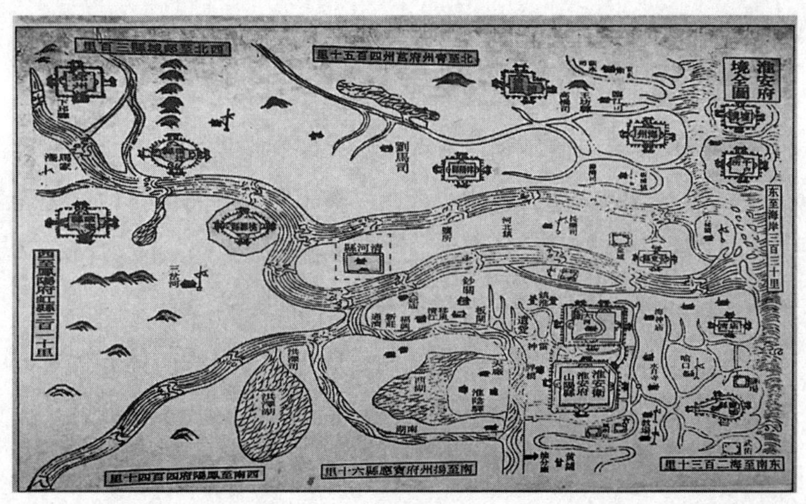

淮安府境全图

石以民船运到通州。当时，运河两岸的人看见运粮船，都很兴奋地叫道：“小粮船、小粮船。”

吴棠还裁汰河道吏员和河营标兵，改修防为操防，并改隶淮扬镇总兵。咸丰五年（1855 年），黄河在河南兰阳（今兰考）铜瓦厢决口北徙，终于结束了黄河夺淮的局面。黄河北徙后，废黄河、运河和洪泽湖等滩涂干涸成为田地。吴棠试行屯田，“划予各兵督耕充饷，以自然之利，养有用之兵。”

同治五年至六年（1866—1867），吴棠任闽浙总督。这是他宦海生涯中最为艰难的一个时期。吴棠面对“百物昂贵、民食维艰，兵燹余生，弥形困殆”的局面，采取了一系列纾解民困的举措。一是奏换福建藩司。藩司是一省主管钱粮吏治的官员，对总督的施政成效关系很大。吴棠为了百姓休养生息，撤换了以滥征税款为能绩的代理布政使周开锡，重用了注重民生的布政使邓廷枏。二是保奏胡光墉（胡雪岩）。为加强福建船政工作，吴棠于同治六年（1867 年）四月二十二日，奏请朝廷将胡光墉等左宗棠之前保奏而朝廷未同意的三名熟悉船政的官员改留福建工作，得到朝廷同意。三是厘金、营制和盐务改革。吴棠奏请朝廷，将百货厘金减抽二成，渔网杂捐，肩挑小贩，一概不抽。并将偏僻地方无碍大局之税卡，酌量裁撤。吴棠改军需总局为善后总局，更议营制，整饬戎伍，并继续推行左宗棠实行的盐务票运改革。

同治六年（1867 年），吴棠调任四川，为百姓的休养生息做了大量工作。他向朝廷提出了自己对重建战后四川、整顿四川吏治的看法，认为民生休戚是视吏治而转移的，要想得到民心，就必须使官僚都能正直清廉。因为吏部规定职位遇缺可以超职数补充，这就造成四川到处设官，以捐输得到官职的现象比其他省都要严重。这样任命的官员，良莠不齐。所以在遇缺即补的情况下，应先考虑那些试用期满、历练较久的人员，停止以捐输得官的规定。这个对地方吏治有益的建议被朝廷采纳，也因此遭到嫉恨。同治八年（1869 年）春，云贵总督刘岳昭疏劾吴棠："眷属抵川时夫役三千，仆从索要门包，属员致送规礼。"实际情况是，吴棠调任闽浙总督，家属并未离开清河。吴棠接到圣旨调任四川之后，赴北京陛见同治皇帝，然后由陆路赴四川。黄夫人生病不能远行，由侧室史氏带着孩子们经由扬州，坐船从长江赴成都，行至瞿塘峡遇险，船被撞破，改走陆路。并未曾有"夫役三千，仆从索要门包，属员致送规礼"之事。

清廷任命李鸿章为钦差大臣前往确查。十月初三，李鸿章上奏朝廷，为吴棠辩诬，"以上各款，实无其事"。并说是因为吴棠遇事整顿，以致贪官猾吏，造言诽谤，甚至连总督府买了打水用的木桶 12 只，也被诬陷说是用来装银子的。李鸿章特别肯定吴棠，说在湖北时，遇有四川人来，就留意采访，川人都说吴棠忠厚廉谨，未有说他贪赃枉法的。同一日，李鸿章还上密折给两宫太后及皇上，说与吴棠是同乡，又在江苏同官五年之久，深知其性情敦厚，品行端方，忠主爱民，出于至诚。后来，朝廷责备刘岳昭听信无据之辞，攻击吴棠，给予惩罚。

同治十三年（1874 年），吴棠曾谏阻重修圆明园。圆明园地处北京西郊，是最著名的皇家园林之一，被誉为"万园之园"，为历代清帝驻跸听政之地。咸丰十年（1860 年），英法联军入京，咸丰帝由圆明园出逃并病死热河，圆明园惨遭劫烧，遂成国人不可触摸之隐痛。同治十二年（1873年），同治皇帝亲政，翌年又是慈禧四十寿辰，同治皇帝以孝顺两宫太后为名发布上谕重修圆明园。遭到御史沈淮、游百川等人的反对，同治皇帝一意孤行。十月初八，圆明园的重修工程正式开工。由于需要很多木料，同治皇帝曾多次要求湖北、湖南、福建、浙江和四川等省分别采办巨木三千件，以满足修复圆明园的需要。

圆明园遗址

十一月初七，时客居湖北汉阳县的广东人李光昭，勾结内务府大臣，向同治皇帝上奏，称："候补知府李光昭将数十年商贩各省购留香楠、樟、柏等巨木，价值数十万金，砍伐运京报效上用。"[1]同治皇帝很高兴，给予李光昭一系列便利条件，例如通饬沿途关卡免税放行等。李光昭就利用此中便利，打着"奉旨采办"的旗号到处招摇撞骗，冒称圆明园监督与外商播威利订购了洋木三万五千尺。

吴棠在收到朝廷要求四川省采办木料三千件的圣谕以后，为了保护四川环境，防止重修圆明园给国计民生带来的扰累，于四

① 中国第一历史档案馆编：《圆明园》（上），上海：上海古籍出版社，1983年版，第644页。

月四日撰写了“道路险远，采觅木植艰难，奏请展限办理”的奏折：“二月十九日准总管内务府咨：现在奉旨修理圆明园等处工程，奏请行文两湖、两广、四川等省，采办大件木料，每省各三千件，作正开销……为时太促，万难依限办理。据署藩司英祥详请奏展前来。合无仰恳天恩俯准展缓限期。”①

当天，吴棠又疏劾李光昭献木植助工之伪：“兹据永宁、川东、川北各道陆续具禀：遍访各属山厂木商及地方耆老，咸称数十年来未闻有外来李姓客商在川购办木植存留来运之事，近岁亦无李光昭其人遣商来川采办木植，殊属毫无凭据。所有李光昭报捐木植之事系属空言无稽，相应请旨饬下内务府将该员原呈注销。”②

吴棠又于当日致函李鸿章，寻求支持。二十五日，李鸿章复函同意吴棠意见：“园工木料现由各省采购，可免无数扰累。”③

同治十三年（1874 年）七月，李光昭购买的木材抵达天津大沽，播威利要求点数付款。李称其木尺寸短小，拒绝接收，播威利向直隶总督李鸿章控诉。李鸿章据实上奏：“李光昭与洋商原立合同内仅付过定银十元，并据美方领事申称洋木三载共只洋银五万四千余元，而李光昭在内务府呈称购运洋木报效值银三十万两，木价既浮开太多，银两亦分毫未付，所谓报效者何在？”④同

① 台北“故宫博物院”藏：《军机及宫中档》，文献编号：114878. 又，中国第一历史档案馆藏：《朱批奏折》，档号：04-01-37-0123-013。转引自杜宏春编著：《吴棠行述长编·上》，合肥：黄山书社，2016 年版，第 1087 页。
② 台北“故宫博物院”藏：《军机及宫中档》，文献编号：114879。转引自杜宏春编著：《吴棠行述长编·上》，合肥：黄山书社，2016 年版，第 1088 页。
③ 顾廷龙，戴逸主编：《李鸿章全集》第 31 册，合肥：安徽教育出版社，2008 年版，第 45 页。
④ 李鸿章著，吴汝纶编：《李文忠公全书·奏稿》卷 23，1905 年刻本。

治皇帝在接到李鸿章的上奏后，立刻下谕旨要求严刑审究办理。

七月二十日，恭亲王奕䜣、醇亲王奕譞、郡王衔贝勒奕劻、大学士文祥、宝鋆、军机大臣沈桂芬、李鸿藻等合疏上《敬陈先列请皇上及时定志用济艰危折》。同治皇帝大怒，斥责恭亲王奕䜣："此位让尔如何？"[①] 七月三十日，同治皇帝革去恭亲王世袭罔替，降为郡王。八月初一，两宫皇太后哭泣着训斥同治皇帝，让其跪着向王叔道歉。八月十六日，直隶总督李鸿章上奏，已审明李光昭，捏报木价，欺罔不法，并追究出招摇煽惑各情。八月十八日，判李光昭斩监候，秋后处决。

十二月初五，同治皇帝驾崩。三日后，两宫皇太后下懿旨，一切工程，无论已修未修，即行停止。至此，圆明园的重修彻底落下帷幕。对于吴棠在阻修圆明园中的作用，后世有如下记载：

《吴勤惠公年谱》："同治十三年（1874年）四月，时饬四川采办修理圆明园木料，公疏请展限，又奏劾奸人李光昭献木植助工之伪，诏下直隶总督李鸿章究问得实，光昭坐欺罔伏诛。各工旋罢。论者以是韪公。"[②]

姚永朴《吴勤惠公》："盱眙吴勤惠公（棠）为四川总督时，闻皇太后有修宫殿之举，上疏切谏，以为天下元气尚未复，若汲汲于此，遐迩闻之，将议朝廷有逸乐心，无忧勤意。太后动容称叹。"[③]

黄云鹄《吴勤惠公传》："十三年，疏劾奸人李光昭献木植

① 吴汝纶著，宋开玉整理：《桐城吴先生日记》，石家庄：河北教育出版社，1999年版，第314页。

② 陈庆年：《吴棠年谱》，《近代史资料》总75号，北京：中国社会科学出版社，1989年版，第130页。

③ 姚永朴著，张仁寿校注：《旧闻随笔》，合肥：黄山书社，1989年版，第153页。

助工之伪，上感其言，立予殛斥，工亦旋止，海内伟之。”[①]

这三个资料都是说吴棠揭露了李光昭“献木植助工之伪”。由于这个人的欺骗行为被拆穿，导致圆明园重修的停工。姚永朴又说吴棠“上疏切谏”，而使太后“动容称叹”。虽然有点夸大，但是在促使圆明园重修停工的因素中，吴棠对李光昭的揭露却是一个重要的原因。

在谏阻重修圆明园的队伍中，吴棠的奏折中无一字是反对重修圆明园的。赵雅丽在《晚清京师南城政治文化研究》中梳理出上奏谏阻的15人中没有吴棠，但是她认为吴棠起了直接作用：“起直接或间接作用的总督巡抚有吴棠、李鸿章、李瀚章等。”[②]

为什么那么多的人谏阻重修圆明园，偏偏吴棠“论者以是韪公”“海内伟之”？顾建娣博士在《吴棠与咸同政局》中这样评价：“（吴棠的奏折）只是就事论事，用调查结果证明李光昭在四川购木存木之说毫无实据，请求将其原呈注销，不动声色地揭露了李光昭的欺骗行为。”因此，其他谏阻重修圆明园的奏折因言辞激烈而为同治皇帝大多留中不发，不予理睬，唯独吴棠的奏折被登载在朝廷的《邸抄》上。“吴棠的奏折随《邸抄》传播，对停修圆明园起了一定的舆论造势作用，使得后来的反对者有了更充分的论据要求停止修园。”[③]

---

① 沈云龙主编，缪荃孙纂录：《近代中国史料丛刊·续碑传集·督抚》，台北：文海出版社，1966年版，第47页。

② 赵雅丽著：《晚清京师南城政治文化研究》，南京：凤凰出版社，2011年版，第498页。

③ 顾建娣著：《吴棠与咸同政局》，北京：中国社会科学出版社，2014年版，第263页。

由于吴棠的奏折措辞委婉，事实清楚，比之其他大臣的激烈反对更能为同治皇帝所接受，准如所请，立予殛斥李光昭。还将吴棠奏折登于邸报之上，流传较广，影响颇大，所以才“海内伟之”，成为圆明园停工的催化剂。同时吴棠写信给李鸿章争取支持，也是一种政治智慧。吴棠在此案中表现了他不急不躁、内秀于中的性格和关注民生的崇高品德。

第二节 守土有责 保境安民

吴棠始终注重守土有责，保境安民。鸦片战争后，清政府内忧外患，太平天国兴于南，捻军起于北。清淮地区成为清军与太平军、捻军争夺之地。吴棠在江北徐州、淮安、海州等地抵御太平军、捻军，阻止他们合围。

咸丰三年(1853年)二月初十，太平军建都江宁(南京)。二十三日攻下扬州，准备乘船由运河经清江等地北伐。消息传来，清河军民大为震动。社会各阶层人心浮动，不安于室。其时吴棠正被调署邳州，江南河道总督杨以增急忙命令吴棠回任清河。吴棠立即发布《敌忾同仇八约》，联合凤阳、颍州、滁州、泗州、扬州、徐州、海州、淮安等邻近各府州县，共同防御。首先杀掉两个造谣惑众、导致民心不稳的人。还派人到处宣扬朝廷大兵即将到来，要求各家各户安排好住处。吴棠的父母也由寓所搬到县衙，每日有意穿街过市。老百姓见县令此时把父母接到县衙，两位老人起居如常，也逐渐安下心来，都说："吴公从不妄言，看来大兵肯定会来。"太平军的探子闻讯，将原准备走水路过清河，改从安徽走陆路北伐。吴棠施空城计，措施得宜，清河得以保全。

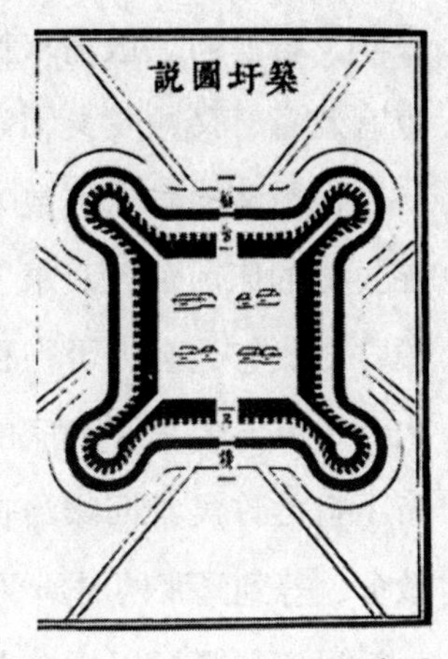

圩寨图

吴棠在江北首倡团练，召集民勇，于乡镇设立七十二局，练勇数万，首尾联络。他号召官绅军民"相爱相亲如父兄子弟"。吴棠还创立"圩寨法"。修筑圩寨，以精壮守卫，掎角相救助。要求"圩寨墙子筑得高，濠挑得宽又深，粮食全搬入圩寨"。这样可使捻军"粮也掳不着，人也掳不着，牛马牲畜也掳不着"。要求"近城五六十里内村庄，概不许堆积粮食，以绝贼念"。要求乡村"小村并大村，堑而守之；小堡并大堡，堑而守之。五里一小聚，十里一大聚。聚少百家，多及千户。昼护于野，暮藏于室。丁壮处外，妇子处内"。由于坚壁清野做得好，捻军来了，没有粮草，很快就退走了。十一月，咸丰皇帝表扬"知县吴棠，闻其团练壮勇，甚得民心，若饬令带勇击贼，定当得力"。

咸丰四年（1854 年），太常寺少卿王茂荫上疏推荐人才，认为吴棠实心任事很受百姓好评。咸丰皇帝命江南河道总督杨以增核查，回奏吴棠的确实心任事，始终不懈。咸丰皇帝下旨迁吴棠以同知直隶州即补，并赏戴花翎。

当年正月二十一日，吴棠的母亲程太夫人去世了，根据惯例，他要丁忧，离职回家为母守孝 27 个月。清河百姓听说县令要回乡守孝，纷纷向上级请求挽留吴棠。淮海道梁公、管河库道娄公等也有此意，又顾及吴棠守孝之心不可强留。就委托吴棠的好友鲁一同，与清河县士绅数人，前去拜见吴棠的父亲吴洹。鲁一同跪在吴洹的床前苦苦哀求，诉说百姓和官府的共同心愿。吴洹叹气说："我怎么会为了徇私而非要固执老礼呢？你们带信给诸位大人，千万不要为了我家的事耽误了国家的大事。"于是，咸丰皇帝下旨准许吴棠回家治丧，但是百日以后仍然要回到清河来治理政务，等到紧张的时局平稳以后，再回乡守制。

河道总督杨以增在上疏保荐吴棠的奏折中提道："吴棠以忠义号召士民，召集乡勇，倡办团练，申明纪律，乡镇立七十二局……合力防御，淮海数百里隐然恃若长城。江北团练御敌，自吴棠始也。"

咸丰十年（1860年），吴棠任淮徐道，帮办江北团练及徐宿军务，驻署徐州。捻军攻陷清江浦，以清江浦为中心，在周围几县的数百里范围内流动作战，13天后，在达到补充军饷的目的后，捻军主动西撤。清江浦、王家营、河下、板闸自此一蹶不振。直到20世纪70年代末都未能恢复咸丰十年（1860年）以前的繁华景象。后来有人评议，清江这次失守是因为吴棠被调往徐州。

同治元年（1862年）正月，捻军进攻淮安地区。吴棠任漕运总督，驻扎清江浦，筑土圩防守。手下虽有漕丁数万，但是缺少带兵将领。吴棠向钦差大臣袁甲三借将，袁甲三命陈国瑞归吴棠指挥。陈国瑞，字庆云，湖北应城人，总兵黄开榜的义子。陈国瑞跟从黄开榜打捻军，战功赫赫。陈国瑞有勇力，善奔跑，传说力能伏虎，号称"杀神"。他属下的士兵，人人穿红衣举红旗，戴红缨小帽，骁勇善战，人称"红孩儿"。陈国瑞跟随吴棠以后，屡立战功。捻军前来进攻，他率五百人绕到捻军之后，与总兵龚耀伦前后夹击。捻军惊溃，马队都逃走了。还有步兵上万人继续抗拒，陈国瑞与总兵王万清合力作战。吴棠站立圩上，亲自点燃巨炮，身先士卒，捻军攻城未下。

那时候流传一则掌故：攻城略地无数的太平军将领李开芳，曾慨叹天下州县官员之中，有七人最令其忌惮，分别是六合县知县温绍原、天津县知县谢子澄、济宁直隶州知州黄良楷、清河县知县吴棠、柘城县知县祝垲、上海县知县刘郇膏及河内县知县裘宝庸。为战场上的对手所“称道”，足见吴棠其“善守”之名不虚。

为了更好地守卫江北，给百姓一个安定的生活。从同治三年（1864年）春到四年（1865年）秋，吴棠在清江浦主持修筑了一座城垣体系完整的城市，将漕运总督府由山阳县（今淮安区）搬到了清河县。在同治五年（1866年）十一月十八日吴棠向朝廷奏请报销清江浦修城费用的专折上，明确“城墙凑长一千一百二丈一尺五寸，城楼四座，城台共七座，水门一座，水关二座，月城凑长九十九丈，大炮台方圆各二座，小炮台二十三座”。南北两岸土圩长二千八百二十八丈四尺，护城河总长五千七百零三丈五尺。修城总费用是白银“十二万七千五百四十四两五钱九分四厘”。[①]这个总费用由人工、砖石材料和杂费三部分构成，不光包括修筑城墙和楼台、炮台、水关这些城墙附属设施的开支，还包括疏浚护城河、培筑土圩及相关的拆用废旧砖石土木、碎石烧灰等工程

① 中国第一历史档案馆藏：《录副奏片》，档号：03-4987-038. 此片具奏日期未确，兹据同批折件校正。转引自杜宏春编著：《吴棠行述长编·上》，合肥：黄山书社，2016年版，第435页。、

的费用。由于当时清朝政府财政紧张，吴棠并未向朝廷要钱，而是“此次清江城工并未另筹别款，系于每月军需项下格外节省，次第筹拨动用”。清江县城建成后，有关人员都受到朝廷嘉奖。

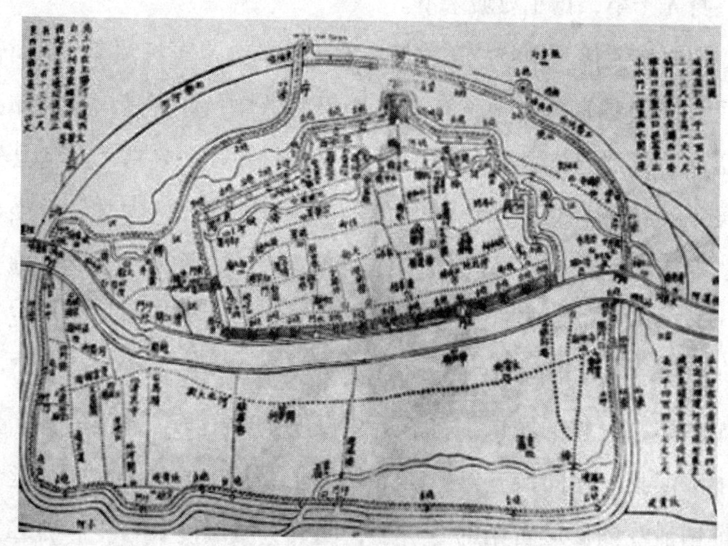

吴棠建清江县城图

至今清淮一带还流传着一个故事，即“吴棠拆高家堰筑城”的故事，说吴棠拆大堤的时候，发现一块石碑，上面写着“刘基造，吴棠拆，拆到此处拆不得”，于是就不再拆了。关于这块石碑的由来，《淮阴风土记》说是淮安人怕大堤拆了，遇大水危险，就埋了石碑，让吴棠不敢再拆。还有《淮安民间故事》说是吴棠的计策，黄河改道以后，淮安一带的水患压力已经大大减轻。他事先找人测算好造城需要多少石料，要拆掉多长大堤才够造城的。然后刻好石碑，悄悄地埋在大堤之下。拆到埋碑之处，石料正好够建城

高家堰堤坝

的。这样既不影响高家堰的防洪能力，又有了建城的石料。这个故事是否有历史真实性？淮安市地方志办公室罗志先生认为："综合现存吴棠的几份奏折看，我们可以推测这件史事应该是有的。同治三年（1864 年）十一月，吴棠的奏折上，说到准备'于就近河湖内酌启无关修守之旧工砖石、木桩，移以修城'，同治五年（1866 年）十一月的修城专折也有类似的话。那么，清江浦周边哪里同时符合就近河湖、无关修守和大量可以筑城的旧工砖石、木桩？最好的选择就是高家堰。"[①]

咸丰十一年（1861 年），清廷裁撤河道总督署，其职能并入

① 罗志：《吴棠奏折透露的清江浦修城秘密》，《江苏地方志》，2019 年第 2 期，第 91 页。

漕运总督署，吴棠署漕运总督，集军、政、漕、河、粮、盐六权于一身，保卫了苏北一带不受战争的侵害，为当地百姓的安宁作出贡献。吴棠去世 23 年以后，清河百姓还在吴勤惠公祠敬立了《吴勤惠去思碑记》。

此碑今存于淮安吴勤惠公祠内

同治三年（1864 年）六月，清军攻克江宁。清廷下诏，对克复江宁“有功大臣”特加懋赏，“漕运总督吴棠，剿办清、淮一带窜匪，并扫除徐、宿捻逆，地方赖以安谧，着赏给头品顶戴，仍交部从优议叙”。吴棠与曾国藩、李鸿章一起成为朝廷嘉奖的中兴名臣。

第三节　亦官亦文　以文化民

吴棠自幼接受儒家文化教育，为官后推崇儒家思想以教化民众。他通过置学宫、修书院、刊刻书籍，以满足士子读书的需要，重建战火后的文化秩序；积极践行儒家思想中倡导的治国理念，以德治县，以文化民，从而达到减少狱讼、社会清明的目的。后人评价他“缘经术为治术，无一言一行，不与圣贤经传吻合”。

一、以文化民

吴棠在任桃源知县时，桃源县土地贫瘠，百姓性格憨直，容易引起争讼。前任知县为保安定，都严以苛政，唯独吴棠施政以宽。桃源县有淮滨书院，吴棠的母亲常命吴棠给学宫助益经费，增加课程，并说：“汝爱士，士即知自爱，士自爱，民俗变矣。”吴棠深以为然。有一个性格强悍的乡民素日里横行霸道，有一天又与人争斗，吴棠派人将他抓捕。此人瞪着眼睛对着吴棠破口大骂，旁边的人都认为他必被吴棠拷打而死。但吴棠并没有这样做，只是将他暂时关押，苦口婆心，对其教育，让其悔过。第二天，此人跪在堂下痛哭流涕地承认错误，吴棠就释放了他，他后来受吴棠感化成为善人。渐渐地，桃源县用诉讼解决问题的人逐渐变少，治安状况变得良好。

二、重视教育

吴棠在多地重建书院、文庙，延聘名师，教化百姓。他还设置义学，捐助贫困学子，使得“人知向学，文教日兴”，社会趋于安定。清江旧有崇实书院，毁于战火。同治元年（1862年）九月，吴棠筹款购买黄氏废园重建，聘请翰林院编修钱振伦主讲。又建文庙大成殿，置义学四所。

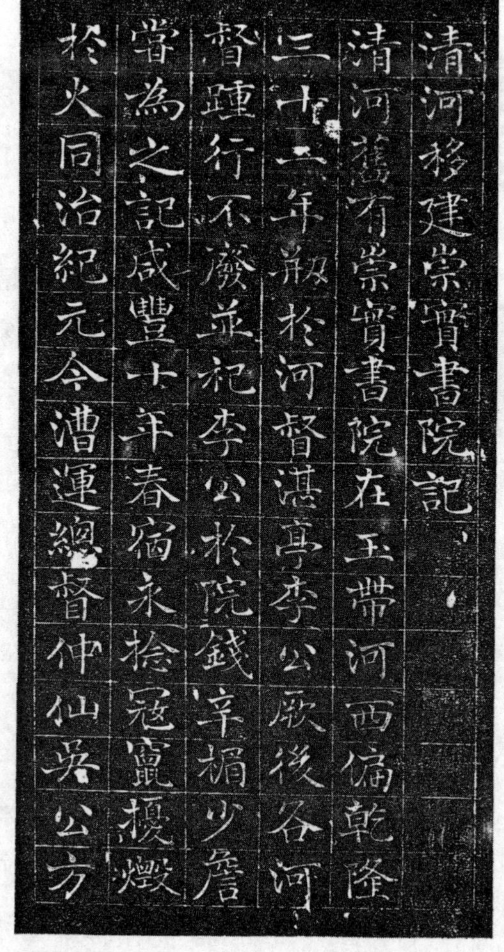
清河移建崇實書院記
清河舊有崇實書院在玉帶河西偏乾隆
三十二年毀於河督湛亭李公厥後各河
督踵行不廢並祀李公於院錢辛楣少詹
嘗為之記咸豐十年春宿永捻寇竄擾
於火同治紀元今漕運總督仲仙吳公方

钱振伦于同治四年（1865年）作《清河移建崇实书院记》，刻吴棠画像于碑文之首。这是吴棠留在世间唯一的画像。鲁一同曾有《题吴公小像》诗：

淮雨洗征衫，马嘶到庭院。
虽含丝纶姿，未改湖海面。
……
致身云台上，精爽期百练。

四川总督任上，吴棠扩大锦江、华阳两书院的规模，捐银万两建少城书院，以供更多的学生学习。同治十三年（1874年），退居乡贤薛焕等15人倡议，吴棠与张之洞筹划，在成都修建了尊经书院。七月十八日，吴棠上奏朝廷，要求捐建尊经书院并刊印经史等：“绅民等公同集议，请于省城觅购基地，另建尊经书院，远延名师，讲习经学，并镌刻经史诸书，以资研究而育真才。惟建院镌板及预筹束修、膏火等费，非集有巨款不敷办理，愿由合省绅

尊经书院

民公同捐助，通力合作，俾易蒇事。”[①]

尊经书院是四川近代高等学校的前身之一，书院教学时不以传统书院的八股文为重点，倡导经世致用的思想，既教国学，又教西方科学知识。尊经书院培养很多有识之士，毕业生杨锐是“戊戌六君子”之一。吴棠建尊经书院，派缪荃孙协助张之洞筹办。光绪元年（1875年）八月，张之洞主编《书目答问》，命缪荃孙“为撰《书目答问》四卷”。

在吴棠即将归滁时，张之洞作《滁山书堂歌送吴仲宣尚书东归将寓滁州》诗，吴棠遂成《步张香涛学使见赠原韵并以志别》诗以和之。

张之洞像

三、亦宦亦文

吴棠为官多年，仍致力于研究学问。他仰慕方苞等桐城派先贤，与桐城派文人交往密切，在其幕府中，高均儒、丁晏、鲁一同、吴汝田等都是桐城派。吴棠为文深受他们的影响，著述有：《奏稿》十卷、《望三益斋诗文钞》十卷、《望三益斋存稿》五种十五卷（包括《谢恩折子》一卷、《望三益斋烬余吟》二卷、《词草》一卷、《公余吟》二卷、《杂体文》四卷、《读诗一得》一卷、《试帖》一卷、《制艺》一卷、《塾课》一卷、《四川巡阅纪行诗》一卷）；修《清

① 台北“故宫博物院”藏：《军机及宫中档》，文献编号：116395. 又，中国第一历史档案馆藏：《朱批奏折》，档号：04-01-38-0186-023。转引自杜宏春编著：《吴棠行述长编·上》，合肥：黄山书社，2016年版，第1119页。

河县志》二十四卷、《福建通志》二百七十八卷。辑《滁泗赋存》《椒陵赋钞》《滁泗赋存续刻》《盱眙吴氏赋存》。

吴棠藏书万卷，刊刻了多部书籍，其中既有传统经籍，也有自己的诗文存稿，还收集编纂了一些地方文献。吴棠藏书是为了保存文献，刻书是为了传播文化。据李志铭先生统计，曾国藩创办的金陵书局仅刻书57种。吴棠刻书70种，在同时代的“达官刻书”中算是多的。而且这些典籍编选适当、校勘精细，质量颇高，具有较高的历史价值。如今，吴棠的著作与所编辑刊刻的书籍，收藏在海内外49个图书馆（博物馆）中。

国外图书馆2个：美国国会图书馆、日本早稻田大学图书馆。

国内省级以上图书馆16个：国家图书馆、首都图书馆、上海图书馆、重庆图书馆、南京图书馆、湖北图书馆、湖南图书馆、吉林图书馆、辽宁图书馆、福建图书馆、广西图书馆、天津图书馆、陕西图书馆、河南图书馆、山西图书馆、浙江图书馆。

大学图书馆12个：北京大学图书馆、北京师范大学图书馆、复旦大学图书馆、暨南大学图书馆、苏州大学图书馆、陕西师范大学图书馆、安徽师范大学图书馆、辽宁大学图书馆、河南大学图书馆、南开大学图书馆、西南大学图书馆、合肥师范学院图书馆。

市图书馆14个：苏州图书馆、新乡图书馆、德阳图书馆、开封图书馆、嘉兴图书馆、齐齐哈尔图书馆、绍兴图书馆、温州图书馆、保定图书馆、中江图书馆、大兴安岭地区图书馆、安庆图书馆、万州图书馆、勉县图书馆。

博物馆及研究机构5个：宁波天一阁博物馆、瑞安市文物馆、陕西师范大学古籍整理研究所、燕京大学图书馆、南通冯氏景岫楼。

这些书籍见证了吴棠为中华民族的文化事业所作的贡献，淡淡墨香、黄黄旧椠，留给后人无限遐想。

缪荃孙像

四、培养人才

吴棠在刻书的同时，培养了一批精干的人才，为后世的图书馆和出版事业奠定了基础，如其弟子、幕僚缪荃孙。缪荃孙（1844—1919），字炎之，晚号艺风老人，江苏江阴人，是中国近代藏书家、校勘家、教育家、目录学家、史学家、方志学家、金石家，中国近代图书馆事业的奠基人，中国近代教育事业的先驱者之一。缪荃孙生而聪颖，幼承家学。清咸丰十年（1860年），太平军攻占江阴，缪荃孙全家为避太平军乱居淮安，吴棠帮助其就读于丽正书院，成为吴棠和丁晏的弟子。吴棠督川，将其招入书局刻《望三益斋丛书》，后入吴棠幕府。

吴棠离蜀后，缪荃孙会试中进士，授翰林院编修。入张之洞幕，任南菁书院、钟山书院山长。筹建两江师范及南京高师，为南京近代校史之开端。光绪三十三年（1907年），筹建北京京师图书馆、南京江南图书馆（陈庆年经办）。20世纪最初10年，全国许多省市建立了公共图书馆。在这些官办图书馆中，实力最雄厚、影响最大的是南京的江南图书馆和北京的京师图书馆。这南北两大图书馆的实际创建人，都是缪荃孙先生。他长期在吴棠身边，耳濡目染，学习了吴棠经世致用、勤政惠民的理念，把自身所学的儒家道德学问与报效国家相结合，献身文化事业，毕生酷爱图书，学识渊博。吴棠还为他提供了长期从事校订书籍、与书籍为伍的机会，使他积累了经验。他的著述颇丰，其中很多都是有关图书和目录学的，除在近代学术界影响极大的《书目答问》外，还有《艺风堂藏书记》《艺风读书记》《盛氏愚斋图书馆藏书目录》《京师图书馆善本书目》《各省志书目》《宋元本留真谱》等，堪称一代宗师。他个人收藏的“艺风堂藏书”，经长期搜求，珍善本极丰，全盛时曾有10万多卷。

陈庆年是缪荃孙的学生，吴棠的再传弟子，《吴勤惠公年谱》的撰稿人。他是辛亥革命领袖黄兴的老师，曾与梁启超、刘师培齐名，人称“江苏学者”，是我国近代史学家、教育改革家、中国图书馆事业创建者之一。

陈庆年像

光绪三十三年（1907年），缪荃孙受两江总督端方的委派，出任江南图书馆监督。陈庆年主办江楚编译局和江南图书馆事。这时日本人在中国境内争购古书。刚巧杭州丁氏欲售其藏书，陈庆年闻讯，抢先购得“八千卷楼”的藏书，使丁氏数十万卷藏书免于流失，奠定了江南图书馆的藏书基础。此后，又陆续购进了许多图书，并接受了清廷拨发的《古今图书集成》等，使江南图书馆的藏书日益丰富，在东南各省中产生了很大的影响，受到朝野的普遍关注。1912年，江南图书馆改称江南图书局，曾多次易名。新中国成立后，该馆与南京图书馆合并。

第三章 ‖ 山绕滁阳见故乡
——吴棠与滁州

第一节　吴棠丁忧　保卫滁州

滁州地处江淮之间，离金陵（南京）不足百里，历来是拱卫金陵的重要关口。咸丰三年（1853年），太平天国定都南京以后，为了摧毁清朝中央政权，命令林凤祥、罗大纲于四月渡江北伐。初七日，林凤祥、罗大纲率数万人渡江到浦口，分头攻打六合、滁州，约好在临淮关会合。初八日，罗大纲率队向滁州杀来。守城兵丁只有200多人，闻风逃窜。知州潘忠裴见大势已去，穿得整整齐齐，打算自尽殉国。家人不忍心，硬拥着他出城到北乡躲避。初九日清晨，太平军攻下了滁州，当天下午就离开滁城，向西经清流关北上。过了几天，潘忠裴返回滁州。没想到又传来太平军要来的消息，守城无兵，潘忠裴只好再次逃走。这一次，他没有远走，只是躲到城外丰乐亭中，但不幸暴病而亡。

林凤祥攻打六合，到了城下浮桥的西头，六合县勇目雷公八、武举夏定邦过桥迎击林凤祥。一时短兵相接，鏖战甚急，练勇们渐渐地招架不住。雷公八身负重伤，满身鲜血，先行战死。夏定邦也受了伤，血流不止。正值危急时刻，林凤祥队伍中兵士们的衣服忽然自燃起来。一时间，乱成一团，扑打不及，烧伤多人。林凤祥只好停止战斗，回到金陵。

罗大纲于四月十一日就到了临淮关，久等林凤祥不来，就带着队伍返回接应。十九日中午，抵达清流关下。清军江北大营琦善，派遣胜保带骑兵增援滁州，正好也来到清流关上。胜保所部的 3000 人马都是从东北吉林省来的马队，人人手持一把强弓，自关上登高射箭，矢射如雨。太平军抵挡不住，伤亡惨重，败退到定远县的池河，滁州围解。

咸丰四年（1854 年），袁甲三（袁世凯的叔祖）任钦差大臣，驻扎在临淮关，派遣参将吉连扼守滁州的清流关。庐凤道张光第被

清流关图

派往滁河一带招募团练。当年十月，张光第从滁州的乌衣镇会军和县乌江，滁州成为清军与太平军争夺的战场。

咸丰五年（1855 年）十月，吴棠因母丧回乡守制，奉安徽巡抚福济的命令会办盱眙、定远、滁州、来安四属乡练事宜。三界地处滁州、盱眙、定远三县交界之处，“滁去吾镇不足百里，墓田皆在滁境，祭扫甚便”。所以，办理四县团练之事比较方便。

团练起源于 19 世纪初，嘉庆时期对付暴动的白莲教起义，当时八旗、绿营严重腐化，扰民有余，不足以御敌。合州知州龚景瀚上《坚壁清野并招抚议》，建议设置团练乡勇，令地方绅士训练乡勇，清查保甲，坚壁清野，地方自保。办团经费均来自民间，且由练总练长掌握。团练制度在一定程度上维护了封建地主阶级的统治地位。咸丰时期，为了对付太平天国起义军，清朝政府在全国范围内举办地方团练，规模很大。团练又分团与练的区别。团，也叫乡团或民团，即在府、州、县城以外的广大乡村，由当地农民按村、庄、寨等自然行政单位组成的、寓兵于农的乡村自卫团体。乡团具有以下特点：由当地农民组成，成分单纯；不脱产，寓兵于农的性质。聚则为勇，散即为民；不强的战斗力，但其配合作用甚大。乡团的编制与行政编制相一致，与军队编制相去甚远。练又叫练勇，是招募制，专业操练，战斗力较强。最早办团练、后来成为湘军将领的王鑫是这样区分的：“其有招募四方精锐，日事训练，有警守卡打仗者，名为练勇。其各乡团，家出壮丁，守望相助，暇时操练。有警守卡打仗助阵者，名为团勇。”吴棠在《滁州新建忠义祠碑铭》中说：“皆裹粮而从，势不能持久。”“无械无饷之孤军，徒以忠义激励乡团杀贼。”从这些历史资料来看，吴棠所带领的是乡团而不是练勇。

咸丰六年（1856 年），来安县石固山的棚民（皖南、桐城、潜山等地来此垦荒者，无钱造屋，搭草棚以居，故称棚民），在太平军派遣代表吴江的宣传策动下，于八月初三举行起义。首领葛天培、刘万源以石固山为据点，聚集数千人攻下了来安县城。

十三日，来安县董县令向滁州告急。知州陈麒昌派勇目萧诚率众支援。十四日，萧诚由滁城北门，带队前往来安。陈麒昌率领勇弁禹文华等由东门向来安进发。萧诚行军到沙河集境内的黄泥岗时，刚好大批棚民赶到。萧诚赶紧迎击，派人把火球抛入敌阵。棚民大多没有作战经验，被火球吓得手足无措，惊乱一团，被萧诚的队伍趁机砍杀，死伤严重，逃回石固山，来安又回到清军手中。

当天傍晚，萧诚和陈麒昌在来安会合。过了两日，正是八月十五中秋节。来安新复，又是打了胜仗之际，大家认为，董县令一定会大大犒劳前来支援的兵士一番。没想到待遇比预想的要差很多，想来是县城刚从棚民手中收复，物资受到限制，无法办齐。陈麒昌认为，董县令太不会办事，心里极不痛快，午饭以后，就率众回到滁州。

安徽巡抚福济令吴棠、六合县令温葆元、滁州知州陈麒昌，从盱眙、六合和滁州三面围剿石固山。吴棠率领团练于滁州、盱眙交界处进行堵截，棚民在葛天培、刘万源的带领下，坚守山头，控制要隘，与三面之敌激战。终因寡不敌众，弹尽粮绝，葛天培战死，刘万源带领 10 多人突围后，在全椒县被杀。

咸丰七年（1857 年），春夏之际，夏粮未收，滁州、泗州出现饥荒。吴棠首先倡议官府赈灾，富户捐粮，又劝粮商不要哄抬粮价，帮助大家度过灾荒。太平军包围六合，吴棠帮办江浦、六合防务。

咸丰八年（1858 年）正月，捻军攻陷五河县。定远县横山集练总李贯、马芝等前来投奔吴棠，吴棠率乡练收复了五河县城。三月二十五日，李秀成攻占和州，二十七日占领全椒，二十八日占领滁州。四月初一，占领来安。初八日，吴棠集合盱眙、滁州、定远、来安四县练勇于张八岭（当时属滁州）。李贯、马芝等 300 人前来共矢讨贼，清河县千总张一鹏、安东（今涟水县）文汉升从清河县前来协助帮办总练事务。当天，在张八岭集合以后，吴棠率领团练驻扎在滁州沙河集的黄泥岗，每天抓紧操练。黄泥岗，境内多黄黏土，因而得名。位于滁州市区东北部三县交界处，东与

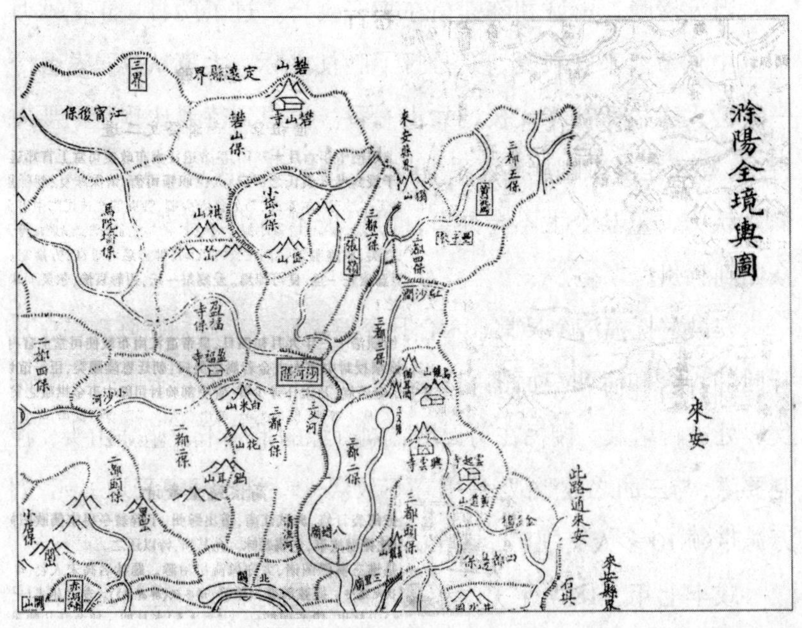

来安县舜山镇、新安镇接壤，南与沙河镇和琅琊区西涧街道毗邻，西连明光市张八岭镇，北接明光市自来桥镇。按察使张光第在安徽办理团练，又派来水勇 300 名，由把总刘万福率领来到滁州。大家见援军到来，精神振奋，一时聚集了练丁数千人。因为大家都是带着干粮来的，缺少稳定的军饷，必须速战速决。

二十一日，吴棠率领大队人马，在滁州北门外，与太平军李秀成部激战。李贯、马芝用大炮轰击。大家斗志昂扬，呐喊着冲上前去，张一鹏和刘万福率先冲入阵中。太平军被打败，退回到滁城。吴棠准备回营的时候，太平军悄悄地从西门派出一支队伍，埋伏到吴棠回营的必经之路——城北陈家湾的竹林里。当吴棠的队伍要通过的时候，便杀将出来。众人措手不及，急忙与之拼杀。一时间，短兵相接，刀光剑影，血肉横飞，双方都伤亡惨重。张一鹏、刘万福身受重伤，死于阵上。文汉升、李贯、马芝为了掩护吴棠突围，带领队伍奋勇迎击。等把太平军的队伍压退的时候，天已经快要黑了。而身受重伤、流血过多的文汉升、李贯、马芝等人，已经奄奄一息，不久都阵亡了。在战斗中，吴棠的战马也被太平军的长矛刺杀，吴棠跌下马来。他看着带来的队伍死了这么多人，急得要冲入敌阵与之拼命，“几欲身殉”。这时，吴棠的亲侄儿吴炳麒、勇目萧诚等人，拼命抱住吴棠，不让他冲进敌阵。萧诚把自己的马让给吴棠骑，而后又冲入敌阵，夺了太平军将士的马匹殿后。吴炳麒等人簇拥着吴棠冲出去，才得以脱险。回到驻地黄泥岗以后，吴棠命人检点伤亡，发现死了 100 多人。有练勇 80 余名、水勇 30 余名，受伤的不计其数，吴棠急得“凄然泪坠”。这是场恶战，24 年后，吴炳仁仍记忆犹新，路过此处曾写《过黄泥岗》

诗一首：

此地曾经作战场，驱车重过易神伤。
酸心旧部留荒冢，表义丰碑倚夕阳。

诗中所说的“表义丰碑”，是指同治四年（1865年）吴棠在滁州所建的忠义祠。

第二节　叛将昭寿　祸害滁州

咸丰八年（1858年）五月初一，李秀成将滁州交给李昭寿把守，从此滁州人民陷入了水深火热之中。李昭寿（1825—1881），字松崖，号良臣，河南省固始县人。反清之时，被清军称作“兆受”“兆寿”，降清后赐名李世忠。小时候家庭贫困，曾多次因盗窃罪，被逮入商城、固始、霍邱等地监狱。咸丰三年（1853年），太平天国定都南京，分兵西征、北伐，威震海内，李昭寿也于霍邱起义。咸丰四年（1854年）十月，为安徽宁池太广兵备道道员何桂珍所败，兵困势穷，投降清政府，清政府赏给五品花翎。李昭寿桀骜不驯，不听指挥，经常骚扰百姓。何桂珍想要除去又犹豫不决，密函商之安徽巡抚福济。福济同意何桂珍的意见，回密信给何桂珍，嘱以“图剪叛贼，毋后人发”。何桂珍乃文人带兵，做事不密，信竟然被李昭寿所获。十一月初三日，李昭寿设筵请何桂珍等，“怀书挟刃以入”。席间，李昭寿拿出信来质问何桂珍，何桂珍刚要分辩，李昭寿拔刀将其身首一断为二 。李昭寿还不解气，又将何桂珍的头挂在树枝上，先用箭射，后用土铳轰落水中，当天一共杀了47人。何桂珍乃曾国藩密友，曾国藩说何桂珍之死：“尤深痛不忍闻， 自近古以来，未有行善获祸如是之烈者也 。”[①]

李昭寿自此参加了太平军，投入李秀成麾下。咸丰六年（1856年），李昭寿促使捻军张乐行等参加太平军，充实了太平军的队伍。李秀成在自述中写道：“那时李昭寿在我营中共事，李昭寿与张乐行、龚得树有交，特通文报与张乐行来投。此时张乐行接得文件，当即复文已肯来投。”[②]李昭寿在皖北、豫南抵御清军，巩固太平天国同捻军的同盟， 并在庐州一带为太平天国开拓许多疆土，牵制江北大营的大批清军。李昭寿对于打垮清军对天京的围困，稳定天京事变以后的动荡局面，起了显著的作用。因此，太平天国对李昭寿不断地加官晋爵，由“指挥”升为河南省文将帅，镇守滁州。

五月，吴棠丁忧到期，朝廷因他克复五河、来安的功劳，免除他回原任清河县候补，而以道员的身份留在江苏等候实缺的安排。“六月，兆受犯黄泥岗，吴棠退守三界。七月，兆受犯三界，吴棠退守盱眙。”[③]从光绪《滁州志》、吴炳仁《约园存稿》、汪雨湘《嘉山县志稿》等书中的记载来看，吴棠撤退后，将一部分乡勇民团带往苏北。团练头目中萧诚、侯甸及吴氏族人吴炳耀、吴

① 曾国藩著：《曾国藩全集14·诗文》，长沙：岳麓书社，2011年版，第266页。
② 罗尔纲著：《李秀成自述原稿注》，北京：中华书局，1982年版，第125页。
③ 熊祖诒纂，周惟熙点校：《滁州志》，合肥：黄山书社，2007年版，第43页。

炳庭等皆跟随前往。光绪《滁州志》说："侯甸，字载之，诸生。入吴漕督棠幕。治军书，例得荐叙。淡于荣利，不屑就外吏，保翰林院典簿衔以终。"又说："萧诚者，湖南醴陵人。初，知州陈麒昌招为勇目。咸丰六年（1856年），麒昌平石固山棚民，诚与有功。后隶公部下，将骑兵，从公转战邳、宿、郯、沂间，积功至副将。"吴棠还在咸丰十一年（1861年）五月初五、同治三年（1864年）三月十五日两次上奏折保举提拔萧诚。萧诚致仕后没有回乡，而是在滁州居住终老。吴炳耀、吴炳庭等均以军功获得保举。吴氏孝敬堂族人大多跟随吴棠前往苏北。吴棠在给老师单地山的信中说："家在盱眙山中，已成丘墟，亲友避难相从者千余人。"①

此时，清军统帅胜保看到了李昭寿的实力及在战争中举足轻重的作用，决定诱降。胜保，字克斋，苏完瓜尔佳氏，满洲镶白旗人，举人出身。咸丰三年（1853年），与钦差大臣琦善等在扬州立江北大营，会办军务。他认为："李兆受一股汹焰尚炽，查其所领二十四军，每军实有二千五百人，以二十四军计之，众以数万，贼中推为劲卒。……其党羽数万，不为我敌，转为我用，即粤逆之势悬孤，捻逆之气亦夺，淮南皖北指顾肃清，是李兆受之向背，实为全局之转关。"②

为了促使李昭寿降清，胜保抓获了他的家人。李昭寿"初为乱，惧不免，先使妻子易姓名，乘舟载其母潜周家口。口人以其贫而

①《清代诗文集汇编》编纂委员会编：《清代诗文集汇编·望三益斋诗文钞》，上海：上海古籍出版社，2010年版，第69页。

②奕訢等撰：《钦定剿平捻匪方略》卷46，清同治十一年（1872年）铅印本，第16—17页。

多金，疑之。久之，泄，或执以献胜保公”。[①] 胜保抓获李昭寿的家人，欣喜万分，高兴地认为“滁，全在吾掌中矣”，并善待李昭寿的母亲和家人，让他们写信给李昭寿，劝他投降，命江苏知县姜锡恩通过李昭寿军中职掌符节及文史档案的官吏陈学书，解说利害关系。当时，李昭寿在太平军中虽然得到李秀成重用，但是与英王陈玉成的关系很僵。张瑞墀《两淮戡乱记》中说李昭寿投降的原因在于“既失玉成欢，常见危，又入锡恩言，遂反正”。再加上其老母妻子俱在胜保手中，李昭寿便初步答应投降。7 月，“胜保赴清流关，兆受受降”。李昭寿在清流关与胜保达成协议，因种种原因尚不能公开倒戈，胜保允诺。

七月二十五日，“贼夜至三界，火民居；公藏书皆烬。黄夫人率家属仓皇渡淮至阜宁。”人多船小，“舟自中流，舵折船樯，倾危数次，人皆惊惧失色。”吴棠本来家就贫穷，进入仕途不过十多年，而且家中人口众多，负累较重，省吃俭用才购书万卷，这一下家产全部被毁，心爱的书籍也片纸不存。吴棠痛彻心扉，对李昭寿痛恨之极。

后来，陈玉成带领十来万大军与清军战于滁州、来安，胜保兵溃。吴棠驰防三河，驻在蒋坝。著名的乌衣之战就发生在当年。乌衣镇地处安徽省滁州市东南、皖苏结合部，地理环境特殊，连接两省四县，清流河由此可直通长江，历来为滁阳首镇。太平军势大，李昭寿虽已与胜保达成初步投降协议，但此时又观望犹豫，举棋不定。

---

① 张瑞墀撰：《两淮戡乱记》，收入中国史学会主编：《中国近代史资料丛刊》，上海：神州国光社，1953 年版，第 296 页。

至九月，“胜保攻天长，令兆受内应陷城自效，遂克之。事闻，奉旨改兆受名世忠，赏花翎参将。胜保裁其众，留万八千人，号豫胜营，月给饷盐，令自鬻以给军”。[①]李昭寿至此公开叛变，他的再次降清，给太平天国造成极大的损失。二解天京之围的战绩化为乌有，天京再次陷入危机。同时，李昭寿的投降也掀起一股新的叛变高潮。李昭寿先是策动镇守江浦的薛之元降清，不久又策动唐禧菁、杜宜魁、黄雅冬、陈仕明、孙葵心等将领投降，太平天国疆土大片沦丧。李昭寿也因功于同治二年（1863年）二月，被清廷赏封“钦差帮办安徽军务办理招安事宜江南提督军门库楚特依巴图鲁”。

李昭寿投降清军以后，与太平军陈玉成部发生几次攻防战。怕太平天国报复，就强征滁州民夫增挖两道护城沟，昼夜催逼，非打即骂，横征暴敛，残害无辜。豫胜营肆虐滁境，滁州城屡遭战火，破败不堪，州衙、子城、野渡桥尽毁。琅琊山惨遭兵燹，醉翁亭、琅琊寺再化焦土，百姓生灵涂炭，纷纷逃亡（所谓“跑长毛反”）。家住滁城西大街56号的著名书法家侯度，跑反时要照顾老母和幼子，其妹和妻子因小脚走不快，姑嫂俩用一条长汗巾在家附近的上水关上了吊。后来，李昭寿母亲过寿，派人把侯度抓去，让其写字。侯度坚决不肯，李昭寿恼羞成怒要杀侯度，州人向李母求情，最后把侯度右手的大拇指割去一截，让其不能写字。侯度用一枚银子做了指套，书法更加精进，自号“断指生”。安徽学政朱兰赐其匾额“一节千秋”。吴敬梓的侄曾外孙金和作长

① 王定安撰《求阙斋弟子记》，收入中国史学会主编《中国近代史资料丛刊·捻军（一）》，上海：神州国光社，1953年版，第80页。

篇叙事诗《断指生歌》。

曾国藩的幕僚赵烈文，在同治二年（1863 年）正月十一日的日记中这样写道：“沿江野地，匍匐挑掘野菜、草根佐食者，一望皆是。鸠形鹄面，鸟聚兽散，酸楚之状，目不忍视。而江北一带，俱属李世忠管辖，下至仪、六，上抵滁、和，环转数千里，一草一木，皆有税取。民至水侧掘蒲根而食，犹夺其镰劖，以为私盗官物。其稍有资本趁墟赶集者，往往为其兵勇凭空讹索，所有一空。民生之艰，诚不啻在水火。”①

被李昭寿破坏的《醉翁亭记》碑拓片

光绪《滁州志》：“乡民逃亡及被虏者陆续回归。时秋禾尽偃，稻落田中，民赖以食。世忠虑贼复至，为清野计，纵兵四掠，乡民余粮悉虏入城，村舍全烧。严冬之际，无食无居，民皆冻饿以死。盱、定、滁、来四界之内，白骨遍地，蒿莱成林，绝无人烟者四载有余。滁人至今相传，清野虏粮谓之绝命粮云。”②

① 赵烈文撰：《能静居日记 2》，长沙：岳麓书社，2013 年版，第 621 页。
② 熊祖诒纂，周惟熙点校：《滁州志》，合肥：黄山书社，2007 年版，第 43 页。

民国《全椒县志》："豫军横行于滁郡，居民遭其荼毒，不堪言状。持清野之说，将民间房屋拆毁尽净，百姓大半露宿。四出劫掠、残刻胜于粤寇。至是撤退，遗黎始有生机云。"[①]

《约园存稿》："亭内旧有欧阳公手植梅花数百年物，也为豫营斧而为薪，醉翁亭记碑寔苏公手书，亦为豫营所毁，仅存数十字。览者惜之。"[②] 李昭寿恶行累累，多年以后，滁人说起还切齿痛恨。

第三节　吴棠筹谋　解救滁州

面对李昭寿在滁州一带的恶行，吴棠早就愤慨在心，"概念故乡久为灰烬，凋敝已极"。等到同治二年（1863 年）十月底，吴棠开始琢磨如何驱逐李昭寿。

十一月十二日，吴棠密折上奏："惟豫胜营勇李世忠向不发给口粮，全以掳掠为事，近在淮、寿一带，掳掠之惨甚于盗贼。现下蔡、寿州城圩经亲王僧格林沁派总兵陈国瑞等克复，而李世忠队复欲争踞，相持不下。已禀请亲王僧格林沁酌核办理。""自五河以下至滁州、来安、全椒、天长及江苏六合等处，经李世忠勇队盘踞六年之久，州县官不敢理事，居民搬徙，不敢还乡。以

① 全椒县地方志编纂委员会办公室：《全椒县志》，民国九年（1920 年）版点校注释本，第 147 页。
② 吴炳仁：《约园存稿》卷一，抄本。

致田亩荆榛，屋庐瓦砾，数州县中数百里内人烟断歇，间有人民穷极归里，亦被其蹂躏，困不聊生。是苗平而淮北粗安，李存而淮南仍困也。”①

吴棠还在奏折中分析了当下正是处理李昭寿问题的最好时机，苗沛霖已除，皖北亦无巨寇，李昭寿已经没有利用价值和存在的必要。现在安徽境内的善后事宜是招揽流亡，抚恤百姓，培养元气，方能够恢复战前旧貌。如果任由李昭寿豫胜营这样滋扰皖民，不但安徽的人民继续遭难，而且唯恐他继续下去，恣肆日盛，积久不堪。如到那个时候，再想把他绳之以法，或许他就会重蹈苗沛霖的覆辙。目前，乘各路大军都在安徽境内，处置李昭寿机会难得。

最后，吴棠提出几条建议：“请求朝廷密饬僧格林沁及协办大学士两江督臣曾国藩，查勘情形。一面饬令李世忠及所部实缺人员各赴任所，使彼有所系恋，应知改过自新，且分置数处，徒党既少，即欲为非，势亦不敢；一面挑选豫胜营候补各将弁及精壮勇丁数千名，分隶曾国藩、唐训方军营，或调扎江南间之楚师之中，使之观习营规，以资控制；一面收回李世忠所设江皖各厘卡，各归该省督抚酌量裁撤，仍留数卡捐厘，即以为挑选豫胜营勇之口粮计。……一面饬令皖北各州县悉赴任所理事，招徕未归之民，抚循疮痍，开垦耕种，假以数年，皖北民生应可苏息。”②

十一月十八日，清廷以李世忠拥兵自重，残害百姓等事，饬

① 台北“故宫博物院”藏：《军机及宫中档》，文献编号：092635，转引自杜宏春编著：《吴棠行述长编·上》，合肥：黄山书社，2016年版，第251页。
② 台北“故宫博物院”藏：《军机及宫中档》，文献编号：092635，转引自杜宏春编著：《吴棠行述长编·上》，合肥：黄山书社，2016年版，第252页。

令吴棠等密商剿抚之策，妥筹办理：“李世忠跋扈恣肆，盘踞利源。其勇队分踞多县，不能约束，骚扰病民，终为淮南巨患。朝廷早已洞悉，止以淮南之苗患未除，是以隐忍未发。……着僧格林沁、曾国藩、吴棠、唐训方详细密函筹商，即将李世忠调赴曾国藩军营，折以正言，晓以大义，令其随营剿贼。……如李世忠俯首听命，即可留营录用，若敢抗不遵调，则是显然背叛，僧格林沁等即一面请旨革职，一面声罪致讨，断不可稍存姑息。”①

接到旨意，吴棠分别给僧格林沁、曾国藩、唐训方写信密商，还给安徽同乡李鸿章写信寻求支持。十二月初七日，李鸿章来函曰：“豫胜营近颇收敛，惟滁、泗境内已成分地，农商不得复业，凡我皖人能无饮恨！邸帅发难，若就此勒令解兵归籍，终其天年，亦是快事。”并在信中叮嘱：“金陵未克，此辈不宜轻动也。”②

十二月十四日，曾国藩回信：“尊意以该提督占据五县，肆虐多年，趁此荡秽涤瑕，以期一劳永逸。此固珂乡之公愤，亦属当世之公论。”曾国藩先是认同吴棠所说的李昭寿对滁州一带的摧残，应该借此机会除去，又老谋深算地说：“该提督平日种种劣迹，众恶所归，本无足惜。惟揆度今日情事及朝廷临驭降人之道，不能不熟审机势，以期节奏不紊。”③由于李昭寿已归曾国藩节制，所以逐出滁州一事必须由曾国藩来操作。吴棠又接连给曾国藩写信，陈说故乡人民的苦难，催促尽快让李昭寿交出滁州等五城。同治三年（1864年），曾国藩回信：“十一日复接该提督

① 台北“故宫博物院”藏：《军机及宫中档》，文献编号：092635，转引自杜宏春编著：《吴棠行述长编·上》，合肥：黄山书社，2016年版，第253页。
② 杜宏春编著：《吴棠行述长编·上》，合肥：黄山书社，2016年版，第262页。
③ 曾国藩著：《曾国藩全集27·书信6》，长沙：岳麓书社，2011年版，第353页。

呈，称已将五河兵勇撤遣回籍，给予饷盐以作川资，其滁、全、天、六等城亦即次第交出等语。观其措词驯谨，或可渐就范围，别无波折。”[①] 三月下旬，吴棠又写信催促李昭寿撤军一事，曾国藩于三月二十五日回信告知：“当与面约二事：一、散勇以三月底为期；二、令该提督（李昭寿）四月初来安庆一见，先赴松江履任，再请开缺回籍。”曾国藩还对吴棠提出要求“此间接防兵勇，如尚不敷分布，即请贵部同来协守”[②]。吴棠时任漕运总督，防守安徽诸城本不是他的事，而且吴棠手中只有漕丁，自有防守任务。可是为了家乡父老的安宁，早日把李昭寿这个祸国殃民的败类赶出滁州，吴棠还是爽快地答应了曾国藩的要求。

吴棠命屯兵临淮的陈国瑞移师迫近李昭寿，防止他在交出滁州时扰民。又派记名总兵署漕标副将张从龙、直隶州知州吴炳麒，先选标兵及马兵共120余名，驰往滁州驻防。需用的粮饷、军火，吴棠为之筹划，保障接济。后又派兵士300名，陆续增加到1200名。为防止李昭寿部在退出滁州时骚扰百姓，叔侄俩周密策划，“先与李世忠心腹义子李显发等密谋筹办，复与该军约，系由南门退出，其余三门均键钥”。李显发是李昭寿的义子，吴炳麒承诺会帮助他恢复原姓，条件是协助官兵接收滁州。吴炳麒封闭了东、西、北三面城门，只允许李昭寿的军队从南门撤出。至时，城内秩序井然，避免了像其他地区乱军退出时的纷乱。其他城市乱兵退出时，抢掠财物，毁坏建筑，一片狼藉。唯有滁州是完整交接，全靠吴棠精心谋划，吴炳麒尽心操作。吴棠还严令士兵：“虽一草一木勿

① 曾国藩著：《曾国藩全集 26·书信 6》，长沙：岳麓书社，2011年版，第447页。
② 曾国藩著：《曾国藩全集 26·书信 6》，长沙：岳麓书社，2011年版，第535页。

扰吾乡，能卫乡里即所以报国家也。”爱乡即爱国，吴棠的爱乡情结直到今天仍然具有现实意义。

第四节　吴棠捐款　重建滁州

为重建战乱之后的滁州，吴棠交代张从龙、吴炳麒精心操作，因滁州自兵燹之后，又经豫胜营在此驻扎摧残，早已是蒿莱满目，凋敝不堪。等李昭寿交出各城，该处善后事宜亟须次第筹办，而尤以振兴学校、开辟荒芜、恢复生产为最紧要。吴炳麒入滁以后，立即公布安民告示，凡被李昭寿强迫当兵的，给予路费遣送回乡。有子女被强迫留在军营的，让家属来招领带回家。被李昭寿占据的民田，有田契的让户主领回去，无人认领的土地，全部充为义学经费。凡被李昭寿破坏之处，一一令其出资赔修。如光绪《滁州志》记载：“督学察院在城东，毁于寇。同治初，李世忠赔修，即吉姓民房改作。”学宫、明伦堂“李提督世忠据城毁之，归顺后赔修”，“老丰山书院，在文峰塔旁，毁于寇”，李世忠在丰乐桥异地赔建，仍称丰山书院。从此，滁州结束了战乱，各界人士纷纷回归，恢复了战乱前的安定。

早在同治元年（1862 年）十二月，盱眙县兵燹之余，又遇灾荒，道路上饿死的人到处都是。吴棠助种劝耕，运粮接济。盱眙县知县李金庚与吴棠私下有诗词唱和，感激吴棠对盱眙灾荒的救助。科举时代，每次考试录取的府县学生的名额，各有定数。按照相关规定，一州县捐银一万两，可以加文武学定额各一名。同治二年(1863年)，吴棠历年以来捐献的银子已积累到一万多两，他上奏朝廷，给盱眙县增加了文武学额各一名，使故乡的学子得到更多的学习机会。

当年十二月，吴棠会同曾国藩合词具奏，向清廷呈交了《豁免皖南钱漕折》，请求豁免凤阳、滁州、全椒、来安、盱眙、天长、定远、五河等30余州县自咸丰十年（1860年）以来历年积欠的钱粮杂税，奏请获准。吴棠又捐银，在滁购置房屋数十间，作为教育所用。“市房一所，计门面平房四间，上下楼房六间，次进平房四间，向北披厦三间，后园一方。契买银四百七十两，吴勤惠公

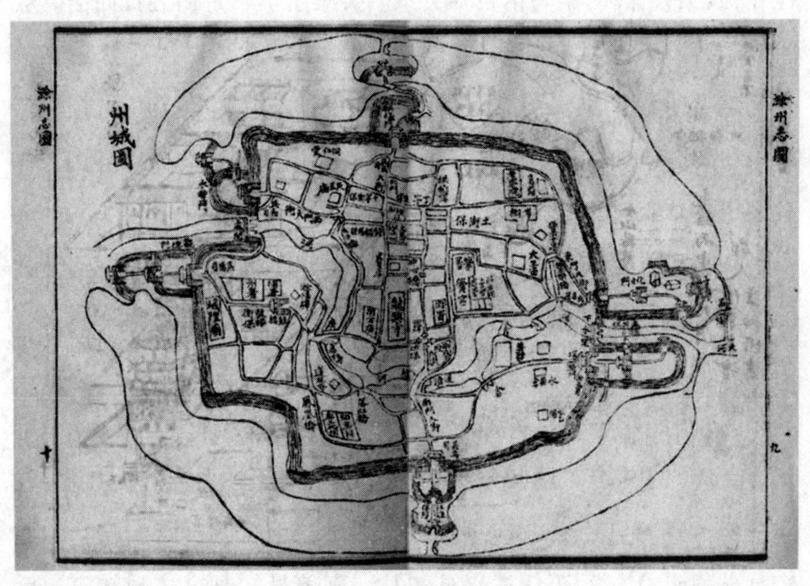

清代滁州城图

捐置。”[1]给战乱后的滁州人民休养生息提供了物质条件。

同治三年（1864 年）十月十四日，吴棠上疏，请求朝廷对滁州之战中的死难者，旌表抚恤。朝廷于十月二十六日批准，兵部火票递回原片，议政王军机大臣奉同治皇帝圣旨：“文汉升等均按照千总阵亡例，从优议恤。”同治四年（1865 年），吴棠幕僚侯甸在滁州购买房屋，建立滁州忠义祠。吴棠亲自撰写《滁州新建忠义祠碑铭》，“因洒泪而为之记铭”。该铭记述了沙河集之战的惨烈，“既悲相从患难之无人，又感吾乡风俗好义，能杀贼以卫乡里，凛凛乎有生气焉”。

同治年间，滁州著名乡贤薛时雨欲重建醉翁亭、重修丰乐亭，吴棠是倡议、捐助者之一。同治十一年（1872 年），醉翁亭重建工程开工之后，薛时雨写信告知吴棠。吴棠于十一月初五日回信。从回信中得知，吴棠捐助款项以重建醉翁亭，并承诺以后修建丰乐亭仍然会继续捐助。吴棠对醉翁亭的重建非常高兴，畅想着与薛时雨在醉翁亭中联诗对句，其乐融融。回信还说：“归思甚切，林泉之想，梦寐时萦。”

薛时雨在光绪七年（1881 年）《重建醉翁亭碑》中提到吴棠的慷慨相助：“盱眙吴勤惠公时任蜀帅，方将移家为滁寓公，时雨雅故，以书干之，慨乎同心。”

薛时雨，字慰农，一字澍生，晚号桑根老人，滁州全椒县人，生于清嘉庆二十三年（1818 年）。道光二十三年（1843 年）秋中举。咸丰三年（1853 年），“应进士试，殿试二甲，赐进士出身，即用知县分发浙江。”历任嘉兴县知县、嘉善县知县、杭州知府，后

① 熊祖诒纂，周惟熙点校：《滁州志》，合肥：黄山书社，2007 年版，第 127 页。

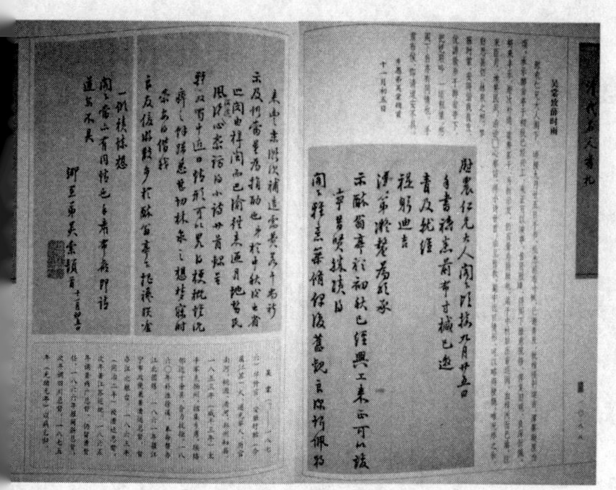

泰兴葛萝朴收藏的吴棠手札

弃官从教，先后主持杭州崇文书院、江宁尊经书院兼惜阴书院。卒于光绪十一年（1885年），著有《藤香馆诗钞》《藤香馆词》《藤香馆小品》等。薛时雨是晚清教育家、诗词楹联大家，他与吴棠感情深厚，引为知己，交游的方式主要是以频繁的书信来往。这是由于古代交通不便，两人又在不同的地方工作造成的。就目前仅见资料来看，两人见面只有两次，一是咸丰七年（1857年）两人相会于淮安清江。吴棠长期在淮安清江任职。薛时雨在担任浙江省嘉善知县后，赴北京探望其兄薛春黎，一路上从浙江溯水而上，经苏州，过高邮县，进入淮安，在清江浦停留。二是同治七年（1868年）正月，薛时雨与吴棠相会于杭州西湖，互赠长篇诗歌，诗词唱和，把酒言欢。薛时雨还为吴棠的诗集题诗，与吴棠的次子吴炳祥、侄子吴炳仁诗词唱和。

这两位的共同点就是热爱故乡，倾心奉献，尤其是在滁州琅琊山醉翁亭风景区的重建上，是最早的志同道合者。吴棠远在四川，便捐献银两，资助重建。薛时雨时在南京，离故乡较近，便奔走曾国藩等公卿之门，倡募资金，并亲自主持修建。如今世人能看到彰显醉翁文化的晚清建筑群矗立在琅琊山下，此二人功不可没。

第五节　故居犹存　埋骨滁州

一、回乡遽丧，葬于沙河

光绪二年（1876年），吴棠从成都因病致仕回滁。吴棠族侄、幕僚吴焘的《游蜀后记》说：“光绪丙子二年正月二十六日，仲宣叔交卸总督关防。择期三月十九日启程回籍。家眷由川江行者，先期二日登舟，舟泊雷祖庙。”[①] 吴焘因陪同吴棠次子炳祥扶其母史淑人的灵柩回家乡，没有与吴棠一同回乡，而“附吉甫舟中”。此时的吴棠家眷中黄夫人已于同治十三年（1874年）在淮安寓舍去世，侧室史氏在成都去世，现只有妾室沈氏、邵氏。吴棠走旱路，经由陕西、河南至江苏徐州，五月至清河县，“居民焚香顶祝，望见颜色，欢声雷动，犹家人父子久别聚首也。”闰五月“至盱眙，捐银数千两修县署，赈贫民”。二十一日返归三界，作《喜归》一诗：

三十年来久宦客，五千里外远归人。
干戈久靖犹萦梦，故旧无多只怆神。
绿野耕桑询地力，白头兄姊乐天伦。
告归永念君恩重，赢得衰年自在身。

二十五日，吴棠回到滁城吴府。二十九日晨，吴棠伏枕口授

① 葛剑雄，傅林祥主编：《中华大典·交通运输典·交通路线与里程分典》，上海：上海交通大学出版社，2017年版，第351页。

遗折谢恩，午时去世，年 64 岁。当年十一月十九日，与黄夫人合葬于滁州北乡蔚晖庄（今沙河集东圩村山许村民组龙山）。

吴氏家人的祖坟在房家营，吴棠的父母、已去世的李氏、谭氏夫人都安葬在那里。吴棠的墓为何孤零零地葬在这里呢？而且坟前没有墓碑，至今也没有发现墓志铭。据沙河镇有关领导回忆，曾听老人说吴棠之所以葬在这里，是因为“撵脉”，也就是撵风水撵到这里。据吴氏族人相传，当日为防盗墓，一门出三棺，分葬三处。除了沙河集这里，吴棠还有衣冠冢在明光老三界，但已无存。1966 年秋天，吴棠墓被毁，尚留坟圹半座。

据当时在现场的民兵营长储德友介绍：“坟被扒开的时候，两个棺材并排放着，棺内有一卷卷的红绸，见风就化了。女棺内有玉簪子等，男棺内有方形玉牌两个，还有一些珠子。这些东西都被交到沙河公社去了。没有看到石碑，男棺的棺材盖被打开的时

吴棠墓地远眺（戴彬彬摄）

候，背面有‘吴勤惠之墓’ 几个字。”

吴棠去世以后，光绪皇帝和慈禧太后都有祭文，并有“御制头品顶戴原任四川总督吴棠碑文”，谥“勤惠”。曾祖吴连、祖父吴钍、父吴洹俱赠光禄大夫。吴棠的几位夫人先后都赐封一品夫人，三子吴炳和钦赐举人。并在徐州、清河县等宦游地，盱眙、三界等故乡地建“吴勤惠公祠”。事迹入国史馆，《清史稿》有“吴棠传”。徐州的“吴勤惠公祠”建于光绪三年（1877年），今已无存。光绪三十二年（1906年），吴炳仁曾去拜谒，有诗：“崇祠瞻拜慨苍凉，天语褒荣帝泽长。”

清河县的吴勤惠公祠位于米市大王庙旁，今淮安市清浦区轮埠路141号。2003年3月，淮安市政府公布吴勤惠公祠为第二批市级文物保护单位。重修后的吴公祠占地面积600平方米，主要建筑两座：祭堂和享堂。现已作为旅游景点开放，成为后人纪念、祭拜吴棠的处所。

2004年，吴棠五世孙秦威（吴威）在吴棠墓前

作者在淮安清河区吴勤惠公祠前（周海利摄）

盱眙县的“吴勤惠公祠”建于光绪七年（1881 年），位于盱眙县城敬一书院的讲堂后面，第一山石碑下面的玻璃泉，20 世纪 60 年代尚存。“吴勤惠公祠”有一副楹联：

是为公父母之邦，瑞岩雄峙，淮渎流长。萃山川灵秀，特起人豪。三十年文治武韬，阀阅冠勋门，绿野久开裴令宅。

凡有大功劳则祀，袁浦丹青，彭城俎豆。想箕尾精英，厘怀井里，数万家安全惠保，馨香崇庙貌，朱棂永表郑君乡。

横批：崇德报功。

“裴令宅”是用唐朝裴度的典故，裴度坚持正道，辅佐宪宗实现“元和中兴”。为将相 20 余年，荐引李德裕、李宗闵、韩愈等名士，保护刘禹锡等人。史称其“出入中外，以身系国之安危、时之轻重者二十年”，被时人比作郭子仪。裴度在洛阳午桥建别墅，名绿野堂。此处以“绿野堂”比喻吴棠在故乡的住宅，称赞吴棠像裴度一样是中兴名臣。“郑君乡”是用东汉郑玄的典故，郑注过许多经书，在家乡办学，学生1000多人，孔融建议把他的家乡改名为郑君乡。此处以“郑君乡”比喻盱眙为学者之乡，表彰吴棠捐款修学宫、增学额、编辑出版故乡文化典籍的事迹。

二、斯人已去，故居犹存

吴棠自幼生活的盱眙老三界，位于江淮分水岭的丘陵地带。吴棠曾有诗:“弊庐介江淮，滁山分一支。”移居滁州以后，又有诗:“环滁山下旧荆扉，竟岁思量未拂衣。”光绪二年（1876年），吴棠回乡前夕，又有诗：“数椽已筑盘蜗室”。吴棠的故居与旧居遗存有这么几处:

（一）老三界故居。明光老三界原有吴棠父母遗留的房子数间。咸丰八年（1858年）李昭寿至老三界，焚烧民房数百间，吴氏家族数百人仓皇出逃，依附吴棠，转徙清淮等地，吴炳仁也曾有诗记载在淮安时的困境:

庐屋同居数十人，一盂麦饭派来均。
更挑野菜和根煮，惊恐忧劳度一春。

由此可知三界的吴氏老屋已不存在。同治三年（1864年），李昭寿交出滁、定、盱、来等地，吴氏家族回乡建造新屋。吴棠作《题飞鸿图·满江红》《归鸿图·沁园春》词二首，有“幸赖天恩，兼蒙祖德，还我都梁处士家。勤耕读，有一庭诗礼，千亩桑麻”之句。可知吴棠也在三界建造了新宅。吴棠于同治五年（1866年）就任闽浙总督之前，曾回老三界探亲扫墓，作《抵里门》诗，有“转痛峥嵘第宅新”句，可知那时新宅已经建好。吴棠在三界建的房屋有数十间，原准备退休以后居住，因“后裔寓滁，不愿回乡”，就没有回去，在滁州准备了养老之所（吴府）。吴棠去世以后，朝廷赐谥号“勤惠”，吴棠次子炳祥，应乡人所请，把房屋捐出作为“勤惠公祠”，供族人和世人祭祀。1932年，划建嘉山县，这里又作为嘉山县政府办公室。1938年2月中旬，嘉山县衙被日寇纵火焚毁了一部分。据贡发芹先生于2004年8月介绍：“老三界的房子在新中国成立后被供销社征用，后来卖给汤姓居住。2000年因年久失修被拆毁。”

贡发芹先生于2000年在吴勤惠公祠拆除现场

（二）瞻丰草堂（按照在滁城的方位，俗称西公馆）。位于滁州市琅琊区西大街79—83号（今老第二人民医院附近），建于同治三年（1864年）。吴棠应曾国藩之请，派吴炳麒接管滁州，因老三界的房子已毁于战火，吴棠家族在此建屋居住。吴棠于光绪二年（1876年）去世，三年以后吴检去世。这里曾是吴府（南公馆）

建成以前吴棠的住处。双檐双椽，青砖青斗，走廊间是青砖铺地，室内地是芦席花的小方砖。大门口有石狮子、石鼓。门楼上有一大匾，上有“瞻丰草堂”四个隶字，乃清代淮安著名书法篆刻家潘慰祖书。

2004年，吴绍宪送“瞻丰草堂”门匾到琅琊区政协

潘慰祖，原名金芝，字汉泉，号心缄子，山阳（江苏淮安）人，为印学大家吴熙载好友，印风亦似吴氏，有《习慎斋诗文钞》传世。《江苏文艺志·淮阴卷》有详细记载，淮安市博物馆收藏有潘慰祖作品。潘慰祖性格刚直，遇大事敢言。咸丰十年（1860年），吴棠任淮徐道、帮办江北团练及徐宿军务，驻署徐州。捻军名将李大喜、张宗禹率主力2万人，由徐州附近南下，占领王家营，准备攻取苏北重镇清江浦（清河县城）。淮安府治在山阳县（今淮安市淮安区），漕运总督署的所在地。清江县离

吴棠侄玄孙吴绍宪与草堂遗存的石构件

山阳30里，是江南河道总督署的所在地。当时吴棠得知消息后，立即派人赴清河县报警，南河总督庚长正在禹王台宴请漕运总督联英和淮关监督。他们在一起宴游看戏，锣鼓敲得震天响，报信的人无法接近官员。当天，捻军攻陷清江浦，联英和淮关监督仓皇逃回山阳县。南河总督庚长也于当天晚上逃到山阳县西门，守城人不让入城，以为假冒，后来当面查看才放之入城。捻军占领清江浦后，烧杀抢掠，逼近山阳。漕督联英不思守城，想要逃跑，行李太多，辎重自漕运总督署前一直铺排到南门。潘慰祖得知后，对这些官员不顾百姓死活，要弃城而逃的行径气愤填膺，率领城内“诸生阻漕督联英弃城出走”。得到山阳知县顾思尧的支持，锁闭城门，任何人不予开门。迫使联英与山阳县官民一起守城，最终守住了山阳，百姓称庆。

吴炳仁曾有诗作：“饥驱廿载困名场，负我瞻丰旧草堂。”据吴检的曾孙女吴克荃介绍：“西大街的房子原来是七进，后面两进被鬼子烧了。”滁州被日寇占领是1937年年底，瞻丰草堂被日寇烧毁

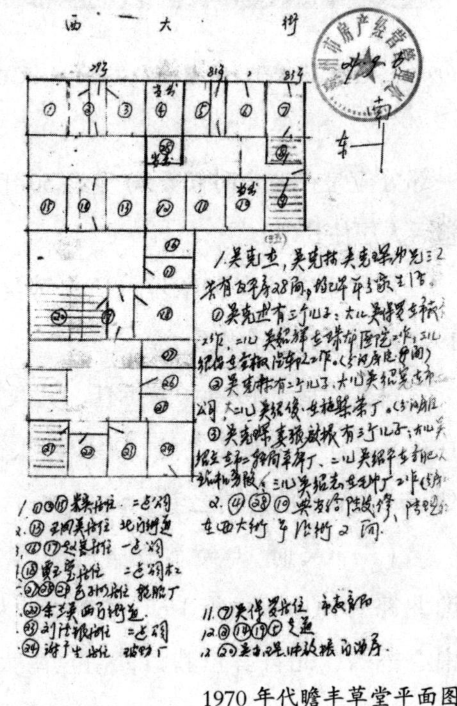

1970年代瞻丰草堂平面图

1993 年，吴棠侄玄孙女吴绍坪（右一）、侄玄孙媳王德华（右二）在瞻丰草堂

一部分应是在这个时候。20 世纪 50 年代城市房屋改造后，还有吴检后人居住其中。

吴棠侄玄孙女吴绍坪、侄玄孙吴绍赣的夫人王德华等曾于 1993 年在故居前合影留念。

瞻丰草堂于 1995 年被拆迁。其匾额和拆迁遗留的石鼓等均保存在吴棠侄玄孙吴绍宪处，2019 年被征集到吴棠故居（吴府）陈列，成为故居的镇馆之宝。

（三）吴府 （吴棠故居南公馆）。位于滁州市琅琊区南谯北路（原中心大街）61—72 号，为吴棠所建。中心街，古称中心桥街，北自鲜鱼巷口，南至南大桥。全长 500 米，道路宽

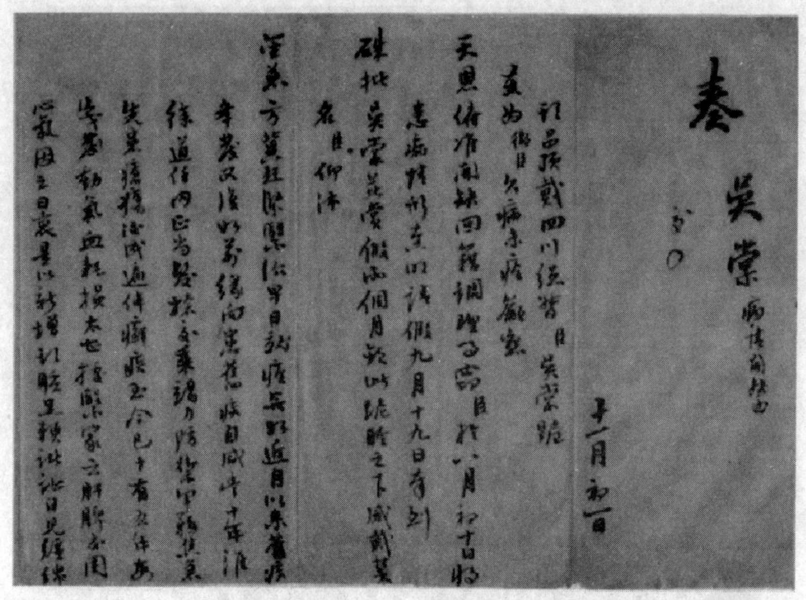
奏 吴棠
头品顶戴四川总督臣吴棠跪
奏为微臣久病未痊吁恳
天恩俯准开缺回籍调理

吴棠告病奏折

4米，是滁州老城区自古以来的中心地段。吴府东临南谯路，西至金刚巷，北至盐局巷，南至人民电影院（含本身），是一个长方形的建筑群。临街是一道木栅栏，栅栏内是一个大院子，院内有两个上马搭子。院子北侧有一个大门，大门楼很气派，门上有铜钉，后面是客厅和生活用的房子，有100多间。

吴棠于同治七年（1868年）任四川总督，同治十一年（1872年）十一月，曾以病奏请开缺，朝廷不允，给假两月调养。时过两年，病已渐笃，于光绪元年（1875年）十一月复请开缺，乃获准允，十二月离任。过去建筑周期长，吴府新宅上百间房子短期内不可能建好，是吴棠准备告老退休之时在滁州修建，建筑年代当在三界新宅之后，应在同治十一年（1872年）之前。

1967年7月1日，庆祝建党46周年的游行队伍行经新华书店和人民电影院（吴府）

1937年以后，吴府大门口的院子加顶盖成大礼堂，建成“荒兴大戏院”。1950年4月，这里用作滁州军分区电影俱乐部。1952年，移交给滁县专署文教科，改名国营人民电影院，翻盖了放映大厅。放映大厅占去大门口的院子和客厅等前半部分的房子。1953年，新华书店进驻紧靠放映大厅北面的一部分房子，临街的房子改为门市部。后面作为库房和职工宿舍，有的职工一直住到2016年故居修建。其余的几十间房子在50年代房改的时候充作公房（吴棠后人留有少量住房）。据滁州市房产经营管理处提供的“滁县房改后房主分户情况登记表”记载：“72号房产两间，房主姓名吴公望，住中心街72号坐东向西。”1962年5月27日，房主吴公望还将房子出租给李树华，每月租金2.40元。

1972年、1985年中心街两次拓宽至24米，拆除民房1万平方米。吴府临街的房子因扩路被拆除。90年代末期，临街的房子再次被拆除改建成楼房，成为土产公司的门市部。剩余的房子基本保持晚清的格局，除新华书店职工宿舍外，其余的房子产权属于滁州市房产局。

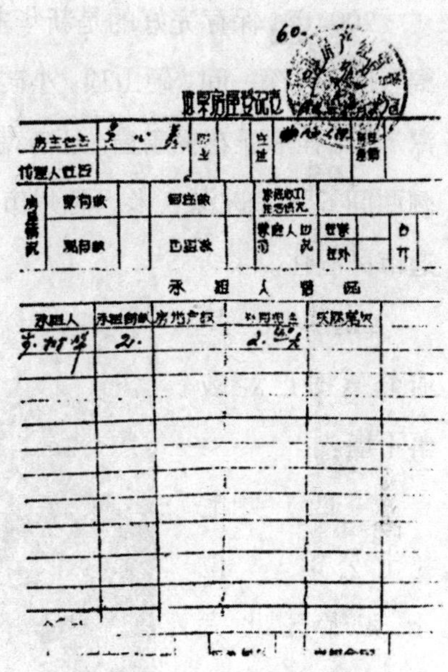

吴棠嫡孙吴公望1962年的房屋登记表

2004年的吴府

2004年，保存完好的是新华书店职工宿舍，有东西正房三间，面阔三间，进深一间。硬山顶，小砖瓦。抬梁式五架梁，面阔12米，进深7米，挂落雕花槅扇窗。还有南北厢房各两间，抬梁式三架梁，面阔两间6米，进深5米。滁州市房产局的20多间房屋，出租给普通市民居住。

2016年，吴府修复时已经破落不堪。

2016年，修复前的吴府

（四）吴宅（北公馆）。位于琅琊区北大街25号，共有5进，大门口有两个石狮子，第一进是大厅，第二进是大院子，后面是房子。这是吴棠族侄吴炳经所建。1949年以后，炳经的曾孙吴绍华及其亲属都住在这里。后仲家油坊迁入，现已被改造得面目全非，2004年还有水井一口。

（五）约园。吴炳仁所建。位于滁城西门外三古堆，《约园存稿》曾记载“我有约园丰山麓”，并小注“予有约园在滁城西隅”。现已淹入西涧湖水库，据说干旱的时候还能露出来。约园是吴炳仁的花园，平时居住在滁城东后街13号，1949年后为滁县军分区的办公地。

第六节　吴氏家族　后继有人

吴棠子侄及其宗族后人在各自的领域里获得了不同程度的成就。

一、吴棠家人

吴棠先后娶李世锜之女李氏、宝庆府知府谭光祜之女谭氏、两淮伍祐场（今江苏盐城市伍祐镇）大使黄宗寿之女黄氏为妻，均获封一品诰命夫人。侧室史氏，妾沈氏、邵氏。吴棠有三子二女，子吴炳采、吴炳祥、吴炳和，女金兰、金蕙。咸丰三年（1853年）四月，黄氏嫁到吴家。黄夫人没有生育，对待前房的子女视如己出，战乱中督促诸子读书，后来炳祥、炳和学有所成，黄夫人功不可没。孝敬公婆，奉事唯谨。程太夫人重病，黄夫人衣不解带服侍10多天，换了几个医生，始终不见起色。后来有一个医生说要用人肉作药引，黄夫人便把胳膊上的肉剐了一块，和到药里一起煎煮，程太夫人方得痊愈。[①]

咸丰十一年（1861年），吴棠有《仲冬月督兵朱家湾圩寄内》诗：

匝野烽烟恨未平，忘私忧国矢吾生。
壶浆馈送民依我，亲戚提携家累卿。
幸与苍黎维砦堡，敢忘忠赤报麻明。
严寒莫念从戎客，早典钗环为犒兵。

① 此事乃《重修盱眙吴氏族谱》所记。

同治九年（1870年），黄氏带病前往四川。因不服成都水土，同治十一年（1872年）随女儿金蕙回淮安，同治十三年（1874年）五月二十四日，在淮安寓所去世。族中亲友制挽联，痛哭不已。《重修盱眙吴氏族谱》说：“夫人徽音淑德，谱不胜记。”

长子吴炳采，字载甫，号翰香，李夫人生。生于道光二十四年（1844年），于咸丰十一年（1861年）去世，娶句容县知县王会图之女为妻，生有一女。王氏长炳采两岁，炳采死后守志终身，赐封淑人，吴家人称“大老太”。

二子吴炳祥，字吉甫，号子仙，侧室史氏生。生于道光三十年（1850年），同治庚午（1870年）科举人，江苏候补道，光绪二十年（1894年）署江苏盐巡道，寓居扬州，建有故居怡庐。光绪二十五年（1899年）病故于任上。著有《怡庐诗钞》二卷，有吴增仅光绪二十六年（1900年）刻本，今藏于安徽图书馆古籍部。吴炳祥娶定远同知衔胡清女为妻。胡氏生于咸丰二年（1852年），赐封宜人。有二子一女：子同远（字公望）、同祖（字公武），女名不详，嫁张佩纶堂侄张恂（字孟嘉）。公望子吴克斌，留学英国，轻工业部上海食品工业研究院总工程师。

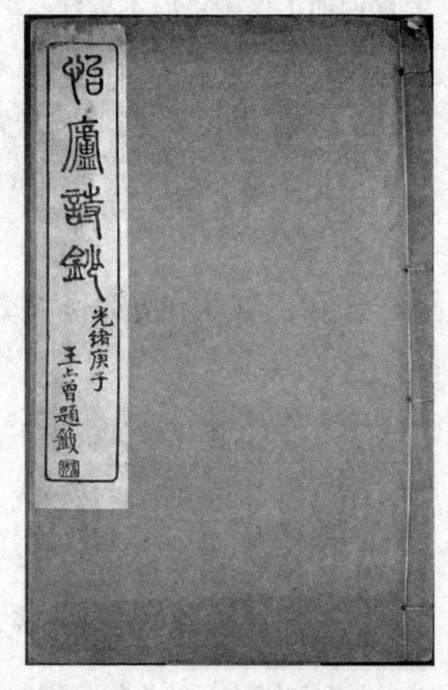

族孙吴增仅（吴棠族侄吴炳宣之子）由吴炳祥抚养成人。著有《三国郡县表附考证》八卷，有光绪三十三年（1907年）观海堂刊本、《二十五史补编》本。吴增仅所撰《三国郡县表附考证》，集三国诸州郡县考证之大全，用表的形式将政区沿革的动态过程清晰地表现出来，前列诸表，后附考证，体例完整，堪称上乘。

三子吴炳和，字协甫，号少宣，谭夫人生。生于咸丰二年（1852年），以父荫钦赐举人。光绪五年（1879年）九月入京谒试，光绪六年（1880年），奉旨参加礼部考试，授直隶候补道。炳和娶黄氏，赐封宜人。有子增诃，娶桐城张廷玉的后人张传经为妻。增诃有子克炎，克炎有子绍彬，1993年于滁州市工商银行退休，妻秦翠兰在滁州市邮电局退休。绍彬有两子一女，长子秦威（吴威），次子吴琦，女吴嫒嫒。2018年12月1日上午，滁州市琅琊山管委会、市地情人文研究会在琅琊山景区联合举办“纪念薛时雨诞辰200周年”活动之“时雨亭”落成揭牌活动暨中国历史名亭联谊会，吴琦的儿子文灏代表吴棠后裔出席。

长女金兰，字孟芗，李夫人生，嫁河南知县秦茂林之子秦尔熙，有子秦其增。金兰对继母黄氏非常孝敬，黄氏生病，金兰亲

左二为吴文灏

自服侍，不辞辛苦。金兰思念父母，曾作《望云图》。吴炳仁题诗曰："万点蜀山千点泪，教人何处望慈晖。"

次女金蕙，字述仙，谭夫人生。金蕙四岁丧母，最为吴棠钟爱，会诗文，针线、厨艺俱佳。《约园存稿》说："述仙三年内，妆奁典卖一空，助夫苦读，后杨味春官居浙江巡警道，赖其助力。经常济困扶贫，周恤亲友，公婆谓之贤孝妇。"

兄吴检，字玉书，因家贫弃学养家。吴棠乡试、省试，都由吴检陪同，拉一蹇驴让吴棠乘之，另一驴驼面粉换盘缠。每到旅店，店主都以为吴检是吴棠的仆人，后见同寝同食，方知为兄弟。晚清定远著名乡贤方浚师有《貤封荣禄大夫盱眙吴君传》述其生平。吴棠去世后，吴检"神明顿减"，三年后去世，年 73 岁。

吴检有四子：炳麒、炳仁、炳寿、炳康。炳麒，字祥伯，跟随吴棠长年征战，官至四川直隶州忠州知州，有一子增倬，字银斋。炳仁，字莼甫，官至扬州知府、上海海关道，有诗集《约园存稿》《冰蚕剩稿》等。炳仁有子十一、女五，第二子吴增春乃滁州最后一位举人。炳寿有子三：增侃、增年、增穀。炳康有一女静淑，过继增穀为嗣。

吴棠兄弟于同治三年（1864 年）移家滁州，随同迁滁的还有族侄吴炳经等人。吴炳经，字德甫，廪贡生，跟随吴棠南北征战，军功保举奉贤知县。

二、吴氏族谱与族人

吴氏孝敬堂的辈分至吴棠已是十二代，从吴棠的祖父吴钋起，辈分谱为以“金水木火土”为偏旁的字。吴棠又拟十二字为“后之命名者庶有所依”，即“克绍至德继祖扬芳诗书世守福寿延长”。吴棠于同治十三年（1874 年）重刻《商山孝敬堂族谱》及《重修盱眙吴氏族谱》两册，今藏于南京图书馆、上海图书馆。吴氏宗亲江铨曾提供《重修盱眙吴氏族谱》电子版，其世系表由笔者整理后，在吴棠故居展出（见附录世系表）。

吴棠侄玄孙吴绍赣和吴绍坪于近年补修吴氏族谱一册，已由吴绍坪自费印刷，捐献给吴棠故居。另有《皇帝封赠诰命圣旨》《清河移建崇实书院记》石刻拓片等，保存在洛阳吴检的五世孙吴至海处。

族侄吴焘，乃吴棠幕僚，是《重修盱眙吴氏族谱》的主要编纂者，著有《游蜀札记》《川中杂识》。

族玄孙吴绍基。辛亥革命前夕，吴绍基在四川巡警道、十七

民国二十六年（1937 年），吴绍基（后排中）与安徽省参加辛亥革命的战友在上海欢聚

镇统制兼副都统衔朱庆澜的麾下。武昌起义后，朱庆澜率所部四川第三十三混成协响应，被推为民军副都督。1912 年，朱庆澜前往黑龙江任镇安右将军、黑龙江巡按使，吴绍基被任命为少将副官长。

1937 年，抗日战争开始，吴绍基任军政部第一伤兵休养院院长，后任职于新五军参谋部，抗战中因公殉职。

族玄孙吴继光。吴继光（1897—1937），原名绍琳，黄埔军校第二期毕业。1937 年淞沪抗战，任 58 师副师长兼 174 旅旅长，坚守上海三个月，于罗店战役中多次立功，在白鹤港督师杀敌时中弹牺牲，被追认为中将。夫人周炳华及独女吴志浩由蒋介石的外

张道宇（后排右一）与吴志浩在“吴继光将军落葬仪式”上

甥俞济时安置在宁波。1949 年后，吴继光被收入国家首批 300 名著名抗日英烈名录。2015 年，国民革命军 74 军军长张灵甫之子张道宇在宁波市协助其女为吴继光建衣冠冢。

族玄孙吴绍骙（1905—1998），号又骙。美国明尼苏达大学博士，著名作物遗传育种专家、农业教育家、社会活动家，中国玉米育种奠基人之一。历任河南大学农学院副院长兼河南农业厅副厅长、河南农业大学副校长，河南省人大常委会副主任、政协副主席，中国民主同盟中央委员、中央监察委员。

吴绍骙像

第四章 ‖ 野老村夫口中传
——吴棠轶事与传说

大凡名人，必有传说与轶事。所谓轶事，指正史之外的逸闻杂录，这些内容大多不录于正史，或者虽有事实但在细节上有出入。但是这些记载大多文笔细腻，生动活泼，有助于读者对历史人物做多方面的了解。

吴棠侄玄孙吴绍渔画的吴棠像

本章摘选吴棠轶事与传说故事，就是想让大家从不同的侧面来了解吴棠，以补正史之不足，同时也有利于读者加深对吴棠这个历史人物的了解。本章会根据正史和有关口碑资料，对故事中的一些细节进行考证。

这些传说与轶事，大多集中在江苏省淮安市及盱眙县、安徽滁州市及明光市、四川成都一带。吴棠自道光二十四年（1844 年）进入仕途，到光绪二年（1876 年）因病致仕，在官场一共 32 年。吴棠在苏北一带待了 22 年，其间除了短暂留在徐州外，绝大部分时间待在淮安。再者吴棠在四川待了 9 年，这是他除了淮安之外工作时间最长的地方。

第一节　吴棠尊师　妙联对诗

“吴棠尊师”的故事最早出自于赵长春撰写的《吴棠的故事（四）》，收于 1986 年出版的政协江苏省盱眙县委员会文史资料研究委员会编的《盱眙文史资料选辑》。今节选如下：

清朝旧习，考中进士才得封官赐爵。道光皇帝增设了一个“挑试”。“挑试”就是在考进士落选的举人中，再进行一次考试，优秀者也可做小京官或七品知县。吴棠就是“挑试”中的优秀者，所以被皇上任命为南河县知县。据说吴棠赴任之前，告假一个月。因为，他有一位恩师在敬一书院，名叫钱坤，他要去拜别。家有双亲和兄嫂，也要告别一下。所以，辞别考官，备好行装，穿上御赐官服，坐轿回籍。一日，轿子到了宣化街，哪知轿夫忘记了吴棠的吩咐，踏上西官路，飞奔而下。不料迎面走来一位老儒，和轿夫擦肩相撞，轿夫出言不逊：“你这乡下佬，有目无珠，胆敢与官轿相撞！”老儒并不示弱，高声嚷道：“大路朝天，各走一边。既然相撞，有你一份，难道你的主子光教你骂人不成？”吴棠听到争吵，掀起轿帘一看，大吃一惊："这可不得了！"原来和轿夫相撞的老儒，正是吴棠的老师，名叫钱坤。吴棠急忙下轿，双膝跪拜在地："学生无礼，望夫子恕罪！" 钱坤一见是吴棠，气得浑身发抖，浓眉倒竖，怒目圆睁："你偌大官架，怎是我的学生？我教书已逾半甲，从未见到一个学生对我无礼！"吴棠跪得腰酸腿痛，不敢言语，也不敢抬头，只等老师发落。钱坤责怪他对轿夫管教不严，有失礼节，现在见吴棠跪倒在地，已有大礼，心又软了下来。钱坤皱着眉头，看着路旁竹林出神，只见老竹皮黄矮瘦，新竹皮青高大，忽然灵机一动："有了！"回头对吴棠说："我出一个对子的上联，你能对出下联，刚才的事情，一笔勾销，你还是我的学生。如果对不出来，你做你的高官，我坐我的书斋。师生关系，从此断绝！"吴棠无奈，只好应允。钱坤琢磨一下，一字一字念道："新竹长， 长过老竹，欺压先生。"吴棠听罢，面有难色。他知道，此联以竹喻人，一语双关，对起来难度很大。如果对得不妥，连轿夫也要耻笑。正在为难，吴棠瞥见路边水中荷花绽开，莲蓬累累，思考一下："有了！"便脱口对道："老莲种，种出新莲，包涵小子。"钱坤听了大喜，弯腰扶起吴棠，笑道："起来，起来。你对得好，对得妙。不愧是我多年辛勤浇灌出来的一株好苗。" ①

钱坤上联的意思是新竹长得高过了老竹，压在比它先生的竹子头上，用"先生"喻老师，意即吴棠欺凌老师。吴棠对出的下

① 赵长春：《吴棠的故事（四）》，收于政协江苏省盱眙县委员会文史资料研究委员会编：《盱眙文史资料选辑》（第3辑），1986年版，第140—141页。

联用莲蓬里包含有许多莲子作比，自称“小子”，企请老师多多“包涵”。钱坤看到下联后，怒气顿消，原谅了吴棠。此联中的上联和下联都很新奇，语意双关，贴切自然。上联出得绝，下联对得巧，真是妙趣横生。且上下联首句末一字，为第二句的第一字，在修辞上属顶真格，同一字在两处的含义各有不同，堪称佳对。

这件事情正史中未见记载，而吴棠确实是在道光二十四年（1844 年），因“大挑一等”，奉旨以知县资格任用，经掣签后分在江南河道总督署督河工。但不是文中的“南河县知县”，唐武德四年（621 年）曾置南河县，故治在今广西陆川县古城乡政府所在地古城街。宋开宝五年（972 年），废入陆川县，此后再没有建置南河县，晚清时把江南河道总督署简称南河。

江南河道总督署衙在江苏省淮安清江浦，这个任职的地点和单位也不是朝廷直接安排的，而是通过晚清的一项用人制度“掣签”来决定的。掣签即明代后期沿袭至清代的吏部选授迁除官吏的方法，以竹签预写所选机构地区及姓名等，放到筒中，由选人自掣，类似今天的抓阄。清沿用此制，外省官员分散任用，皆由吏部掣签分发各省，目的是杜绝人事关系作弊。

《吴棠年谱》说：“道光二十四年（1844 年）赴礼部试。是年，大挑一等，引见。奉旨以知县用，分南河。寻至工，勘盱眙水势。归里省亲。”可知吴棠在到南河上班的这一年，因派到盱眙县勘察水情，也确实请了假回乡省亲。

不过，钱坤是否是吴棠的老师呢？查看《吴棠年谱》，可知吴棠自六岁起到考中生员这一时期教授他的老师有：族兄吴榜、族叔吴泰、父亲吴洹、凤阳万文渊、舅氏程兆麟、族兄吴楷、族叔吴洛、族兄吴棨、定远邵俶，其中并未有钱坤之名。那么，为何会有钱坤为吴棠老师的故事呢？笔者推测有两个原因：一是吴棠去世后，朝廷在故乡盱眙为吴棠建了吴勤惠公祠。遗址在“敬一书院的讲堂后面，第一山石碑的下面”。据说这个地方曾是吴棠的书斋，既然钱坤是敬一书院的老师，吴棠的书斋又在此附近，那么后世认为钱坤是吴棠的老师也是可以理解的。二是吴棠虽未在敬一书院学习，但是他曾于道光十一年（1831 年）八月，考中生员（学使为满洲鄂木章额公，题为《樊迟问仁三章》）。

按照晚清的科举规则，考中生员以后，才取得考举人的资格。生员在考中举人之前，要由县学督促其继续苦读，每三个月定期检查其学业，给以指导。而钱坤很可能是县学中负责督查吴棠的老

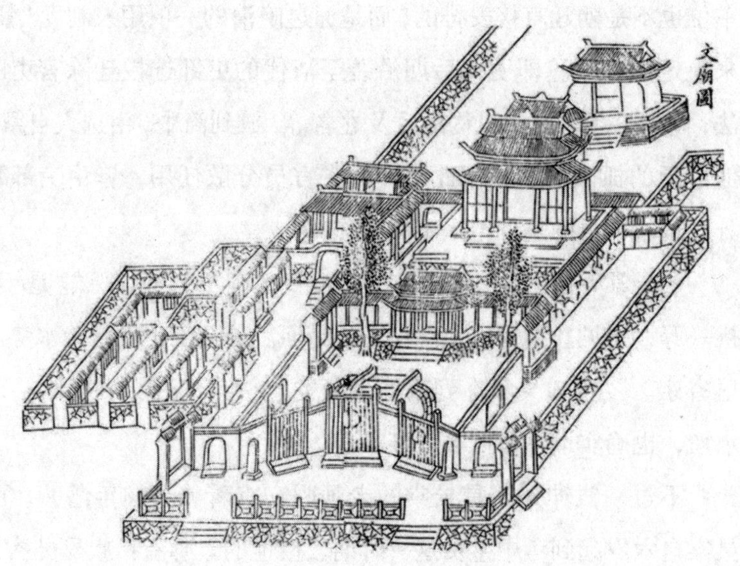

吴棠捐建的盱眙文庙

师。吴棠从考中生员的第二年开始，先后在亲戚李氏和盱眙高氏家中设馆教书。道光十五年（1835 年）八月，吴棠应本省恩科乡试，考中第 62 名举人。吴棠在考中生员三年后第一次参加乡试就考中举人，固然有自己的努力，但定期接受县学老师的督查指导，也是提高他成绩的一个很大助力。因此，吴棠对钱坤的尊重就可以理解了。

这个故事主要流传于安徽的滁州市、明光市和江苏淮安市的清江浦区、盱眙县等各县区。目前可以找到的版本除了《吴棠的故事》外，还有《吴棠尊师》，收于《淮阴古代掌故》《民间吟诗作对闹笑话丛书·趣对雅诗笑话故事》《盱眙今古传奇》《淮安故事传说》《清官贪官糊涂官》《中国民间故事全书·安徽滁州·明光卷》等。这些版本大同小异，但总的来说呢，对吴棠的评价是比较肯定的。一是肯定他尊师有道。古代“天地君亲师”是并称的，一日为师，终身为父。吴棠的轿夫不慎冒犯师长，他急忙长跪不起，力求原谅。二是肯定他的才华。吴棠对出的下联不仅对仗工整，而且声调和谐，特别是长长对种种，一字双音，含义深刻。

第二节　巧行酒令　智对钦差

这个故事最早见于汤策安著于 1987 年的《吴棠逸闻片段》，收于嘉山县政协文史资料委员会编的《嘉山文史 》（第 4 辑）。今摘选如下：

吴棠，嘉山县三界人。清道光十五年（1835年）中了已未科举人。后经"挑试"合格，被清廷任命为南河知县，后又调砀山、桃源、清河等县任职。咸丰二年（1852年），吴棠在任清河知县时，由于他清正廉明，耿介不阿，更加勤理政事，群众颂为循吏。而豪绅阀阅，不免视为仇敌。于是栽诬以"吃漕吞赈"的罪名，控告到京。皇上派钦差下来察看，钦差认为这样的重大案件，吴棠的安危，还不在于他们的一份汇报？于是着意在吴棠身上捞上一把。而吴棠认为我既不贪污，无钱贿赂，而且也不愿忍受此等屈辱。当时的清江漕台（漕运总督）杨五大人（其名不详）很器重吴棠，欲为他解围，缓和气氛。于是命吴棠设宴恭请钦差大人，由自己作陪，好便中代为说项。酒过三巡，但只觉不好启齿。考虑再四，忽然灵机一动，提出以调令行酒，于是杨漕台首先开始："无水也是青，有水也是清，去水添心便是情；不看僧面看佛面，不看鱼情看水情。"那位钦差却装腔作势地接上一首："木目并成相，添心便是想，去心添雨便成霜；只扫自己门前雪，休管他人瓦上霜。"意思是叫杨漕台休要多管闲事，为他人说项，挡自己财路。接着轮到吴棠，他愤慨地说："无水也是奚，有水也是溪，去水添鸟便成鷄（鸡）；得势狸猫赛似虎，落架凤凰不如雞（鸡）。"

钦差听了，顿时脸上红一阵青一阵，怒气冲冲，不待酒终了，就不欢而散。杨漕台责备吴棠不该这样耿直，把事情弄僵了，后果不堪设想。吴棠说："任凭他吧，反正我拼丢掉乌纱，抛却头颅，士可杀而不可辱。"钦差回京禀奏清河知县吴棠"吃漕吞赈"一案，经查属实，伏乞降旨治罪。他得意洋洋地想："这下可够你吴棠受用的啦。”哪知事隔不久，咸丰皇帝下了一道御旨：“清河知县吴棠，调升邳州知府。”并将这位贪财枉报的钦差大人降格任用。这下反倒把钦差弄得晕头转向，目瞪口呆，连呼：“晦气、倒霉！”[①]

淮安杨殿邦故居

这个故事主要流传于安徽明光市一带。与此相同的版本还有孔凡仲主编的《安徽民间故事集成·滁州卷·明光民间故事》一书中的《行酒令气煞钦差》，武佩河、贡发芹编著的《中国民间故事全书·安徽滁州·明光卷·吴棠气钦差》，内容基本相同。但是这个故事中说到的人和事有的与史实相符，有的尚有出入。如说吴棠“后又调砀山、桃源、清河等县任职”“吴棠在任清河知

① 汤策安：《吴棠逸闻片段》，收于中国人民政治协商会议嘉山县委员会文史资料委员会编：《嘉山文史》（第4辑），1987年版，第91页。

县时，由于他清正廉明，耿介不阿，更加勤理政事，群众颂为循吏”，都是符合事实的。史料记载他：“无积狱，百姓称吴青天。”但是说他在咸丰二年（1852）任清河知县不准确，因为他是咸丰元年（1851年）任职清河的。再者文中说“当时的清江漕台（漕运总督）杨五大人（其名不详）”也有一点出入：漕台（漕运总督）府不在清江浦，而在淮安府衙的所在地山阳县，离清河三十里。杨五大人很有可能是杨殿邦。杨殿邦，字翰屏，号叠云。道光二十四年（1844年）实授漕运总督，咸丰二年（1852年），尚在任上，他确实很器重吴棠。吴棠两次赴京考试，均住在杨殿邦家。杨殿邦在生活上、学业上照顾吴棠，并以远大志向来勉励吴棠。吴棠到清河任职，恰好杨殿邦在漕运总督任上，对他更是悉心培养，曾招他至漕运总督府学习吏事，熟悉官场运行规则。在吴棠受到弹劾之时，出面帮助斡旋是很有可能的。

故事中又说：钦差回京汇报后，咸丰皇帝下了一道御旨：“清河知县吴棠，调升邳州知府。”还说吴棠因祸得福是与懿贵妃（慈禧太后）有关。实际上吴棠与慈禧太后没有特殊关系，但是，咸

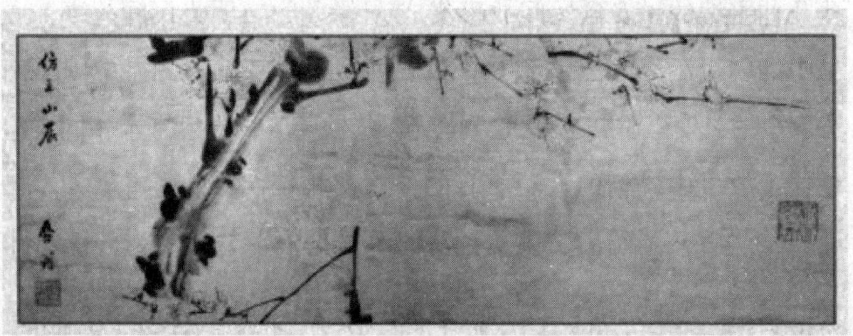

杨殿邦翰墨

丰皇帝对吴棠器重确有其事。咸丰二年（1852年）十月，下旨让吴棠移署邳州。咸丰三年（1853年），奉旨以同知、直隶州知州用。十一月，咸丰皇帝又诏曰："知县吴棠，团练乡勇，甚得民心，若令其带勇击贼，必当得力。"这是吴棠受到咸丰皇帝重用的开始。

故事中三人对诗，其实是行的酒令。酒令是一种有中国特色的酒文化。饮酒行令，是中国人在饮酒时助兴的一种特有方式，是酒席上的一种助兴游戏。一般席间推举一人为令官，余者听令轮流说诗词、联语或其他类似游戏，违令者或负者罚饮，所以又称"行令饮酒"。酒令又分雅令和俗令两种，行雅令时，必须引经据典，分韵联吟，当席构思，即席应对，这就要求行酒令者既有才华，又要机智，所以它是酒令中最能展示饮者才思的游戏。本故事中三人对诗，杨漕台用"青、清、情"三句拆字诗起头，用"不看僧面看佛面，不看鱼情看水情"为吴棠求情。而钦差对了"相、想、霜"三句拆字诗，很工整，意思是叫杨漕台休要多管闲事。吴棠对"奚、溪、雞（鸡）"三句拆字诗，也很工整，用"得势狸猫赛似虎，落架凤凰不如雞（鸡）"来讽刺钦差，反映了吴棠不畏权贵的铮铮铁骨和气节。

第三节　妙解音律　传播昆曲

吴棠本是封疆大吏，贵为四川总督，其名却出现在《中国昆剧大辞典》的条目中，这与清末民初的一些传说有关。

传说一：周询的《蜀海丛谈》，曾于1948年由重庆《大公报》印行，巴蜀书社1986年8月重新整理出版。其中《吴勤惠公》一文中说：

蜀海叢談卷三目錄

麻江周詢著

人物類

石達開	一
駱文忠公	五
吳勤惠公	一〇
張文襄公	一二
唐澤波提督	一五
吳虎臣總兵	一八
陸以甫大令	一九
黃祥人觀察	二二

> 公妙解音律，尤精昆曲。以川省无习此者，乃在苏州招昆班佳伶十余人来蜀，名其班曰“舒颐”。每晨接见属吏，退即批阅公牍。过午蒇事，则召舒颐班入署演剧，或在署内习静园（督署园名），与二三幕友擫笛度曲。又以舒颐班曲高和寡，虑此后无以自给，后集资为购良田百亩，并以成都江南会馆为常住地。迨公老去蜀时，授受相承，已渐有知音。……每冠裳会集，必召之献技。加以授餐适馆，既有常资，故直至民国改元后，诸伶始归星散。公在川时之伶工，光绪末年，尚有一二存者，然梨园子弟，白发已新，每与人述及当年节楼歌舞盛况，未尝不感慨欷歔，大有宫人谈天宝之致。事虽游戏，觉太平景象及谢传风流，均尚去人不远。[①]

上文中的“公”即吴棠，于同治七年（1868年）正月赴成都就任四川总督，直至光绪二年（1876年）方离蜀回到安徽滁州。该

① 周询著：《蜀海丛谈·吴勤惠公》，成都：巴蜀书社，1986年版，第189页。

文说吴棠对音乐很爱好，尤其精通昆曲。来到四川以后，见无人演唱昆曲，就从苏州招了10多名色艺双馨的艺人来川，命名为舒颐班。公事之余就观看舒颐班演唱昆曲。自己也与总督府的幕僚和朋友，一起用笛子伴奏，清唱昆曲。“擪笛”指按笛奏曲，唐代著名诗人元稹的《连昌宫词》：“李谟擪笛傍宫墙，偷得新翻数般曲。”宋朝范成大《陈侍御园上坐》诗曰：“擘牋沫墨乏奇句，擪笛当筵惭妙声。”说的都是用手指按压竹笛，吹奏乐曲。“度曲”是昆曲的行话，《中国昆剧大辞典》“度曲”条目说：“唱曲的雅称。语出东汉张衡《西京赋》：‘度曲未终，云起雪飞。’它的原意是泛指歌唱，如明代沈宠绥著有《度曲须知》，‘度’是金针度人之意，即按谱歌唱，传授妙法。”昆曲演唱的要求比较高，除了讲究四声音韵外，还要求气度从容，以声带情，唱出曲辞蕴含的感情来。由此看来，吴棠对于昆曲的研究和喜爱都达到了一定的深度。

吴棠还从舒颐班的后续发展考虑，为舒颐班集资购买了良田百亩以收租贴补艺人，并以成都江南会馆为其演出的地方。每有达官贵人聚会，必招舒颐班前来演出，并提供食宿。所以，舒颐班当时节楼歌舞，盛况空前。到了吴棠告老还乡之时，昆曲已逐渐为一些人所接受。文中“冠盖”指官吏的官帽服饰和车乘的顶盖，后用以称达官贵人。直至光绪末年和民国改元，舒颐班艺人才凋零星散。其原因是失去像吴棠这样的封疆大吏的扶持，再加上昆腔的吐字行腔，尤其是“水磨”南曲的唱法，有着一套非常严格和规范的套式，除了当时从专业昆班过来的昆腔艺人外，一般本地艺人是很难真正领悟和掌握的。另外，由于地域的差异，婉转细腻的昆曲唱腔和四川人民爽朗火辣的性格反差较大，因此，昆腔在四川很难有适应其生长的土壤。到了清末民初，当年的老艺人头发已白，回忆起吴棠在川时演出火爆的情形，还时常流泪叹息，大有唐代天宝年间上阳宫的白发宫女叙说当年玄宗皇帝的往事之态。宫人，指老宫女，白居易《上阳白发人》诗中说："上阳人，红颜暗老白发新……玄宗末岁初选入，入时十六今六十。" 元稹也有《行宫》诗："寥落古行宫，宫花寂寞红。白头宫女在，闲坐说玄宗。"作者用此典故来衬托艺人们对吴棠的怀念。

传说二：沃丘仲子在《近代名人小传》中说："时蜀乱初定，棠至，托营与民休息，百度尽费。蓄梨园，日演昆曲，其婢为伶人盗去，不问也。"①

意思是说吴棠到四川任职之时，战争刚刚停息。吴棠为了百姓休养生息，采取无为而治的执政理念。"梨园"原是唐代都城长安的一个地名，因唐玄宗李隆基在此地教演艺人，后来就与戏曲艺术联系在一起，成为艺术组织和艺人的代名词。这里是指吴棠组建了舒颐班，每日演出昆曲，其家里的丫环与艺人私奔了，也不追究。

《蜀海丛谈》的作者周询，贵州麻江人，自幼随父宦游入川，曾做过多年的幕僚，也做过几任知县知州。民国后，还曾主持过成都、重庆两地的中国银行。其父原名周之翰（1826—1887），后因有同名者，改名为侪亮，初字西园，后改字西屏。清咸丰元年（1851年）举人，同治元年（1862年）应试，以第一名补授内阁中书，后授侍读，长期在四川任职，官至知府，深受吴棠赏识。所以本书

① 沃丘仲子著：《近代名人小传》，武汉：崇文书局，1918年版，第44页。

所记，大都是作者或当年亲见亲闻，或源于其父，可信可靠，既可作清末重要历史资料参考，又是研究四川地方史志的必读书。

《近代名人小传》的作者沃丘仲子即费行简，是吴棠在四川所办的尊经书院山长王恺运的弟子。查询史料，虽然两文所述大部分真实，但是还是有一些细节上的出入。

一是舒颐班不是吴棠所建和命名。据《中国昆剧大辞典·舒颐班》条目中说："清代乾隆年间在四川成都建立的昆曲专业戏班。它是从雍正年间成都的清唱曲社来云班发展而来的。……乾隆初，苏之商于蜀者，返苏为之（来云班）制戏箱，唤苏伶数人来蜀，始登台演戏，正其名曰'舒颐班'。"①《昆曲志》也说："到了咸丰十一年（1861年）前后，华阳贡生洪用舟出其囊装金，拓旧宅，筑园池亭馆，益招昆山乐部，名者舒颐。选垂髫童子二十余人，日夜教歌舞，华烛满堂，氍毹贴地，宾客之盛，游燕之娱，一时倾成都。"②从上面两则资料可以看出，舒颐班不是吴棠所建，也不是其命名的，但是吴棠对昆曲的喜爱和精通，促使他为舒颐班的传承和发展作出了一定的贡献。

二是舒颐班不是散伙而是加入了川剧三庆会，促进了川昆的发展。实际的情况是舒颐班从乾隆至民国元年，经历了170多年，是昆曲史上也是戏曲史上历时最久的戏班。有很多色艺俱佳的演员，如著名演员周浩然、周辅臣、苏一凤等，经历了同治、光绪、宣统三朝。"到民国元年，全班加入了三庆会，共同致力于变苏昆

① 吴新雷主编：《中国昆剧大辞典·舒颐班》，南京：南京大学出版社，2002年版，第227页。

② 王永敬主编：《中国昆曲学研究课题系列·昆剧志下》，上海：上海文化出版社，2015年版，第585页。

为川昆，把昆剧《醉隶》《坠马》《双下山》《拾黄金》《文武打》《活捉三郎》《议剑献剑》等引进了川剧。”[①]三庆会是1911年成立于成都的，它是一个在辛亥革命民主共和思潮的影响下，由川剧艺人康子林、杨素兰等发起，汇集长乐班、宴乐班、宾乐班、舒颐班等班社的180名演员组成的川剧班社。行当齐全，名角荟萃，集一时之盛。自此，高腔、昆腔、皮黄腔（“胡琴”）、梆子腔（“弹戏”）和形成于四川本土的灯戏，共同构成了川剧独特的“五腔共存”的声腔体系。昆剧乃是在历史的演变过程中，受文人雅士、艺术专家精心呵护培植的特殊戏曲品种，是中国戏曲发展的成熟标志，素来以文辞典雅、曲调清逸著称。所以，昆曲在川剧中的比例虽然不是很大，但是在川剧艺人心中占有非常重要的位置，甚

①吴新雷主编：《中国昆剧大辞典·川昆》，南京：南京大学出版社，2002年版，第8页。

至俗称“唱不来昆腔成不了一个角色”。昆曲音乐曲牌在川剧中被普遍使用，具有烘托各种环境气氛的特点。在川剧高腔的整本大戏中经常保留一两出昆腔戏，如《黄金印》中的《大挂剑》等，在川剧高腔和皮黄腔单出戏里也经常穿插使用一两支昆曲曲牌。更有在川剧高腔和皮黄腔唱段的第一句或首句前几个字使用昆曲旋律的昆头子，再顺接其他声腔，这种昆头子的形式应用广泛，在川剧玩友的围鼓坐唱中，亦有不少昆腔的内容。

所以，尽管舒颐班不是吴棠所建，也不是吴棠命名的，但是，吴棠雅尚昆曲，既给予舒颐班更多的演出机会，提供展示的平台，又为其长久发展购置良田百亩，使其不致因经费匮乏而无法支撑。尽管后来舒颐班并入了三庆会，进入了川剧的班社，但是，舒颐班的周辅臣、赖长林等教授昆腔，使川昆在川剧五大声腔中占有重要的地位。吴棠对昆曲的传承、川剧的成长发展都作出了重要贡献，所以，《中国昆剧大辞典》把吴棠列为“曲友”。

第四节　新老三界　无关赐匾

关于老三界因吴棠与慈禧的关系而使津浦铁路线路变更的故事，一直以来有好几个版本。最早是1990年出版的丁剑主编的《安徽掌故》一书中的《慈禧赐匾定“三界”》。为方便叙述，全文转载如下：

津浦铁路从南京到蚌埠这一段,中间有个“三界”小站,即新“三界”镇，铁路在这里拐了个大弯，多绕了七八里，为何如此?据说与慈禧太后有关，在《御香缥缈录》一书中有记述。清道光年间,“三界”出了个举人叫吴棠,在大运河边上的清江县当县官。吴棠为人刁钻，善用手段，千方百计搜刮民财，不几年，便成为清江首富。

有一天，吴棠的一位同乡丧父，扶柩还乡，经清江。吴棠探望回家后，让侍从捧着200两银子接济同乡，告诉侍从送往江边丧船上。侍从捧着200两银子，赶到江边，正巧有只丧船要开，他高叫道：“船不要开，我家老爷派我给你们送银子来了!”这时，舱中走出一位美貌少女，接过银子问道：“你家老爷尊姓大名?”侍从高声说道：“清江县令吴棠。”那姑娘听了，怕忘了似的，连连念着。说来也巧,这恰巧是兰儿(即后来的慈禧)扶父柩的船。一晃许多年过去,道光皇帝、咸丰皇帝均作了古。又换了一代皇帝,皇太后慈禧却来了个“垂帘听政”。这一天，太后忽听有人奏告，江苏清江县令吴棠滥用权力，为非作歹，百姓痛恨，求太后下旨惩罚。“吴棠?!”她沉思一会，终于想起当年家贫父丧，丧船经清江时，吴棠送200两银子的事，不假思索地说：“有人告他是因为他官小，封他个大官，就不会有人告了。”当即传旨，升吴棠为淮徐道。吴棠到任后，不但不痛改前非，反而变本加厉地盘剥百姓,又被人告了。但他又升了一次官,每告一次就升一次官,一直升至两广总督、四川总督、云贵总督。天长日久，朝廷内外传闻，吴棠终于知道了自己调来调去、官越调越大的原因。心里暗暗庆幸，200两银子没有白丢。他经过几个月的准备，掠夺了本地最好的礼品，决定亲自送到京城，献给太后。途经滁县，得了暴病，很快一命呜呼。吴家将他的尸身运到三界，埋在街南头。慈禧太后知道此事，便赐了他一块匾，以示嘉奖。吴氏族人为了炫耀子孙，在三界街上盖了大祠堂，把皇太后赐的匾高高挂起。到了清朝末年，开始修筑津浦铁路，恰巧铁路要穿过三界街南的吴家老坟地和街中心的吴家祠堂，吴家后裔坚决不同意，说动了祠堂里太后的赐匾，于大清江山不利，移了坟地，会破了吴家风水。官司打到朝廷，朝廷也庇护吴家，铁路绕三界而过。这么一绕，铁路拐了个大弯，加长了七八里路，多出一个新“三界”来。[①]

这个故事虽然开头说的是津浦铁路在老三界绕弯的事情，但是重点是说吴棠在清江县误送了200两银子，与当年送父亲灵柩回京的慈禧太后，结下了善缘，后获得慈禧报恩的故事。通篇意在抹黑吴棠形象。如“吴棠为人刁钻，善用手段，千方百计搜刮民财”，“吴棠滥用权力，为非作歹，百姓痛恨”。又说吴棠升官后，依仗慈禧为后台，“不但不痛改前非，反而变本加厉地盘剥百姓”。甚至连吴棠在滁州去世也被认为是因为要到京城给慈禧送礼，途经滁县（州）暴病而亡。不过，津浦铁路绕弯的事，文章中并未说是慈禧首肯，只含糊地说是“朝廷”，没有具体说。这篇文章给吴棠扣上了“贪官”的帽子，流传甚广，也许这就是至今皖东地区还有此类传言的根源。

2002年出版的《安徽民间故事集成·滁州卷·明光民间故事》中有一篇文章《新老三界的由来》。2012年出版的《安徽中国民

① 丁剑主编：《安徽掌故》，合肥：黄山书社，1990年版，743页。

间故事全书·安徽滁州·明光卷》一书中也有一篇《新老三界的由来》，与《明光民间故事》中的文章内容完全相同，基本是全文转载，只是在文章的末尾加了“讲述：周学仁，记录：石头，采录时间：1974 年采录于明光市张八岭”。这两篇文章与《慈禧赐匾定“三界”》相比，不同之处在于《新老三界的由来》中将吴棠送银的部分一带而过，重点记述了当年津浦铁路勘测的时候，原计划路经老三界，吴氏族人知道后极力阻止，因铁路正好从吴家坟地经过，吴棠的勤惠公祠也建于此，祠里还有一块慈禧太后亲自写的祭文匾一块。督办大臣徐世昌听手下人汇报吴家人的态度后，非常生气。国家修铁路的事情难道会因为一个亡故大臣的祠堂与坟地就能阻止的吗？一打听，原来吴棠与慈禧太后还有这样的关系，就赶紧禀报慈禧太后。开始慈禧也很生气，听是吴棠的“勤惠公祠”，便说：“绕过吴家祠堂不就行了吗？”结果，铁路就在这里多拐了一个大弯子，在一个名叫施郢的地方建了一个

滁州修建津浦铁路采石场

车站，逐渐发展成一个集镇——新三界。

那么，真实的情况如何呢？我们先看看津浦铁路在新三界建站，是否真的绕了弯，然后再考察一下当事人当时所在的位置，就可以知道这个故事的真实情况了。

津浦铁路又称津浦线，是清朝政府借款建成的最长的一条铁路，于清光绪三十四年（1908 年）开工建设，民国元年（1912 年）全线筑成通车，其修建速度之快为清代铁路之最。它北起天津，南至浦口，中经沧县、德州、济南、泰安、兖州、滕州、临城、徐州、宿县、蚌埠、滁县（滁州）等城镇，全长 1009.48 公里，是华北通向华东的主要干线。1908 年 1 月，中国与英德两国公司签订《天津浦口铁路借款合同》，线路由原先经过冀、鲁、苏三省改为冀、鲁、苏、皖四省。借款条件改为款路两分，中国获得几乎全部的管理权。首任督办大臣吕海寰，在北京设立总公所统筹建设事宜。以山东省峄县韩庄运河桥为界，将全路分为南北两段，各自成立了管理机构，北段和南段分别由德国、英国的工程师担任技术工作。光绪三十四年（1908 年）七月，南段总局成立，正式开始勘测工作。由浦口逐节北上，依照草图详加勘测。“每百英尺竖以标桩，撒以灰迹，界以边线。”滁州以北至临淮关一带，地势崎岖，“总工程师德纪亲往查勘。将原图所定斜度百分之一改为一百五十分之一，并将正线弯道之最小半径由三零四米达加至六零九米达。藉免行车危险并稍节养路之费，且可加长车身及行车速率。”[1]老三界正处在滁州以北至临淮关之间，由于地形复杂，所

①（民国政府）交通部、铁道部交通史编纂委员会编：《交通史·路政编》（十），1935 年版，第 2440 页。

以总工程师德纪亲自来勘查。可见对这个地段还是很重视的。由此可知，当时的勘测者并非清朝政府官员，而是南段总局的总工程师，是精通业务之人，自然会根据山川地形加以研究而后确定。而且，最后的线路选定，还要经过踏勘、初测、定测三个步骤才能完成。所以，津浦铁路不经过老三界到底是否如上述几篇文章所说是绕了一个弯，还是勘测者依据地势作出的决定，我们可以从下面的线路图中得到答案。

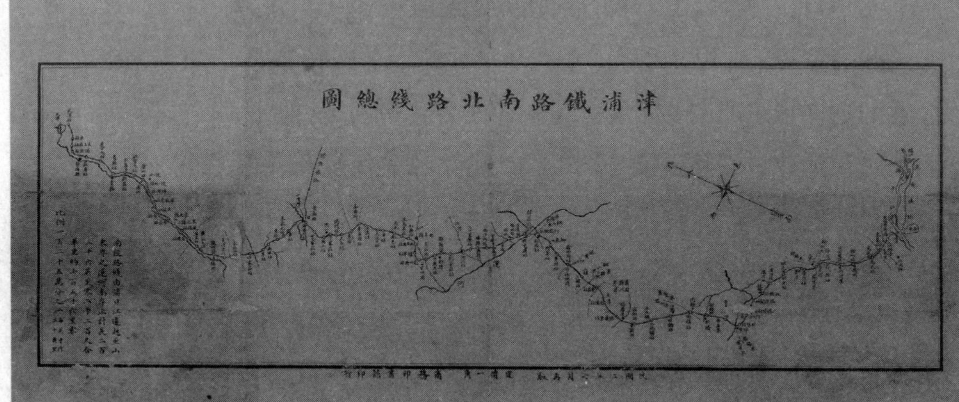

从民国二年（1913 年）的津浦铁路南北路线总图可以看出，津浦铁路在这里并没有绕一个大弯，而是自滁州沙河集之后，经张八岭顺着山势由新三界到明光集，再往北而去。

此外，《新老三界的由来》一文中的吕海可能是首任督办大臣吕海寰之误。根据文献记载，蚌埠市淮河大桥的勘测是在 1908 年 9 月，蚌埠在临淮关北 20 里，那么，既然已经勘测到临淮关的北面，至少此时可以认定处在临淮关南面的老三界已在 9 月之前完成勘测。津浦铁路南段的开工典礼是在 1909 年正月举行的，而继任督办大臣徐世昌却是 1909 年 8 月 2 日才被清廷任命为督办的。此时已开工7个月了，又如何再将铁路绕弯呢？既然勘测时督办大臣不是徐世昌，又怎么会有人向慈禧汇报绕开老三界的事呢？再则，古人家中都购置坟地，一族人葬在一起。据《重修盱眙吴氏族谱》记载，吴棠家的坟地并不在老三界，而是在滁州境内的房家营，吴棠父母及李夫人、谭夫人都葬在那里。吴棠墓也在滁州沙河集，如何会有铁路通过吴家坟地之说呢？

但是，为何会有此传说呢？从现有的文献资料来看，“当年津浦铁路的筹建和建设过程，充满了中外和上下各种势力的博弈。地方和民间力量的影响也不可小觑，在合同的签订和线路的选址等重要环节也曾有这股力量的作用。”如“1909年6月，山东巡抚（孙宝琦）和山东学界认为，津浦铁路所勘路线插标处，距离孔林仅50丈，势必惊动圣墓。请吕海寰督办移勘他处”。吕海寰本是山东人，自然理解孔林圣墓的重要。后来经北段总工程师重新查勘，商明办法，“将路线西移，以相距五里为率”①。晚清时期，人们对铁路靠近祖先坟地普遍有着一种排斥心理，全国各地似孔林这样提出异议的肯定不止一处，但是能够像孔林这样使铁路移位成功的还是很少。

因此，关于新老三界的传说，很可能是将孔林的故事移花接木到吴棠的身上来。

再则，三界站当初并没有被命名为“三界火车站”，而是用车站所在地命名为“施郢站”，据秦霁昀《嘉山县火车站改名“三界”的由来》介绍，1932年，嘉山县成立时，改“施郢站”为“嘉山站”。1937

①（民国政府）交通部、铁道部交通史编纂委员会编：《交通史·路政编》（十），1935年版，第2469页。

年，日寇侵华，津浦铁路沿线各站相继沦陷。因县政府所在地距铁路较远，所以县政府留守人员仍在三界吴公祠内流动办公。1938年，汪精卫在南京成立伪中央政府，伪安徽省维新政府设在蚌埠，伪嘉山县政府设在明光集。一天，蚌埠的伪省政府派一位外地“大员”持汪伪省长签印的省府证件到嘉山县视察，他不知道在明光站下车就可以到达汪伪县政府，以为要到嘉山县政府，自然应到嘉山站下车。结果下车后，被人力车夫糊里糊涂地拉到三界国民党嘉山县政府。留守人员查明这位“大员”身份，系汪伪安徽省政府钦差大臣后，立即将其扣压，后来奉上级命令将这个汉奸枪决。消息传到蚌埠后，伪省长气得暴跳如雷。汪伪省政府为了避免日后再出差错，便与铁路部门联系，将嘉山站改名为三界站。① 此后，为了区别，就把原三界称之为老三界。可知，新老三界的由来原是因为车站改名，与吴棠没有关系。而且慈禧太后曾赏赐吴棠“福”字，并没有赐过匾。

① 秦霁昀：《嘉山县火车站改名“三界”的由来》，收于《安徽文史资料全书·滁州卷》，合肥：安徽人民出版社，2007 年版，第 397 页。

滁州文化丛书

CHUZHOU WENHUA CONGSHU

下卷

吴棠与文化

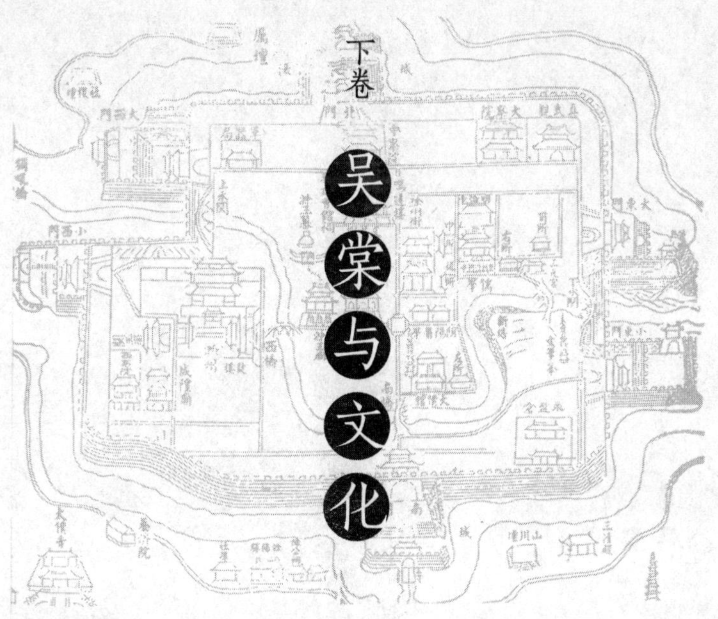

明代滁州城图

第五章 ‖ 吾眙桐城去不远
——吴棠与桐城派

第一节 博雅桐城 传承久远

桐城派是我国清代文坛上最大的散文流派，亦称“桐城古文派”，世称“桐城派”。因其主要代表人物方苞、刘大櫆、姚鼐等均为安徽省桐城人，故名。正式打出“桐城派”旗号的，是曾国藩在《欧阳生文集序》中，称道方、刘、姚善为古文辞后说：“姚先生治其术益精。历城周永年书昌为之语曰：‘天下之文章，其在桐城乎？’由是学者多归向桐城，号桐城派。”[①] 自此，以桐城地域命名的“桐城派”应运而生。桐城派的文章，内容多是宣传儒家思想，尤其是程朱理学；语言则力求简明达意，条理清晰；不重罗列材料、堆砌辞藻，不用诗词与骈句，力求“清真雅正”。桐城派的文章一般都清顺通畅，尤其是一些记叙文，如方苞的《狱中杂记》《左忠毅公逸事》，姚鼐的《登泰山记》均被收入中学语文课本。

① 曾国藩著，王澧华校点：《曾国藩诗文集》，上海：上海古籍出版社，2005 年版，第 258 页。

桐城派是清代文坛最大的散文流派，其作家之多、播布地域之广、绵延时间之久，为文学史所罕见。它以其文统的源远流长，文论的博大精深，著述的丰厚清正，风靡全国，享誉海外。在中国古代文学史上占有显赫地位，是中华民族传统文化中的一座丰碑。桐城派共分为四个时期：

创立时期：方苞导乎先路，其弟子有刘大櫆、姚鼐等。1644年清王朝入关，为巩固地位，尊崇儒家理学，以软硬两手迫使知识分子就范。方苞领导的古文流派应运而生，桐城派的“载道”思想，适应清朝统治者提倡程朱理学的需要；“义法”理论，也能为“制举之文”所利用，故得以长盛不衰。光大时期：姚鼐师事刘大櫆，中年辞官，先后主讲梅花、敬敷、紫阳、钟山书院40余年，以之为基地，悉心传授古文作法，培育人才。其门下弟子以梅曾亮、管同、方东树、姚莹影响较大，世称“姚门四杰”。其次刘开、陈用光、鲁九皋、姚椿等亦在高足之列。他们又转相传授，徒友日众，影响遍及江南诸省。兴盛时期：道光咸丰时期，姚门弟子群体兴起，特别是曾国藩自附于桐城之学，又改造了桐城派，发挥桐城古文的经世致用之效。姚鼐逝世后，其弟子以梅曾亮声誉最高，成就最大，俨然成为文坛主盟者。他主讲京师，高徒云集，知名者有朱琦、龙启瑞、王拯、彭昱尧、陈学受、陈溥、吴嘉宾、郭嵩焘、孙鼎臣、周寿昌、舒焘、张岳骏、杨彝珍、秦湘业、朱荫培、鲁一同、邵懿辰、孙衣言、余坤一、冯志沂、张穆、刘传莹等，可谓人才济济，支流广被。衰落时期：张裕钊、吴汝纶等所培育的大量古文人才成为淮系文化政治的塑造力量，至民国后逐渐衰落。

吴棠所处的历史年代，正是道光、咸丰年间，桐城派姚门弟子群体兴起、曾国藩自附于姚鼐中兴桐城派之时。桐城派的传承相当程度上依托于传统的教育制度。书院讲学、家学传授、私人授徒等传统教育方式使桐城派在人员构成上迅速扩展，成为一个超地域关系的文学派别。桐城派成员之间广泛存在着“师事”或“私淑”等不同类型的师生关系，还有一些文人在相互切磋、相互影响、相互帮助中因认同桐城派理念而形成亦师亦友关系，这些关系都是维系桐城派的重要纽带。

桐城派的著名文人梅曾亮和方东树都影响很大。梅曾亮在道光末年、咸丰初年主讲扬州梅花书院。咸丰三年（1853 年），梅曾亮“依河督杨以增”，咸丰六年（1856 年）卒于清江，年 71 岁。这一时期，梅曾亮对扬州、淮安的文坛有很大影响。淮安本地和江南避乱的文化人多与桐城派有关系，如与吴棠关系密切的在淮人士丁晏、高均儒、鲁一同、鲁蕡、缪荃孙、吴昆田等均是桐城派。丁晏在咸丰

吴棠为崇实书院书写的楹联

十年（1860 年）六月二十四日写给曾国藩的信中说，自己与吴棠感情深厚，情同手足，共同抗御捻军，获得地方安宁。方东树以授徒为生，客游四方，主讲书院，在文论上成就突出，有弟子方宗诚、戴均衡、苏惇元、邵懿辰等。吴棠与这些人又有着间接交集。通过这些人，吴棠又刊刻了方苞、方东树、王拯、邵懿辰、孙衣言等桐城派文人的著作，可谓与桐城派的渊源很深。

第二节　曾君国藩　以文会友

曾国藩对吴棠的人品很欣赏："有服善受言之雅，而其自处亦无护前争胜之心。"曾国藩为两江总督，辖制四省军务，吴棠当时辖制江北，二人既相互配合，又存在江北权力之争的矛盾。由于不属于曾国藩的淮湘集团，吴棠与曾国藩的关系一般，虽然来往信件不少，但是都是例行公事，唯独在刻书等文化交流上来往密切，互相支持。

曾国藩像

近代以来，中国社会进入动荡时期，内忧外患纷至沓来。在接连不断的战乱和兵燹中，传统藏书业受到极大破坏，特别是持续十余年的太平天国运动，使素称文化发达的江南地区损失惨重，公私藏书大量散失亡佚，以致出现了士子“艰于得书”“无书可读”的困境。吴棠与曾国藩都为刊刻书籍、保存文献、传承文化作出了贡献。

一、曾国藩为刻书求助吴棠

咸丰十一年（1861年）八月，湘军曾国荃部攻克了安徽省会安庆。曾国藩从东流县（今东至县）移两江总督府到安庆城内的原英王府，即陈玉成的府邸，刚刚摆脱了在祁门被困的窘境，总算有了一个安定一些的环境了。自太平天国在南京建都，多次北伐都从安徽境内通过，所以，安徽境内的书籍被焚毁严重，士子寻书，哀声不断。于是，曾国藩就捐出了养廉银三万金，在安庆设立书局，刊刻经史。曾国荃捐出了5000两银子，作为书局第一套书《王船山遗书》的刊刻费用。王船山即湖广衡阳（今湖南衡阳）人王夫之（1619—1692），字而农，号姜斋，又号夕堂，与顾炎武、黄宗羲并称明清之际三大思想家。王夫之积极参加反清起义，晚年隐居于石船山，著书立传，自署船山病叟、南岳遗民，遂称之为船山先生，著作有《周易外传》《黄书》《尚书引义》《永历实录》《春秋世论》《噩梦》《读通鉴论》《宋论》等书。初次刻书，就是如此皇皇巨著，曾国藩感觉“达官刻书，强作解事，譬如贫儿暴富，初学着靴，举止终觉生涩”。[①] 意思是说从事自己不熟悉的事业就好像穷人没有靴子穿，一夜暴富后，忽然有钱穿上精美的靴子，举止行动很不习惯。所以，曾国藩很认真地对待这件事。为精刻《船山遗书》，曾国藩从写刻工匠、梨木板片的挑选，到遗书的搜访、书

① 曾国藩著：《曾国藩全集25·书信4》，长沙：岳麓书社，2011年版，第441页。

稿的校对，事无巨细，一一过问，表达了他对《船山遗书》刊刻的高度重视。同治二年（1863年），曾国藩偶见一本咸丰六年（1856年）刊刻的《尔雅义疏》，刻制得极为精审，得知校订者是居住在淮安的刊刻高手高均儒，立即写信给时任漕运总督的吴棠。

“兹有敝省先哲王船山先生夫之，国史儒林传中次居第二，著书甚富，约有三百万余言。道光间曾刊十余种，未睹其全。现在同乡创议刊布全书，舍弟等捐集刻资，已有成说。惟敝乡写刻苦无佳手，拟在皖省设局，招致好手开雕。昨检阅郝兰皋先生《尔雅义疏》丙辰年刊本，极为精审，知系袁兴高君伯平一手校雠。似闻写刻各匠均系昔年金陵专门之业，近岁寓居淮城，拟请其挑选十来人，前来安庆开工。已由敝幕钱子密函致高君，详达一切。惟梓人动身须先给盘川等项，奉求阁下一为垫发，即由敝处遇便寄还。琐费清神，至以为荷！闻高君本有西游之意，如以书局自随，一览皖公山色，即当倒屣邀迎。”①

他在十月初九的信中告知吴棠刊刻《船山遗书》的前因后果，并请吴棠帮助挑选写刻各匠，垫付盘缠，派人送到安庆开工。并说如果高均儒愿意到安庆书局来，一定“倒屣邀迎”。意思是古人居家脱鞋席地而坐，急于迎客，将鞋穿倒，形容热情欢迎来客。此处意在体现对高均儒的尊重。

因“刻手、写手”非常难找，需要从泰州、东台一带寻找。再加上当时金陵还在太平天国手中，从苏北到皖南路上不安全，还需做工作。所以，至当年的十一月十二日还未成行，曾国藩又致信吴棠，询问、催促“刻手、写手”何时能来安庆，并说：“如

① 曾国藩著：《曾国藩全集25·书信4》，长沙：岳麓书社，2011年版，第215页。

人数已齐，望早日来皖为感。”

同治三年（1864 年）正月，曾国藩接到了吴棠派人护送的印刷工人柏继伦等，还有带去的“揽字”。吴棠不但垫付了一行工人的盘川等“四百元”，还告诉曾国藩不用寄还，可以作为奖励工人的奖金。曾国藩很高兴，于二十七日写信感谢吴棠：“种种周密之至，垫发各款四百元，应由敝处奉缴。乃蒙示及作为捐赏手民，不必抵扣，鸠工既费清神，犒匠又叨厚惠，曷胜感荷！”[①]

二月，吴棠又派人给曾国藩送去了制作印刷雕版的梨木 300 余片。书板是古代印书不可或缺的基础，经过制板、手写上板、刻字、印刷和装订等各道工序，一部雕版印本才能完成。曾国藩于十三日回信，感谢吴棠送来梨片，但是又挑剔地说：“敝处书板俱选八分厚者，来件稍嫌其薄，然雕刻别项，尽可适用，叨惠多也。”[②] 从这封信中可知，吴棠与曾国藩在刻书上的差别。吴棠送来的梨片，自然是精心挑选的，而曾国藩还不满意，留作他用。一则是出于对《船山遗书》的重视，要出精品。眼界更高，对刊刻的书籍质量要求也更高。二则也可以看出曾国藩其时贵为两江总督，又手握重兵，在经济上肯定比吴棠宽裕，所以才能够用更高规格的雕刻原料。

二、吴棠刊刻的书籍，得到曾国藩高度评价

曾国藩的官职比吴棠的高，管辖区域大，尤其是亲属部属众多，经济上都能给予更多的支持。因此，曾国藩创建的金陵书局

① 曾国藩著：《曾国藩全集 25 · 书信 9》，长沙：岳麓书社，2011 年版，第 448 页。
② 曾国藩著：《曾国藩全集 27》，长沙：岳麓书社，2011 年版，第 476 页。

规模大，刻的书籍种类多。但是曾国藩刻书不如吴棠开展得早，吴棠刊刻的书籍也得到曾国藩的高度评价。如同治七年（1868年）二月二十八日，曾国藩在致吴棠的信中说："阁下所至，以书局自随，又好表章贤哲，搜访遗书。此次历游闽粤，所获当更不少。"[①]这是说吴棠无论任职何处，都把望三益斋书局带到那里，又喜欢寻找、求购先贤们的遗书，帮助刊刻书籍，以此保存前贤典籍，传播文化。曾国藩对吴棠藏书、刻书的肯定和赞扬，由此可见一斑。吴棠从咸丰五年（1855年）就在家乡以"望三益斋"书室之名开始刊刻书籍，第一本书就是盱眙先贤王效成的《伊蒿室集》，桐城派文人鲁一同为本书作序。其后吴棠又陆续出版了很多书籍。由于江南战乱，苏北在吴棠的治理下比较安定，金陵等地的刻工写手都聚集江北淮安一带，江浙一带的文化人也为避乱而来到淮安。所以，吴棠的"望三益斋"刻本在当时被称为善本，在版本学和学术史上都具有相当重要的地位。吴棠经常把在淮安刻的书赠送给各级官员，尤其是曾国藩。如吴棠担任清河知县期间，与鲁一同编纂了《清河县志》，于同治四年（1865年）送给曾国藩。同治五年（1866年），吴棠写信给曾国藩，说要派人送新刻的《仪礼正义》书去，曾国藩于六月十二日回信说："承惠《仪礼正义》，晤时面领，不烦远寄也，先此致谢。"[②]原来曾国藩已定于六月十五日启行，前往桃源县、宿州一带，必经吴棠漕运总督府驻地清河县，所以曾国藩说面领。曾国藩一次拿走了四部。在曾国藩的日记中还记载了吴棠曾送他10册《圣祖仁皇帝庭训格言》。

① 曾国藩著:《曾国藩全集25·书信9》，长沙：岳麓书社，2011年版，第353页。
② 曾国藩著：《曾国藩全集27》，长沙：岳麓书社，2011年版，第284页。

吴棠刊刻的书籍，得到了曾国藩的喜爱和肯定。如称赞《清河县志》说：“承惠《清河县志》，搜废起坠，综纲挈维，有裨治理，足继康、陆诸作。阅诵后跋，淮水沧桑之感，通甫人琴之恸，岂胜慨喟！远求持赠，纫谢奚如？”[①] 通甫乃鲁一同，与曾国藩关系非常好，鲁一同在《途中怀人五诗》中写道：“与曾国藩、朱琦、臧牧庵、戴均衡、杨彝珍五人为性命交。”曾国藩对《仪礼正义》也很欣赏，他在吴棠调任闽浙总督之后还念念不忘。同治六年（1867年）六月四日，曾国藩在《复何绍基》信中说：“《仪礼正义》书板系吴漕帅购得，在淮上补刻完善。渠移节闽中，未审曾否带去。前向其索取四部，似尚不难再致也。”[②] 曾国藩让何绍基再向吴棠要书，并问吴棠《仪礼正义》书板是否带到福建去了。第二年，吴棠调任四川总督，进京陛见述职。曾国藩已任直隶总督，还于五月二十二日写信给何绍基说：“《仪礼正义》板不知现存何处，吴帅入觐南旋，闻当由金陵溯江入蜀，会当一询究竟。”[③] 看来曾国藩对《仪礼正义》书板念念不忘的原因，是这部书的雕版制作精美，很可能是想借来印刷此书。可惜据《吴棠年谱》记载，吴棠从北京赴四川的路线是“出都，道豫、鄂入蜀”。吴棠从北京经河南过湖北，然后直接去四川，并未经过江苏金陵。

在一些具体书籍的刊刻上，吴棠也比曾国藩刻得早，刻得及时。如曾国藩和吴棠都刊刻了谢枋得的著作，吴棠于同治五年（1866年）刊刻了《文章轨范注解选》，同治六年（1867年）又刊刻了《叠

① 曾国藩著：《曾国藩全集27》，长沙：岳麓书社，2011年版，第346页。
② 曾国藩著：《曾国藩全集27》，长沙：岳麓书社，2011年版，第154页。
③ 曾国藩著：《曾国藩全集27》，长沙：岳麓书社，2011年版，第416页。

山先生注解章泉涧泉二先生选唐诗》。而曾国藩到同治七年（1868年）才刊刻了《文章轨范注解选》。谢枋得（1226—1289），字君直，号叠山，别号依斋，信州弋阳（今江西省上饶市弋阳县）人，著名的爱国诗人。学通“六经”，淹贯百家。诗文豪迈奇绝，自成一家。南宋末年，他带领义军在江东抗元，被俘不屈，在北京殉国，用生命和行动谱写了一曲壮丽诗篇。吴棠与曾国藩于此时都来刊刻他的作品，除了看中文学价值外，更多的是崇敬他的气节，借以表彰在咸丰、同治年间死难的文化人。再如桐城派文人丁晏所纂《曹子建集铨评》（同治十一年金陵书局刻本，是丁晏古典文学研究的专著，其学术成就极高）。曹植是我国中古建安时代具有卓越成就的文学家，他的辞赋为六朝、隋唐文学开辟了道路，对后世影响深远。《陈思王曹植集》在唐、宋时的刊本较为精密，到南宋国力衰弱、社会动荡，以致刊本大逊于前，文字亦多误。而明代虽有刻本，但明人刻书，不按宋代旧式，文字亦多加臆改。丁晏对曹诗至为钟爱，见此状况，决心做一个比较完整的曹诗本子。他根据旧本及散见于各史书、总集的曹植作品，进行检校、铨评，于同治四年（1865年）成书。同治五年（1866年），吴棠作《曹子建集铨评叙》，称“先生此书，发明忠孝大节，独具精鉴，度越前贤，匪独《曹集》之功臣，抑亦思王之知

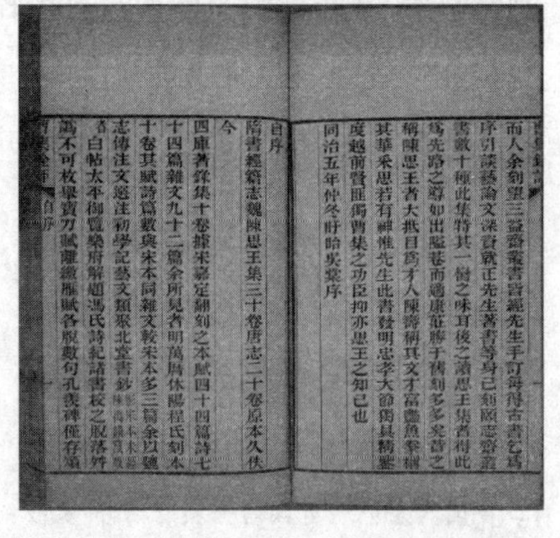
而人余竊望三益齋叢書皆經先生手訂每得古書乞爲
序引談藝論文深資就正先生著書等身已刻頤志齋叢
書數十種此集特其一臠之味耳後之讀思王集者得此
爲先路之導如出隘巷而適康莊勝于舊刻多多矣昔之
稱陳思王者大抵目爲才人陳壽稱其文才富艷然舉稱
其華采思若有神惟先生此書發明忠孝大節獨具精鑒
度越前賢匪獨曹集之功臣抑亦思王之知己也
同治五年仲冬盱眙吳棠序

自序
隋書經籍志魏陳思王集三十卷唐志二十卷原本久佚
今
四庫著錄集十卷據宋嘉定翻刻之本賦四十四篇詩七
十四篇雜文九十二篇余所見者明萬曆休陽程氏刻本
十卷其賦詩篇數與宋本同雜文較宋本多三篇余以魏
志傳注文選注初學記藝文類聚北堂書鈔
者 白帖太平御覽樂府解題馮氏詩紀諸書校之脫落舛
譌不可枚舉寶刀賦離繳雁賦各脫數句孔羨碑僅存

吴棠为丁晏的书作序

已也”。此文于吴棠文集《望三益斋杂体文》中未收录，见藏于日本早稻田大学图书馆《曹子建集铨评》卷首。同治七年（1868 年）十一月十三日，曾国藩北上直隶（今河北）任职，路经淮安府时与丁晏相见。曾国藩与丁晏早有私交，在京期间已与丁晏相识，“湘乡爵相，府君前在都相识”。道光二十七年（1847 年），丁晏之子丁寿昌考中进士，曾国藩任阅卷大臣，曾国藩与丁寿昌之间有师生之谊。咸丰元年（1851 年），曾国藩因丁寿昌之故特寄联语“教子苏明允，著书王仲任”相赠。此次相见，曾国藩允诺刊刻此书。次日，曾国藩便致书曾纪泽，要求金陵书局安排刻书之事。由于金陵书局的负责人更换，其间继任两江总督马新贻遇刺去世，曾国藩再回两江总督任上，《曹子建集铨评》于同治十一年（1872 年）方始刊刻完成。

三、吴棠与曾国藩对桐城派的态度

通过吴棠与曾国藩的文化交往，可以看出，在维护传统的道统、提倡经世致用上，吴棠与曾国藩乃至桐城派文人都是一致的。姚门弟子大多生活于社会巨变的前夜，有的还亲眼目睹了外国列强入侵中国，“天朝上国”是如何屈膝于“夷人”的残酷现实，使得他们产生了因时而变的思想。经世致用便是他们想要在理论和创作上找到一条完全适应社会变革的新路。吴棠作为深受儒家文化浸染的官员与文人，与桐城派经世致用的理念更合拍一些，因为他本身就怀有忠君爱民、兼济天下的儒家入世思想。又在安徽长大，比起外省人，受到桐城派的影响更大一些。如吴棠曾说：“吾盱去桐城不远。相传，乾隆中，郭侯起元令吾邑，延贺进士鸣谐为主讲。时侍郎方里居，贻书贺进士，曰：‘诸生宜人置《通鉴》一编，课时相讲习之。异日必有人材出乎其中。’自是文学蔚兴。”[①]吴棠自豪地宣告故乡盱眙离桐城很近，这个近，既有地理上的近，又有文化上的近。吴棠回忆方苞赐书而使盱眙人才辈出，文学蔚兴，是一种崇敬和感恩的心态。

曾国藩论文于义理、考据、辞章之外，特别强调“经世致用”。通过振兴桐城派来维护道统，为洋务运动摇旗呐喊，不仅可以减少顽固派的阻力，还可以整合天下知识分子的注意力，让他们为洋务运动服务。

具体表现在刻书上的是曾国藩与吴棠不约而同地刊刻了相同的书目，除了前面所说的谢枋得的书籍外，他们还先后在刊刻书籍时突破了清朝政府的禁毁令，将《钱注杜诗》的核心学术成果首次公之于众。

钱谦益《钱注杜诗》注重深入考察唐史隐曲之真相以注释杜甫的诗，正所谓“凿开鸿蒙，手洗日月，当大书特书，昭揭万世”，极具锋芒锐感，不仅远超出宋代千家注杜局限于抄书注杜的层面，而且也超过清代注杜往往局限于无关宏旨的琐细考证的水平。此种锋芒锐感，在其学术创见核心成果中，得到了集中体现。但是自清乾隆年间开始，钱谦益被打入《贰臣传》，钱氏著作遭到全面禁书毁板，《钱注杜诗》也成了禁书。“清同治七年（1868年），曾国藩用钱注本校其《十八家诗钞》，《十八家诗钞》杜诗卷内公开大量援引了包括《洗兵马》笺注在内的钱注。清同治十三年（1874

①《清代诗文集汇编》编纂委员会编：《清代诗文集汇编·望三益斋诗文钞》，上海：上海古籍出版社，2010年版，第91页。

年）传忠书局初刻《十八家诗钞》。此为钱注决定性突破清廷禁毁令关键环节之一。”[①] 他在同治六年（1867 年）十二月二十九日的日记中说：“余在京抄成《十八家诗》，阅今十有六年，虽常携行箧，不时温习，然未能校对错误，略加批识。其中有各家自注及仍须有注而其义乃明者，亦宜补抄小注，兹将细阅一遍，以作定本。”[②] 后来，《十八家诗钞》屡有翻刻，成为清末及民国时期流传很广、影响甚大的古诗读本。

“同治十一年（1872 年）吴棠于成都四川节署重刻《杜诗镜铨》时，第一次附刻张溍《读书堂杜工部文集注解》于《杜诗镜铨》之末，《杜文注解》明确引用并深刻认同钱注学术创见的核心成果。此为钱注决定性突破清廷禁毁令关键环节之二。”[③] 杨伦《杜诗镜铨》二十卷，初刻本为清乾隆五十七年（1792 年）九柏山房刻本，书中有暗用《钱注杜诗》之意。而张溍则在书中明确地征引了《钱注杜诗》的内容，明确地表示出对《钱注杜诗》学术创见的核心成果即《洗兵马》笺注的深刻认同。吴棠在《重刊杜诗镜铨叙》中叙述了瞻拜杜甫草堂以后，考虑到四川经过战乱，杜甫诗集的雕版已经毁坏无存，为了让更多的读者“仰光焰之万丈”，所以刊刻了杨伦笺注的《杜诗镜铨》；为了更加方便研究者，“息众说之纷拏”，才把张溍撰《读书堂杜工部文集注解》一并刻出，表

---

① 李爽：《清代〈钱注杜诗〉暗中流传与突破禁毁考述》，首都师范大学 2007 年硕士学位论文，第 37 页。

② 曾国藩著：《曾国藩全集·日记（三）》，长沙：岳麓书社，1989 年版，第 1454 页。

③ 李爽：《清代〈钱注杜诗〉暗中流传与突破禁毁考述》，首都师范大学 2007 年硕士学位论文，第 41 页。

现出对钱注核心成果的深刻认同。吴棠并把雕版藏在杜甫草堂。该书制作精美，书名由高均儒的儿子高行笃署写。后人称誉：“(《杜诗镜铨》)同治十一年（1872 年）吴棠刻于成都四川节署。附张溍《杜文注解》二卷。首刊子美戴笠像，杜集之冠象自此刻始，并有吴棠序。望三益斋为吴棠书室名，故世称此为‘望三益斋本’。此刻字大宜老，书品极佳。”[①] 吴棠还集杜甫诗句，撰成楹联：“吏情更觉沧州远，诗卷长留天地间”，亲笔题写后悬挂在杜甫草堂。此楹联奇迹般逃过“文革”浩劫，至今仍悬挂在草堂内。

作者在成都杜甫草堂吴棠集杜甫诗楹联处（许恒贵摄）

在对待桐城派的理论上，吴棠是怀着崇敬的心情接受、吸纳，基本上是全盘继承。梁启超说：“桐城派又好述欧阳修‘因文见道’

① 周采泉著：《杜集书录》，上海：上海古籍出版社，1986 年版，第 233 页。

之言，以孔、孟、韩、欧、程、朱以来之道统自任。”欧阳修曾在滁州做官，素来为滁人所敬。吴棠也对这位古文大家崇敬有加，曾在同治年间捐款重修醉翁亭。桐城派对欧阳修“因文见道”的一脉相承，更让吴棠感到亲切。他曾高度评价桐城派对古文“义法”的贡献：“制义自有明以来，千蹊万派。国朝桐城方侍郎奉命选文，颁在学宫，而涂辙始归于一。”[①] 这从他在战火纷飞、经费缺乏的情况下，极力保存桐城派的文献、典籍，刊刻出版他们的书籍，传承传播他们的理念中可见一斑。

曾国藩虽然也用尽全力去支持保存桐城派的文献、典籍，但是他对桐城派的理论是有所继承，又有所扬弃和创新的。这是因为曾国藩进士出身，曾在京城做官，与桐城派文人交游更广泛。正因为与这些桐城派文人的交往更密切，对桐城派所存在的一些问题也看得更清楚，他站在更高的起点上改造、利用桐城派。他继姚鼐的《古文辞类纂》后，另选《经史百家杂钞》，拓宽了姚选的范围，内容也较姚选更加丰厚，不仅增加了“经”，而且选入“子”“史”类文章更多，文章的政教功利色彩也更加浓郁。桐城派经过曾国藩的改造，文风大变，气象立振，令人有壁垒一新之感。曾国藩以其特有的刚毅雄健的文风，给陈陈相因、能平易而不能奇崛的桐城派，注入了新的生机与活力。这一中兴之功不可低估。其后曾国藩在幕府中培养人才，曾氏弟子张裕钊、吴汝纶、黎庶昌、薛福成等为其辅翼，俱有文名，连方宗诚也曾入曾国藩幕府。曾氏自称私淑姚鼐，实为桐城派的变体，世称“湘乡派”。

①《清代诗文集汇编》编纂委员会编：《清代诗文集汇编·望三益斋诗文钞》，上海：上海古籍出版社，2010年版，第91页。

第三节　达官刻书 典以传经

同治年间，吴棠在淮安刻了邵懿辰的著作《礼经通论》《邵位西遗文》，并亲自作《邵位西遗文叙》。这两本书的刊刻，使吴棠与桐城派文人邵懿辰、高均儒、丁晏产生了诸多交往，并与方宗诚、戴均衡、苏惇元产生了间接的联系。

一、邵懿辰其人其事

邵懿辰（1810—1861），又名懿臣、一辰，字位西、蕙西，号映垣，仁和（今杭州）人，晚清著名桐城派学者、目录学家、文学家、藏书家。

邵懿辰于道光十一年（1831年）中举，后考取内阁中书，荐升为刑部员外郎，在军机处任职。四年以后，因去山东济宁防治黄河无效罢官。返回乡里后，致力于著书治学。在京城当官时，常和梅曾亮、朱琦游处，相互切磋学问。邵懿辰“论学宗朱熹，经学宗李光地，文宗方苞，不喜汉学家言，工诗古文辞”。徐世昌评其诗“出入苏黄，以典雅清奇为主”（《晚晴簃诗汇》）。古文精于义理，醇古雅奥。曾国藩称其“为文章，务先义理，不事缛色繁声，旁征博引，以追时好……其文益奥美盘折，亦颇采异己之说以自广”。[①]邵懿辰乃以桐城派前辈为楷模，常说自己以“二溪为宗”（李光地系福建安溪人，方苞字望溪）。

① 曾国藩著，王澧华校点：《曾国藩诗文集·仁和邵君墓志铭》，上海：上海古籍出版社，2005年版，第339页。

邵懿辰与曾国藩同属桐城派，交游二十年，在北京为官时，经常在一起探讨义理之学。曾国藩执掌湘军以后多次去信请他来做幕僚，协助起草奏折等文案事宜。他于咸丰十年（1860 年）到曾国藩军中，因太平军据有江浙，杭州危急，请求曾国藩派兵援助杭州，与曾国藩“竟日舌战，不胜其苦”。因当时兵力有限，曾国藩未发一兵一卒。为此，邵懿辰称曾氏为“文忍公”以讽刺责备他。邵懿辰去世后，曾国藩深感歉疚，“感怆不能自已”。后来，邵懿辰在杭州与巡抚王有龄“共筹战守，事无不举”。嗣因“援尽粮绝”，城破之时，邵懿辰被太平军邓光明关押，多次劝降，邵懿辰皆仰天大笑：“逆贼，我固早辨一死，速杀我，尚何言。”① 绝食两日后，太平军头目陈石浦来劝降，邵懿辰大声骂贼，被大杵击碎头颅，身中数刀惨死。妻儿在战乱中得到邵懿辰生前好友蒋光焴的帮助，逃难到上海。曾国藩听说后立即派人去接到金陵，安排居住，每月给生活费，“患难相依，越六七年”。同治三年（1864 年），大乱平定，邵懿辰的大儿子顺年回到杭州，看到家中房屋已被烧成灰烬，父亲遗骸遍寻不得，并得知邵懿辰去世时的惨状，悲痛不已，身患重病，于第二年六月去世。邵懿辰的妻子余氏既悲痛失去丈夫，又不能接受白发人送黑发人的惨剧，也于七月去世。顺年的妻子伊氏早在杭州城破时投井而死。曾国藩立即安排邵懿辰的女婿郑兴仪从临淮回金陵，与邵顺国一起扶邵家母亲和兄长的灵柩到杭州安葬，还送了 200 两银子由郑兴仪带回，用作安葬费

① 马新贻：《奏为在籍京员守城殉节胪阵死事情形恳恩敕部议恤折》，载邵懿辰《半岩庐遗文》卷首，收入《清代诗文集汇编》第 635 册，上海：上海古籍出版社，2010 年版，第 244 页。

用。曾国藩想到郑兴仪不能带家眷，就接其妻子邵小姐到他的官署中住两三个月，等邵、郑回金陵后再住到别处去。曾国藩购买坟地，为邵懿辰建衣冠冢，与余氏合葬，还亲自写了墓志铭，又把顺年夫妻安葬在邵懿辰墓地旁，并收养了邵懿辰的幼子顺国，培养他继续读书。

邵懿辰为人正直，经常当面批评别人。曾国藩《仁和邵君墓志铭》中特别提到邵懿辰的这个性格，说："位西性故戆直，往往面折人短，以谓'书籍所无，公何得漫尔。'不应，再纠焉，犹不获，三谏焉，无问新故、疏戚、贵贱时否。一切蹙頞相绳，人不能堪，终以此取戾于世。"[①]《仁和邵君墓志铭》一文活画出一个做学问认真而又过于戆直的老夫子形象。发现别人文章有差错，善意地当面指出本属好事，但是以书中没有记载的别人就不能说而一再纠缠，便成了得罪人的毛病，以至于到了别人不能忍受的地步，所以他后来无法在朝廷立足，遂回家著述。曾国藩的日记中曾记载了这样一件事："因留蕙西（邵懿辰的字）早饭。蕙西面责予数事：一曰慢，谓交友不能久而敬也；二曰自是，谓看诗文多执己见也；三曰伪，谓对人能作几副面孔也。直哉，吾友！吾日蹈大恶而不知矣！"[②]从日记中看到邵懿辰当面批评曾国藩有三大毛病：一是与朋友相交不能始终持恭敬态度，相处时间久了便会怠慢；二是自以为是，与朋友谈论诗文多固执己见，听不进他人意见；三是虚伪，见什么人说什么话，对不同的人作不同的

① 曾国藩著，王澧华校点：《曾国藩诗文集·仁和邵君墓志铭》，上海：上海古籍出版社，2005 年版，第 339 页。
② 唐浩明著：《唐浩明评点曾国藩日记》，青岛：青岛出版社，2017 年版，第 88 页。

面孔。当面指责这三大毛病，已是很尖锐。曾国藩不但没有生气，还写进日记中，认真地反省，认识到这是大错误，并感谢邵懿辰，真是好朋友啊。甚至于当天下午，还请邵懿辰一起去朋友陈艺叔处喝酒，天黑以后才回去。邵懿辰当面批评人，难能可贵，而曾国藩居然将它记录在日记里，并因此称赞邵懿辰而检讨自己，更难能可贵。当今之世，古风早已不存。放眼看去，畏友难寻。即使有，本人是否有肚量能接受也很难说。当然，如果能婉言批评指正或许效果会更好。

二、吴棠为邵懿辰刻书

当时，邵懿辰还有一位气味相投的好友高均儒，也是这种性格。不过，邵懿辰和高均儒都有幸遇到了两位宽厚的高官，即使当面指责也未获怨怼。高均儒（1811—1868），字伯平，浙江秀水（嘉兴县）人。学养深厚，曾主讲杭州东城讲舍，袁昶、陈豪皆其学生。高均儒虽然通读五经四书，却不喜欢著书，而喜欢刻书。吴棠的伯乐、顶头上司杨以增，字益之，号至堂，别号东樵，是著名的清代藏书家。道光十八年（1838 年）为父守丧，家居时开始建藏书楼，取《学记》中“先河后海”语，为藏书楼取名“海源阁”。请文学家梅曾亮、包世臣协助，鉴别书籍的真伪和收藏价值，后辑印《海源阁丛书》，请高均儒为其“助刊群籍”。吴棠是杨以增器重的老部下，与高均儒应该是那时就认识的。时人称高均儒“性狷介，见文士荡行检者则绝之如仇，人苦其难近”，在他逃难寓居淮安时，吴棠请他帮助刊刻自己的诗集，他不屑一顾地说：“此不足以辱梨枣也。”[①]梨树、枣木本是木刻书籍的雕版原料，常常用来指代雕版。高均儒的意思是你的诗文太差，如果进行刻板，是对雕版的侮辱，把梨树、枣树这些好东西都糟蹋了。当时吴棠已经贵为漕运总督，高均儒当面给人难堪，实在是让人生气。可是吴棠与曾国藩一样，不但不生气，还温言相劝，请其刊刻诗文集和望三益斋的其他书籍，让他既发挥了才华，又维持了生计。还请高均儒的小儿子高一笃为其著作《读书一得》题写书名。后来，高均儒在淮安多年，吴棠与之交往密切而且融洽。古代重臣气量宽宏，对文化人的尊重、对于学者乖戾性格的包容，很值得今人学习。

邵懿辰去世后，手稿散失。高均儒到处搜集，想要刊刻出版。同治二年（1863 年），邵懿辰的儿子邵顺年，将搜集到的《礼经通论》上卷和一些传记文稿寄给了高均儒。其中《礼经通论》的文稿差一点在战火中流失，仅存的上卷也是劫后余生。太平军第二次攻陷杭州前夕，邵懿辰赴安庆求助曾国藩没有结果，就已抱必死之决心，于是在协助浙江巡抚马新贻守城之余奋力著述，以期立言后世。“时方著《礼经通论》未成，于是日食半菽，重加编订。城外炮声如雷，火光彻天，处之坦然。语其子顺年曰：‘古人临难著书，颇传于后。今我于危城中，与古人相对，不计生死……’”[②]可知邵懿辰处在危险的围城之中，城外的炮声像雷一样的轰响，每天只能吃着粗劣的饭食，却不顾个人的生死安危，一心想着要把《礼经通论》写完。在这之前，《礼经通论》已经写了上卷，送给海盐

① 徐珂著：《清稗类钞·文学》，上海：商务印书馆，1920 年版，第 29 页。

② 马新贻：《奏为在籍京员守城殉节胪阵死事情形恳恩敕部议恤折》，载邵懿辰《半岩庐遗文》卷首，收于《清代诗文集汇编》第 635 册，上海：上海古籍出版社，2010 年版，第 244 页。

张鼎校勘，书稿便一直保存在张鼎手中。张鼎，字铭斋，当时隐居在嘉兴澉山。清代著名藏书家蒋光煦经常给予生活上的照顾。蒋光煦，字绳武，号寅昉，亦号吟舫、敬斋。家有图书珍籍数十万卷，藏于衍芬草堂。蒋光煦与邵懿辰、钱泰吉、俞樾等文化人交往密切，这些文化大家也经常指点蒋光煦鉴别书籍的真伪和收藏价值、编制藏书目录。太平军占领嘉兴以后，蒋光煦护送数万卷书逃出浙江。张鼎怕《礼经通论》上卷遗失，曾抄录副本想要寄给蒋光煦。后来，蒋光煦派人成功地将张鼎全家护送到了上海。张鼎便将《礼经通论》书稿寄给了蒋光煦保管，蒋光煦把它送到邵顺年的手中。

高均儒得到书稿以后，向吴棠寻求帮助。同治二年（1863年），江宁还在太平天国手中，捻军仍活动频繁。吴棠所辖的江北，在吴棠的治理下虽然没有大的战事，但是吴棠身兼数职，尤其是江北粮台的承办，要为前线提供更多的军饷。吴棠出于对惨死的邵懿辰的同情，为桐城派文人这种“接续传承文献并使文章随道义永存精神的敬重”所感动。所以在诸事繁忙、经费并不充裕的情况下，在得到书稿的当年便刊刻了《礼经通论》，丁晏作了序和跋。

曾国藩于同治三年（1864年）十月十四日的日记中说：“阅邵位西所著《礼经通论》，似是咸丰十一年（1861年）在杭城殉难以前所作，凡30篇。上卷19篇，下卷11篇。下卷遗失无存，上卷为吴仲宣、丁柘唐、高伯平新刻于清江。”[①] 可知，吴棠望三益斋刊本刊刻的只是上卷。

同治三年（1864年）十二月初一，高均儒在淮安府城郊南隅

① 曾国藩著：《曾国藩全集·日记（第三卷）》，石家庄：河北人民出版社，2016年版，第89页。

蒲葭祠祭祀邵懿辰，哭诉“后死未必为幸”，并在祭文中告诉邵懿辰，《礼经通论》已从其子顺年处获得，盱眙吴棠侍郎望三益斋已帮助刊刻，传播世间。清末著名藏书家、八千卷楼主人丁申和丁丙兄弟，搜求购得邵懿辰《忱行录》，也已刊刻出版。从这篇《祭邵枢部文》中可以得知，《礼经通论》已由吴棠望三益斋刊刻，高均儒从《忱行录》原稿中“择其精粹者九十余条”，也由丁申和丁丙兄弟刊刻。但是文集《邵位西遗文》还没有出版，甚至还没有找到文稿。

同治三年（1864 年），邵懿辰的遗文由桐城派学者方宗诚带到了淮安。方宗诚（1818—1888），字存之，号柏堂，安徽桐城人，清代学者，桐城派后期名家之一。早年居于桐城时，与苏惇元（字厚子）交好。邵懿辰每次写好文章，都要与苏惇元交流，同时还向桐城方东树先生请教。邵懿辰去世以后，苏惇元将邵氏文章“数篇”示方宗诚，方氏“手录而藏之”，据马昕先生《邵懿辰诗文集版本考述》考证是 29 篇。方宗诚又从桐城派后期名家戴均衡那里抄出邵氏遗文 8 篇，共计 37 篇。太平天国时期，方氏携此文稿转徙至江苏淮安。同治三年（1864 年），他将文稿出示山阳（淮安）丁晏，丁氏为之校勘、点评，而后文稿交到了高均儒手中。同治四年（1865 年），吴棠将邵氏遗文刊板行世，收在吴氏《望三益斋丛书》中。此本不分卷，半页九行，每行二十一字，牌记云“同治四年（1865 年）六月刊成”。卷首有吴棠同治四年（1865 年）作《邵位西遗文叙》和丁晏序，收文 35 篇（《复方存之书》共 3 封，计作 1 篇）。吴棠在序中说：“前于伯平砚席读先生《礼经通论》上卷，已为刊布矣。复见邵先生遗文一册，知为先生殉难后其友人方存之、张铭斋所辑录者。”[①]这两本书稿，吴棠都是在高均儒处看到，可以看出吴棠与高均儒的关系密切，同时，高均儒在这两本书的出版上所起的作用也是很大的。实际上，方存之便是方宗诚，辑录的是《邵位西遗文》文稿，张铭斋辑录的是《礼经通论》。张鼎在逃出嘉兴后，曾写信给蒋光焴：“加承大庇，平顺出险，全家白首黄童具蒙再造之恩，自忖福薄，何以堪此……邵位西先生《礼经通论》稿本是否收到，务望示及为要。”[②]可以看出，张鼎只是辑录了《礼经通论》。吴棠在这里把方宗诚、张鼎同时并列，应该是指他们对《礼经通论》《邵位西遗文》这两本书所作的贡献。

今藏于国家图书馆的抄本邵懿辰《半岩庐遗著》，包括了《半岩庐遗集》(甲种)、《礼经通论残帙》、《忱行录》三种。其中《礼经通论残帙》抄本就是吴棠在淮安所刻的张铭斋提供的稿本。残帙，犹残卷。《礼经通论》抄本只有上卷，因而称作残帙。《半岩庐遗集》不分卷，行款为半页十行，每行二十二字。文中多有校订及评语，均出丁晏之手。从这些校订及评语来看，吴棠望三益斋刻本基本采纳了。但是在文体排序上，比丁晏校本篇章的次序更加严格，纠正了丁本的诸多不谐之处。

三、吴棠刊刻邵书的历史文化价值

在晚清鸦片战争和太平天国起义的大背景下，社会秩序混乱，人民生活因战乱而困苦不堪。像邵懿辰这样的学者惨死，著

①《清代诗文集汇编》编纂委员会编：《清代诗文集汇编·望三益斋诗文钞》，上海：上海古籍出版社，2010 年版，第 89 页。
② 转引自金晓东：《蒋光焴与邵懿辰交游考述》，《传统中国研究集刊》，2014 年第 1 期，第 256 页。

作散失，连曾国藩也说：“求其逸文遗墨，邈不可得。”而吴棠因缘际会，竟得了两帙稿本，为之刊刻出版，保存文献，成为后世刊印的底本，其对桐城派学者文献的保存、传承和传播作出了贡献。尽管曾国藩与邵懿辰相交20年，被国人称之为中兴桐城派的大家，但在邵懿辰遗书刊刻的问题上，吴棠比他做得更多、更好。

（一）《邵位西遗文》刻本是最早的善本

邵懿辰死于太平天国之乱，其生前未能系统整理自己的诗文作品，后赖其同辈友人与家族后人的努力而逐渐完善。同治四年（1865年），吴棠望三益斋刻本《邵位西遗文》，是最早的邵懿辰文集刊本，同时也是比较完整的文集刊本，又是经过名家校勘严密的善本。丁晏的校勘主要表现在对字词脱误倒衍的校改；对全书篇章次序的调整，将《文人少达多穷》提至第一篇；对文章观点的评骘，在其中12篇文章的末尾加了自己的评语；对个别文章的删除，删去了《论加科》和《书周坚白书金刚经后》两篇。

（二）望三益斋《邵位西遗文》成为后世刊刻的范本

后来，邵懿辰长孙邵章将《邵位西遗文》与所收集的诗合刻，形成了光绪三十四年（1908年）的《半岩庐遗集》本，后经补订形成了民国十一年（1922年）的《半岩庐所著书》本。其间又有抄稿本数种，与刻本一同构成了较为复杂的版本系统。国家图书馆还藏有方宗诚归还邵顺国的这一抄本，其封面有邵章题名“先祖遗文稿本”，封面邵章题识云：“此先祖殉谊后，友人方存之、张铭斋辑录，吴仲宣刻入望三益斋，归稿于余家。”可知吴棠刻书后，将原稿送还邵家，这才留存后世。

邵章于光绪三十四年（1908年）跋（载乙本诗集卷末）云：“戊

申春，章客鄂，审知志局良手民尚有在者，遂以先大父诗文重加编订，仿《望三益斋丛书》本付梓。”[①] 这就说明此本在行款、版式上都是依照吴棠刻本的形式刊刻的。浙江图书馆藏有朱丝栏抄本《邵位西遗文》一种，半页九行，每行二十四字。卷首有吴棠、丁晏两序，正文收文情况均同吴棠刻本。扉页背面又有墨书一行：“校刊本少文二篇，刊本注明‘补’字样。”其中“校刊本”指经丁晏校正的吴棠刻本，“刊本”则是指光绪三十四年（1908 年）刊刻的诗文合集本。《邵位西遗文》今藏于国家图书馆、绍兴图书馆、北京师范大学图书馆、苏州大学图书馆、宁波天一阁博物馆。

光绪年间，望三益斋本《礼经通论》被收藏在近现代文学家、藏书家胡玉缙手中。光绪十一年（1885 年），江苏学政、桐城派后期文人王先谦于江苏奏设书局，仿阮元之《皇清经解》体例，又续作《皇清经解续编》，以 胡玉缙家藏《礼经通论》刻入《皇清经解续编》。胡玉缙有《礼经通论叙》详细叙述始末，今存于其著作《许顾学林》中。

（三）《礼经通论》刻本对传播儒家学说新成果作出贡献

望三益斋刻本邵懿辰《礼经通论》二卷，今藏于新乡市图书馆、上海图书馆、南京图书馆、湖北图书馆。

邵懿辰致力于《礼》学的研究，《礼经通论》是他在经学方面的代表作。“礼经”自西汉起指《仪礼》，至唐时指“三礼”，明清时指《礼记》。自从东汉学者郑玄分别为《仪礼》《周礼》《礼记》作注之后，才有“三礼”这一名称。《仪礼》为记载

① 马昕：《邵懿辰诗文集版本考述》，《安徽师范大学学报》（人文社会科学版），2017 年第 1 期，第 56 页。

冠、婚、丧、祭、饮、射、燕、观的具体礼节仪式之书。《仪礼》目前仅存 17 篇，旧说认为是秦始皇焚书后的残余，对其作者及成书年代，一直没有定论。到了邵懿辰著《礼经通论》，才明确认为《礼》17 篇盖孔子所定的完整的经典，并非秦始皇焚书后的残余。并且之后的专家达成共识，如皮锡瑞《三礼通论》就完全同意此意见，认为“邵氏之说犁然有当于人心”。

对于邵懿辰《礼经通论》这部礼学专著的价值，后人评价很高。廖平的《知圣篇提要》称这部书的内容石破天惊，为两千年来未有之奇。梁启超在《中国近三百年学术史》中，列出清代对《仪礼》研究具有特殊价值的五部专著：一是清初张尔岐的《仪礼郑注句读》，一是乾嘉时代凌廷堪的《仪经释例》和张惠言的《仪礼图》，一是道光咸丰年间邵懿辰的《礼经通论》，一是道光朝胡培翚的《仪礼正义》。五部论著都从不同的角度作出了各自的贡献，而对《礼经通论》，梁启超高度评价说：“专明此经传授源流，斥古文《逸礼》之伪。”

文学家、教育家钱基博（钱锺书之父）在其著作《中国文学史》中，把此书收入《读清人集别录》，与桐城派著名文人方苞、姚鼐、梅曾亮、方东树、朱琦等人的著作排在一起，可知吴棠帮助刊刻的这本书在文学史上的地位是多么重要。

第四节　文归桐城　深度交游

吴棠与桐城派其他文人的交往主要体现在刊刻书籍上的互相

支持。古代文人崇尚“立言不朽”，留存文集，多在生前就编好作品或委托别人校订。如邵懿辰写好《礼经通论》的上卷就送给张鼎校订。有的是去世以后子孙、亲友帮助搜集整理后刊刻。如方宗诚帮助吴棠寻找桐城派名人书籍，通过曾国藩给吴棠送去方东树的遗书。曾国藩在同治七年（1868 年）二月二十八日写给吴棠的信中询问：“前方存之以方植之先生遗稿集奉寄尊处，嘱弟交应敏斋处转达，不知已收到否。”[①]存之是方宗诚的字，方东树字植之。同治十年（1871 年），吴棠为方东树刊刻了《书林扬觯》《汉学商兑》两部书。梁启超评《汉学商兑》说：“其文辞斐然，论锋敏锐，所攻者间亦中症结。”

桐城派文人加入吴棠的藏书刻书活动，是对其望三益斋书局的一种业务上的提升。首先，在书稿底本的来源上，桐城派文人的文化底蕴深厚，交游广阔，知识渊博。相互之间以文会友，联系密切，所提供的书稿底本质量上乘。咸丰、同治年间，东南数省藏书皆被烧毁，“一书难求”。望三益斋书局也缺乏高水准的书稿底本，所以吴棠每一见到好书就“恍接寒泉，纂论謦欬，怡然焕然”。[②]意思是说吴棠每发现一本好书，犹如孩儿见到亲娘一样。手中捧着先贤的著作，就好像听到先贤亲切的谈吐，心中安适自乐，眼前一片光明。同治五年（1866 年），桐城派文人丁晏也为吴棠提供了书稿，乃其子丁树昌出守严州时，行囊中带的江永著的《近思录集注》一书，该书初版刻于乾隆七年（1742 年）。当吴棠拿

① 曾国藩著：《曾国藩全集 27》，长沙：岳麓书社，2011 年版，第 353 页。
②《清代诗文集汇编》编纂委员会编：《清代诗文集汇编·望三益斋诗文钞》，上海：上海古籍出版社，2010 年版，第 88 页。

到书的时候，非常震撼，惊呼“溯注成之，始已一百二十四年”。这书稿实在是太难得了，他立刻安排高均儒刊定，并让刻工重刻。经历了七个月，终于刊刻成功。

高均儒给吴棠提供了三部书稿：邵懿辰的《礼经通论》《邵位西遗文》，还有方苞的《古文约选》。同治七年（1868 年）三月，吴棠由榕城（福州）北上，去京城朝见慈禧太后和同治皇帝。当经过武林县（杭州）的时候，与高均儒相会于东城讲舍。见到吴棠，高均儒很高兴，还拿出一本方苞选定的《古文约选》，并告知吴棠，这是一本珍贵的海内孤本。雍正十一年（1733 年），方苞奉和硕果亲王允礼之命，为八旗子弟选编了一部古文读本。虽然署名是和

吴棠写给高均儒的信（手稿）

硕果亲王允礼，但实际上连该书的序都是方苞代笔。方苞在序中对古文“义法”作了一次比较全面的阐述。当吴棠拿到这本书的时候，已是 135 年之后了。高均儒在避乱淮安时得到了这本书，带着它回到杭州。杭州于咸丰十年（1860 年）失守，高均儒再次逃难。战火之后，幸好有高均儒的朋友捡拾了这本书，并带着它辗转逃难到湖北一带。等到战乱平息之后，朋友把书寄给了高均儒。高均儒说：“孤本流传，竟未坠失，疑有神物呵护之者，惟重刊以惠士林为幸。”[①] 吴棠接过这本书，承诺一定要把它刊刻出来。

吴棠继续北上，当年五月到了京城，受到了皇太后与同治皇帝的接见。出京后从河南、湖北赶往四川，于九月来到成都。同治八年（1869 年）夏天，吴棠政事之余便带着幕僚张人瑞、缪荃孙开始校勘。秋去冬来，方苞的这本书校勘完工，吴棠亲自写了《古文约选跋》叙述始末。他在文中惋惜地说：“惜伯平（高均儒）今春已归道山，不及见此书之成也。”此书的版本，只有雍正十一年（1733 年）果亲王府刻本和同治八年（1869 年）吴棠望三益斋刻本。后来的版本，均是以同治八年（1869 年）吴棠所刻的《古文约选》为底本。想来如果当年吴棠未能刊刻此书，孤本能否流传世间就很难说了。

桐城派文人还为望三益斋书局校订编辑文稿，撰写序言，使所出版的书籍由于精加校勘，错误很少，称为善本。其中高均儒校订 5 种：《书传音释》《家礼五卷附录一卷》《合刻赵怀玉周廷寀校韩诗外传》《周易传义音训》《近思录集注》。吴棠与高

①《清代诗文集汇编》编纂委员会编：《清代诗文集汇编·望三益斋诗文钞》，上海：上海古籍出版社，2010 年版，第 94 页。

均儒多次通信，目前发现的 3 封信都是与刻书有关，一封写于同治四年（1865 年）五月，询问《近思录集注》是否完成校订可以印刷了。又请高均儒校订《家礼五卷附录一卷》。一封写于同治四年（1865 年），挽留高均儒留在淮安，为高均儒挚友桐城派文人伊乐尧初校的《书传音释》《周易传义音训》两书。一封写于同治六年（1867 年），吴棠告知高均儒《书传音释》《周易传义音训》书板将被送到滁州。后两封信存于吴棠《望三益斋诗文钞》杂体文卷二：《重刊周易尚书与高伯平书》《与高伯平书》。

丁晏校订 3 种：吴棠《读诗一得》、邵懿辰《礼经通论》《邵位西遗文》。缪荃孙校订 2 种：《汉书》《古文约选》。鲁一同纂 1 种：《清河县志》。鲁蕡校订 1 种：王效成《伊蒿室集》。

吴棠的望三益斋书局也成为桐城派文人保存文献、传播理念的平台，除了像《周易传义音训》《近思录集注》这样的先贤遗书之外，吴棠共为桐城派文人刻书 7 种：王拯《归方评点史记合笔》、方苞《古文约选》、孙衣言《逊学斋诗钞》、邵懿辰《邵位西遗文》《礼经通论》、方东树《书林扬觯》《汉学商兑》。其中邵懿辰《礼经通论》在同治二年（1863 年）开始刊刻。王拯《归方评点史记合笔》刻于光绪元年（1875 年）十二月，其时是吴棠退休返滁

鲁一同画像

前的最后一个月。吴棠在光绪二年（1876年）正月二十六日正式交印退休，三月十九日启程回滁州。由此可以看出吴棠对桐城派文人的重视。《归方评点史记合笔》后来被作为四川尊经书院学生的课本。

吴棠为桐城派文人著作作序、跋的有6篇，即《归方评点史记合笔叙》《孙琴西逊学斋诗钞叙》《邵位西遗文叙》《古文约选跋》《曹子建集铨评》《四史余论》。序中叙述刊刻始末，推崇其人其文，满满的知己之感跃然纸上。

综上所述，吴棠与桐城派文人的交游活动比较频繁，主要集中在刊刻书籍、保存文献方面。吴棠与桐城派文人直接联系、交往较多的有曾国藩、高均儒、丁晏、方宗诚、鲁一同、鲁蕡、孙衣言、缪荃孙、王拯等，间接联系的有方苞、邵懿辰、戴均衡、苏惇元等。吴棠与他们在刊刻书籍、保存文献、传承文化中互相支持，同做贡献，实现了“经世致用”的初衷和抱负。吴棠在与桐城派文人的交往中，受到他们的文化浸润，提升了自己的文化品位，对多年学习的儒家学说有了更深的理解和认识，弥补了幼时无书可读的遗憾。同时，吴棠也为桐城派文人提供了一个著书立说、“立言不朽”的阵地和平台，为他们刊刻著作、保存文献，使之传承后世作出了贡献。

第六章 ‖ 蠹简陈编是我师

——吴棠藏书与刻书

第一节 吴棠爱书 收藏万卷

吴棠是晚清重要的政治人物，也是一位刻书与藏书大家，《中国著名藏书家与藏书楼》将吴棠的藏书之所“望三益斋”和“滁山书堂”名列其中。吴棠曾有《自题抱经图》诗：

卅年宦辙苦奔驰，蠹简陈编是我师。
安顿此心无别法，一经到手去官时。

我国历史上藏书系统分为三类：国家藏书，俗称官藏；私人藏书，亦称私藏；书院藏书，即私办公助的藏书机构。历史上所称的藏书家，是就私人藏书者而言。吴棠的藏书，即私人藏书。在中国古代，“耕读传家”，以农为本，子孙读书，金榜题名，光宗耀祖。而这一切的前提便是拥有书籍，方能学习。在印刷业不发达的古代，书籍成为一种重要的个人财产，所以文人大多读书、爱书、藏书。历史上著名的藏书家张金吾对藏书与读书有过精辟的论述："欲致力于学者，必先读书；欲读书者，必先藏书。藏书者，诵读之资，而学问之本也。"古人"读书必藏书，藏书为读书，乃历代藏书家之宗旨"。先贤藏书之目的与宗旨全在读书，好读书之人才是真正意义上的藏书家。吴棠的目的也很明确，即为读书和经世致用而收藏。吴棠幼时因为家贫，买不起书籍，只好借别人的课本来抄写。这成了他后来藏书的动力，在经济上稍稍宽裕的时候，就购买大量书籍，开始藏书。这样不仅有书可读，也可以惠泽家人亲族，使他们不再遭受他小时候的苦难，还可以保证文献传之后世。

一、初次藏书，焚于战火

吴棠的藏书和刻书，始于咸丰五年（1855年）。前一年，吴棠的母亲程太夫人卒于清江寓所。咸丰皇帝下旨夺情，给假百日治丧。第二年十月，军情缓和，吴棠从清河知县任上卸任，回到了家乡盱眙县三界守孝。

吴棠回乡的同时，购置了大量的书籍，利用守孝的空闲时间阅读。吴棠将自己的藏书之所命名为"望三益斋"。其后，吴棠就用"望三益斋"之名刻印书籍，供阅士人，世称"望三益斋"本。关于"望三益斋"的得名，范凤书在《中国著名藏书家与藏书楼》一书中说："望三益斋：《后汉书·冯衍列传》：'臣自惟无三益之才，不敢处三损之地。'又《论语·季氏》：'益者三友，损三友。友直、友谅、友多闻，益矣；友便辟、友善柔、友便佞，损矣。'吴氏书斋命名取意当不出上述二者，亦表达其处人交友情怀和自立品格。”[①]除了这两个典故外，南朝梁政治家、文学家江淹有《杂体诗》之二：“素心正如此，开径望三益。”宋代著名文学家、欧阳修的好友梅尧臣也有《观王介夫蒙亭记因记题蒙亭》诗：“风物稍佳时，把酒会三益。”“望三益斋”的得名到底是哪一种呢？没有发现吴棠自己的资料记载，吴棠因病重致仕回家，很快就去世了，日记、书信等资料散失，至今未发现原件和抄本，所以无法确定。笔者认同范凤书先生的意见，吴棠本意应该不出《后汉书·冯衍列传》《论语·季氏》这两种，孔子所说的“友直、友谅、友多闻，益矣”很符合吴棠的性格。

咸丰八年（1858年），吴棠在老三界的家被李昭寿烧毁。吴棠作《题刘玉叔词集次集中贺新凉元韵》，哀叹：“飘零我是无家客。问故巢，而今安在，劫灰凄恻。”并在诗中自注：“秋杪遭粤逆之难，万卷荡然。”

吴棠辛辛苦苦集聚的万卷藏书被毁之一炬，真是痛彻心扉。乱后吴棠作《满江红·题飞鸿图》词一首，词中有“满野痛一炬，柴桑旧宅，枌榆古社，匝地惊风，家似叶，漫天劫火山成赭”。记载了三界故居被大火焚烧的景象，可谓印象深刻。在此词的下半阕，吴棠发出怒吼：“问醉翁亭北，环滁山下，拯溺谁为援手侣，衔碑我是伤心者，听怒涛、犹作不平鸣、哀湍泻。”吴棠的万卷书被毁，幸好侄子吴炳言从灰烬中拾到《昭明文选》一部，乃是吴棠以前经常看的。手抚书卷，吴棠作诗一首，抒发重建书城的誓言：

① 范凤书著：《中国著名藏书家与藏书楼》，郑州：大象出版社，2013年版，第252页。

万轴牙签付劫灰，一编犹幸出蒿莱。
似从秦火摧残地，独胜萧梁峄屼台。
汗简载余嫌宦橐，焦桐爨竟写余哀，
青镫好序儿曹读，恢复书城望后来。

二、重建书城，藏书万卷

咸丰十一年（1861 年），吴棠任江宁布政使兼署漕运总督。同治元年（1862 年）正月，吴棠移驻清江浦。经过艰苦努力，保住了一方安宁。此时，吴棠又开始了藏书。浙江归安县（今属湖州市）人钱振伦，原名钱福元，字仑仙、楞仙，号示朴，是大学士翁心存的女婿、翁同龢的姐夫、钱仲联的祖父。道光十八年（1838 年）考中进士，授翰林院编修。咸丰末年，丁忧回到故乡。带回在京搜集的晚唐著名诗人李商隐的骈体文集《樊南文集》，与其弟钱振常（钱玄同的祖父）分头笺注。咸丰十年（1861 年），太平军打到浙江，钱振伦仓促逃亡，“平生书簏，悉付灰烬”。家中的书籍都被烧成灰烬，而唯独兄弟二人笺注未完的书稿居然在灰堆中保存了下来。“展卷重观，如隔世事”。后来，吴

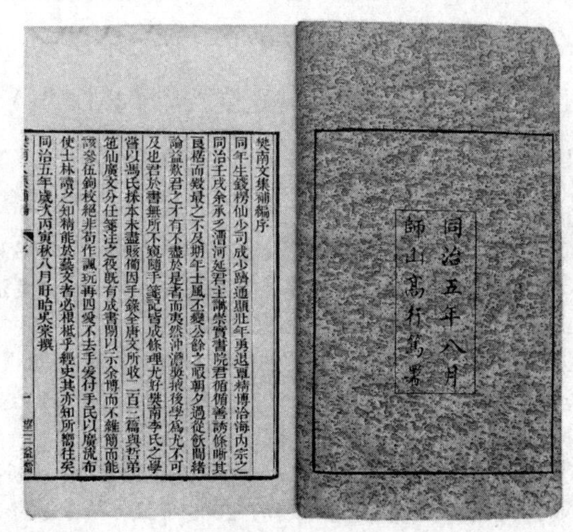
同治五年八月
師山高行篤署

樊南文集補編序
同年生錢楞仙少司成少躋通顯壯年勇退覃精博洽海內宗之
同治壬戌余承乏漕河延君主講崇實書院君循循善誘條晰其
良楛而殿最之不及期年士風丕變公餘之暇朝夕過從飫聞緒
論益歎君之才有不盡於是者而夷然沖澹獎掖後學爲尤不可
及也君於書無所不窺隨手箋記皆成條理尤好樊南李氏之學
嘗以馮氏採本未盡賅備因手錄全唐文所收二百三篇與哲弟
篴仙廣文分任箋注之役既有成書闕以示余博而不雜簡而能
該參伍鉤校絕非苟作諷玩再四愛不去手爰付手民以廣流布
使士林讀之知精能於藝文者必根柢乎經史其亦知所嚮往矣
同治五年歲次丙寅秋八月盱眙吳棠撰

棠重建崇实书院，请钱振伦为山长。钱振伦借助吴棠丰富的藏书，完成了《樊南文集补编》。钱振伦在《樊南文集补编自序》中说：“吴仲宣漕帅富藏书，获从乞借补注之，编为十二卷。”[①] 由此可知，吴棠此时已重新开始买书收藏，而且从“富藏书”来看，数量已很可观。

吴棠于同治三年（1864 年）寻求曾国藩等大帅支持，驱除了盘踞滁州一带六年的李昭寿，派部下和侄儿一起接收了滁州。从此，吴家在滁城西大街盖屋居住。同治末年，吴棠准备退休，又在滁城中心大街建了新房，不但继续藏书，还将在外地所刻书籍《书传音释》《周易传义音训》的雕版藏在滁州。[②] 这一时期，吴棠每到一地，都派人访问当地的读书人，搜求先贤遗书。曾国藩在同治七年（1868 年）二月二十八日致吴棠的信中说他“好表章贤哲，搜访遗书”。[③]

吴棠在四川先后九年，搜求购得的书籍非常丰富，并在总督府中置有“双梧书屋”以藏书。[④] 吴焘曾在《川中杂识》一书中写道：“督署聚书数万卷。”[⑤] 可知吴棠藏书之多。

吴棠藏书，不但求数量，而且求质量。不但有当世精品，而且有古代珍本、孤本。光绪二年（1876 年）正月，张之洞作《滁山书堂歌送吴仲宣尚书东归将寓滁州》长诗：“宋椠明钞四罗列……

---

① 刘学锴等编：《李商隐资料汇编》，北京：中华书局，2001 年版，第 840 页。
②《清代诗文集汇编》编纂委员会编：《清代诗文集汇编·望三益斋诗文钞》，上海：上海古籍出版社，2010 年版，第 72 页。
③ 曾国藩著：《曾国藩全集 25·书信 9》，长沙：岳麓书社，2011 年版，第 353 页。
④ 吴棠：《重修盱眙吴氏孝敬堂族谱叙》，《盱眙吴氏孝敬堂族谱》卷首，同治十三年（1874 年）刊本。
⑤ 吴焘：《川中杂识》，收入李德龙、俞冰主编：《历代日记丛钞》（影印本），第 33 册，北京：学苑出版社，2006 年版，第 431 页。

充栋都曾经手触。”并注：“藏书甚富，率皆旧椠善本。”[①]

从上述诗中可以看出，吴棠藏书不仅数量多，而且还有很多宋代、明代的珍本和孤本。这些书都是吴棠用重金购得，甚至每一本都是亲自挑选，“曾经手触”。张之洞并未到过滁州，如何知道有滁山书堂，又如何知道书堂里藏了哪些书，能说得如此详细，自然是吴棠告诉他的。由此可知，吴棠在告老致仕之前不但建好了新居，也安排了藏书堂，装满了藏书。

关于吴棠的滁山书堂，范凤书说：“为官之后，好读书，建望三益斋和滁山书堂为藏书之所，所藏率多善本旧椠。滁山书堂：吴氏居滁山山麓，故命名‘滁山书堂’。”[②]

对于吴棠藏书的数量和价值，后人也有评价。叶昌炽（1849—1917），字兰裳，晚清金石学家、文献学家、收藏家。历时14年撰成《藏书纪事诗》7卷，收录藏书家700余人，但是没有收入吴棠。民国时期，著名藏书家莫伯骥认为叶昌炽的书不完整，应该将吴棠、端方等人收入藏书家名录中。他依托其丰富的藏书，潜心学问，著有《叶氏藏书纪事诗补续》等50多种。可惜这些著作大都在战乱中遗失，留存于世的只有《五十万卷楼藏书目录初编》和《五十万卷楼群书跋文》。许艳青老师在翻阅这两部著作过程中，发现了不少补续叶氏《藏书纪事诗》的佚文，其中就有关于吴棠收藏“从元刻巾箱本影写的尔雅二卷”的记述。因此文太过珍贵，故全文录出：

①《清代诗文集汇编》编纂委员会编：《清代诗文集汇编·望三益斋诗文钞》，上海：上海古籍出版社，2010年版，第42页。
② 范凤书著：《中国著名藏书家与藏书楼》，郑州：大象出版社，2013年版，第252页。

吴棠有《尔雅》二卷，从元刻巾箱本影写。滁山堂旧藏。莫氏跋曰：“卷末有‘滁山堂’大方章，当是盱眙吴尚书棠遗本。棠号仲宣，官蜀最久，致仕寓滁州，故有此章，平时则以‘望三益’章捺于各藏本也。张氏之洞《广雅堂诗集》有《滁山书堂歌》，中有云：‘忽忆家国万牙签，蛛丝蠹迹无人扫。’注云：‘藏书甚富，率皆善本旧椠。’又云：‘滁山深蔚滁泉香，中有尚书读书堂。宋椠明抄四罗列，朱履白发中徜徉。不惜饼金购一轴，充栋都曾经手触。狨座牙旗十五年，长物止此堪夸目。’吴又尝聘秀水高均儒校勘经籍，见《嘉兴府志》五十二。叶氏《藏书纪事诗》未及尚书事，当补之 。”

许艳青在《莫伯骥〈叶氏藏书纪事诗补续〉佚文及其文献价值》一文中说：“此书原为清吴棠旧藏，叶昌炽未提及藏书概况。莫伯骥从张之洞著述及地方志中，找寻其只鳞片羽，以补藏书纪事诗之不足。”①

许艳青发现的这个材料给我们提供了如下信息：

一是吴棠藏书中除了宋代和明代的珍品藏书外，还有从元代巾箱本中影写的善本。二是吴棠有“滁山堂”大方章藏书印。“致仕寓滁州，故有此章”。三是吴棠有“望三益”藏书印。“平时则以‘望三益’章捺于各藏本也”。四是收入《藏书纪事诗》中的藏书家都

①许艳青：《莫伯骥〈叶氏藏书纪事诗补续〉佚文及其文献价值》，收入程焕文、沈津、张琦主编：《2016年中文古籍整理与版本目录学国际学术研讨会论文集下》，桂林：广西师范大学出版社，2018年版，第623页。

是佼佼者，“叶氏《藏书纪事诗》未及尚书事，当补之”。说明莫伯骥也认为吴棠作为藏书家是合格的，叶氏应该将吴棠补上。

三、喜好藏书，印章留痕

在古代，喜好藏书的文人学者都会拥有自己专用的藏书印，每得一本好书，就会将印章盖在心爱的藏书上。鲜红的印痕与纸上的墨迹相映成趣，是一件特别赏心悦目的雅事。藏书印在藏书史上具有重要价值，它是鉴定古籍版本的重要依据之一。借助藏书印，研究者可以了解一部书的收藏及流传过程。后人品味前人藏书印，明古人之思，探古人之幽，解古人之情，小中见大，饶有趣味。一部古书，往往会因为钤有古代著名藏书家的印而身价百倍。

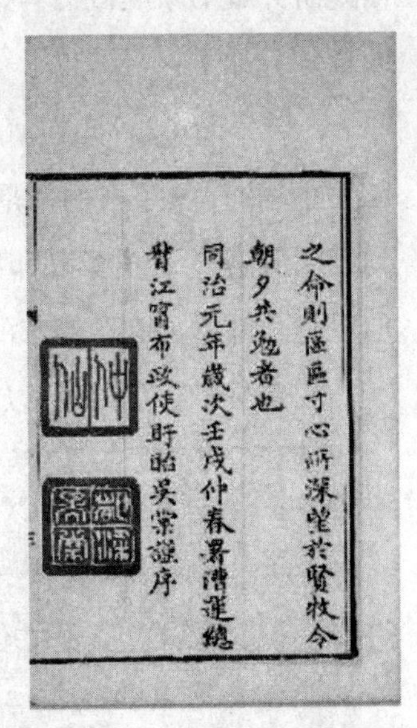
之命則區區寸心所深望於賢牧令
朝夕共勉者也
同治元年歲次壬戌仲春署漕運總
督江甯布政使盱眙吳棠謹序

仲仙、都梁吴棠印

藏书家的印一般都有多枚，众多藏书印反映出他们积极的藏书心态。吴棠的印章也有好几种。除了上述的“滁山堂”和“望三益”之外，同治元年（1862年），吴棠钤在《汪龙庄先生遗书》上的有“仲仙”“都梁吴棠”双印。同治七年（1868年），吴棠钤在《泉漳治法论》一书上的有“吴棠私印”“仲宣”双印。同治十一年（1872年），吴棠钤在《杜诗镜铨》一书上的也是双印，上面是“吴棠之印”，下面是“仲仙”，这枚“仲仙”乃是大篆。任继愈在《中国藏书楼》一书中记载了吴棠的三枚藏书印：“盱眙吴氏藏书、望三益斋、盱眙吴氏望三益斋藏书之印”。[①] 藏书印是藏书文化的重要表现之一，因而印文内容对藏书事实多有反映，可以借此研究藏书家的藏书喜好及情趣。根据古人的分类，可将吴棠的印章划分如下：

1. 名号印。这种印在清代以后多用双印，一刻姓名，一刻字号。两印大小相同，文字有的都是白色，有的都是红色，或者一白一红，钤列于一册书上。“吴棠私印”与“仲宣”、“吴棠之印”与“仲仙”、“仲仙”与“都梁吴棠”双印的使用就是典型的“名号印”。

2. 斋馆（堂号）印。以自家藏书的斋、室、楼等名称入印，“滁

補音卷第一
周語上
周語上第一
注之稱
公謀父

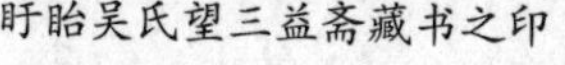
盱眙吴氏望三益斋藏书之印

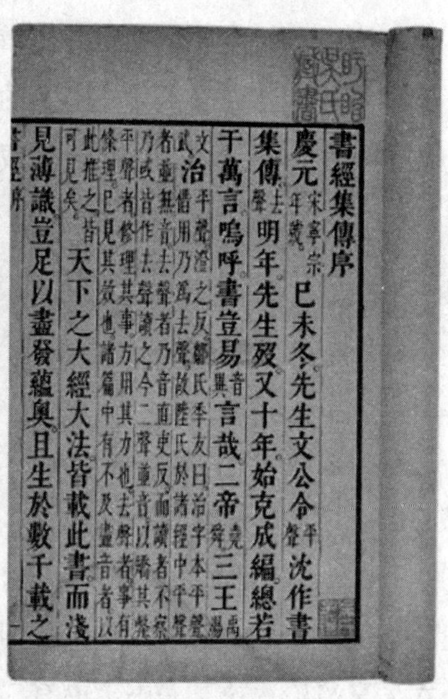
書經集傳序
慶元己未冬先生文公令沈作書集傳明年先生歿又十年始克成編總若干萬言嗚呼書豈易言哉二帝三王治天下之大經大法皆載此書而淺見薄識豈足以盡發蘊奧且生於數千載之

盱眙吴氏藏书印

① 任继愈主编：《中国藏书楼》，沈阳：辽宁人民出版社，2001 年版，第 291 页。

山堂”“望三益”“望三益斋”都属于这一类。

3. 收藏印。专门作为藏书之印，如吴棠“盱眙吴氏望三益斋藏书之印”。

4. 里居印。以籍贯里居名称入印，如“都梁吴棠”“盱眙吴氏藏书”。都梁乃是盱眙的古称。

归纳起来，吴棠共有 11 枚藏书印章：吴棠私印、仲宣、吴棠之印、仲仙（2 枚，不同字体）、都梁吴棠、滁山堂、望三益、望三益斋、盱眙吴氏藏书、盱眙吴氏望三益斋藏书之印，这些藏书印反映了吴棠藏书的丰富内涵。

第二节　精刻善本 诗书立世

吴棠总计刻书 70 种（含吴棠著作），分别是经部书 16 种（其中《仪礼正义》是购板印刷）、史部书 16 种（其中 4 种是抄本）、子部书 9 种（其中《图民录》是购板重印）、集部书 28 种，另有望三益斋丛书 1 种。

《望三益斋诗文钞》共收吴棠与书籍有关的文章 36 篇，另有 7 篇未收的序文，即《曹子建集铨评叙》《韩诗外传叙》《归方评点史记合笔叙》《王侍郎奏议叙》《重修盱眙吴氏族谱叙》《椒陵赋钞叙》《滁泗赋存续刻叙》，共计 43 篇。其中为书籍作的序、跋有 34 篇，而只作序、跋未刻的书有 7 种：刘佳《钓鱼篷山馆集》、丁晏《曹子建集铨评》《归安吴氏家谱》、崇蔚然《紫葳蕤吟馆赋抄》

《重修清河县志》《补刊清河县志》《清河县附志》。

一、吴棠的刻书目录及所藏机构

（一）经部书 16 种

1.《合刻（宋）程子朱子》。

2. 李光地《御纂朱子全书》。有吴棠《恭刻朱子全书札》，同治八年（1869 年）望三益斋刻本。吴棠幕僚候补知县顾复初校。

3.《书传音释》，附《书序》。蔡传、邹季友音释，高均儒校，同治五年（1866 年）望三益斋本。今藏于国家图书馆、重庆图书馆、北京大学图书馆、北京师范大学图书馆。

4. 邵懿辰《礼经通论》。同治二年（1863 年）望三益斋刻本，丁晏校订。今藏于新乡图书馆、上海图书馆、南京图书馆、湖北图书馆。国家图书馆藏有《礼经通论残帙》，乃《礼经通论》抄本。

5. 魏了翁《周礼折衷》。同治十三年（1874 年）望三益斋刻本。今藏于国家图书馆。

6.《周易传义音训》，附《易学启蒙》。程传、朱本义、董楷合编，《吕氏音训》新附。高均儒校，同治六年（1867 年）望三益斋刻本。今藏于北京大学图书馆、北京师范大学图书馆、德阳市图书馆。据吴棠写于同治六年（1867 年）的《与高伯平书》记载，雕版藏在滁州。

7. 吴昌宗《四书经注集证》。今藏于北京大学图书馆。

8. 张锡嵘撰、吴棠辑《张敬堂太史遗书》。同治九年（1870 年）望三益斋刻本，收有遗书 4 种：《孝经章句》《读朱就正录》《读朱就正录续编》《孝经问答》各一卷。今藏于北京大学图书馆、复旦大学图书馆、湖南图书馆。

9.（汉）韩婴著、（清）赵怀玉校、（清）周廷寀校注《合刻赵怀玉周廷寀校韩诗外传》。光绪元年（1875年）望三益斋刻本，高均儒校。有吴棠《韩诗外传序》，《望三益斋杂体文》未收，收在《清代经部序跋选》。[①]今藏于国家图书馆、重庆图书馆、湖南图书馆、吉林图书馆、开封图书馆、新乡图书馆、嘉兴图书馆、北京大学图书馆、暨南大学图书馆、陕西师范大学图书馆、安徽师范大学图书馆、辽宁大学图书馆、北京师范大学图书馆、宁波天一阁博物馆。

10.朱熹《家礼五卷附录一卷》。同治四年（1865年）望三益斋刻本，高均儒校。今藏于复旦大学图书馆、暨南大学图书馆、宁波天一阁博物馆。

11.胡培翚《仪礼正义》。同治五年（1866年）望三益斋购板印刷。吴棠送曾国藩四部，得到曾国藩高度评价，并多次让部下关注该书书板收藏于何处。

12.《望三益斋试帖》。同治三年（1864年）六月重刊，王锡麟作序，钱振伦跋。有吴棠举人卷，吴炳标、吴炳麟、吴炳仁、吴炳祥、吴炳和、吴增锡生员卷。

13.《望三益斋制艺》。同治三年（1864年）六月重刊。有王荫堂序，吴炳经、吴澮泉等注。

14.《望三益斋塾课》。同治四年（1865年）冬刊本。有钱振伦序，吴炳祥、吴炳和、吴炳仁校刊。

15.《崇实书院课艺》。同治二年（1863年）刊本。

---

① 王达津主编，南开大学古籍整理研究所选编：《清代经部序跋选》，天津：天津古籍出版社，1991年版，第127页。

16. 罗文俊《诂经精舍文续集》。同治十二年（1873年）望三益斋重刻本。卷首有吴棠序，序中文字比《望三益斋杂体文卷二·重刊诂经精舍文续集叙》多25个字："同治十有二年，岁在昭阳作噩季夏之月，督蜀使者盱眙吴棠撰。"

（二）史部书16种

吴棠刻史部书16种（刻本12种、抄本4种）。吴棠作序5种:《汉书》《后汉书》《史记》《三国志》《清河县志》。缪荃孙校1种:《汉书》。鲁一同纂1种：《清河县志》。

1. 杨伦编《杜工部年谱》。同治十一年（1872年）望三益斋刻本。今藏于国家图书馆。

2. 钱振伦《玉溪生年谱订误》。咸丰十一年（1861年）望三益斋刻本。今藏于国家图书馆。

3.《明史列传》。今藏于北京大学图书馆。

4.《宋史列传》。今藏于北京大学图书馆。

5.《汉书》。同治九年（1870年）成都书局刻本，缪荃孙校。

6.《后汉书》。同治九年（1870年）成都书局刻本，张人瑞校。

7.《史记》。同治十年（1871年）成都书局刻本，钱宝宣校。

8.《三国志》。同治十年（1871年）成都书局刻本，钱宝宣校。

9. 吴棠、鲁一同纂《清河县志》。同治四年（1865年）刻本，有吴棠《重修清河县志叙》。

10. 孙奇逢《孝友堂家规》。同治八年（1869年）刻本。吴棠《重刊孝友堂家规叙》称赞："容城孙征君钟元先生为国朝理学之冠。"

11.《刊发广惠编剳》。同治四年（1865年）春刊本，吴棠为救灾刊发朱轼《广惠编》，广发所辖州县。

12.《重修盱眙吴氏族谱》。同治十三年（1874年）刻于成都。有吴棠同治十三年（1874年）《重修盱眙吴氏族谱叙》，未收入《望三益斋诗文钞》。

（三）子部书9种

吴棠刻子部书9种，亲自作序（跋）2种：《重印图民录》《小学集注》。高均儒校1种：江永《近思录集注》。桐城派名人方东树著作2种：《书林扬觯》《汉学商兑》。

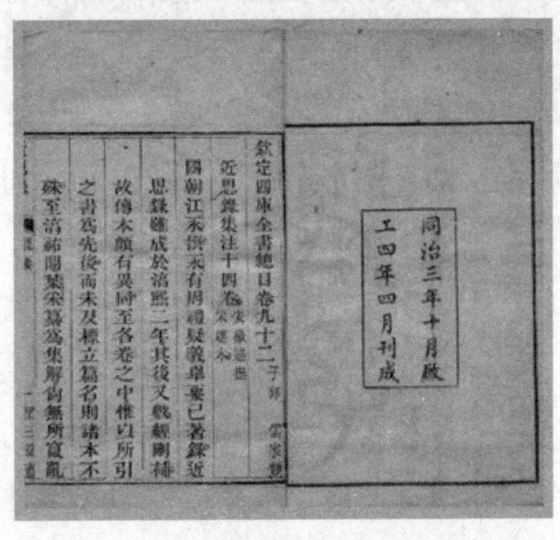
同治三年十月啟
工四年四月刊成

欽定四庫全書總目卷九十二　子部　儒家類
近思錄集注十四卷　安徽巡撫採進本
國朝江永撰永有周禮疑義舉要已著錄近
思錄雖成於淳熙二年其後又數經刪補
故傳本頗有異同至各卷之中惟以所引
之書爲先後而未及標立篇名則諸本不
殊至淳祐間葉采纂爲集解尚無所竄亂

《近思录集注》

1. 陈选《小学集注校勘记》。同治二年（1863年）望三益斋刻本，有吴棠《小学集注跋》。今藏于嘉兴图书馆、北京大学图书馆。

2. 江永《近思录集注》。同治四年（1865年）望三益斋刻本。有吴棠《近思录跋》。今藏于北京大学图书馆、苏州大学图书馆、陕西师范大学图书馆。

考訂朱子世家引言
婺源有朱子吳文正公所謂景星慶雲泰山喬
嶽者也邑志倣史記例儒林以下皆爲傳特尊
朱子於世家宜矣而昔之載筆者詮次年譜事
跡甚疏畧又復考核不精紀載失實且朱子以
名稱張呂亦稱名獨於陸氏兄弟稱字此何爲
者邪其於延平授受之閒則有獨得宗旨之說
望三益齋

《朱子世家》

3. 江永《考订朱子世家》。同治五年（1866年）望三益斋刻本。今藏于国家图书馆。

4. 清世宗胤禛辑《圣祖仁皇帝庭训格言》。

5. 方东树《书林扬觯》。同治十年（1871 年）望三益斋刻本。今藏于北京师范大学图书馆、北京大学图书馆、辽宁图书馆、上海图书馆、齐齐哈尔图书馆。

6. 方东树《汉学商兑》。同治十年（1871 年）望三益斋刻本。今藏于北京大学图书馆、国家图书馆、辽宁图书馆。

7.《小学校语》。今藏于北京大学图书馆。

8.《小学总论》。今藏于北京大学图书馆。

9. 袁守定《图民录》，重印 1000 册。吴棠有《重印图民录叙》。

（四）集部书 28 种

吴棠刻集部书 28 种，作序 15 种。桐城派名人著作 4 种：王拯《归方评点史记合笔》、方苞《古文约选》、孙衣言《逊学斋诗钞》、邵懿辰《邵位西遗文》。丁晏校 2 种：吴棠《读诗一得》、邵懿辰《邵位西遗文》。缪荃孙校 1 种：方苞《古文约选》。鲁蕡校 1 种：王效成《伊蒿室集》。

1. 钱振伦、钱振常笺注《樊南文集补编》。同治五年（1866 年）望三益斋刻本，有吴棠《樊南文集补编叙》。今藏于国家图书馆、天津图书馆、福建图书馆、吉林图书馆、辽宁图书馆、重庆图书馆、广西图书馆、北京大学图书馆、北京师范大学图书馆、复旦大学图书馆、苏州大学图书馆、河南大学图书馆、新乡图书馆、保定图书馆、绍兴图书馆、温州图书馆、宁波天一阁博物馆。

2. 张弨《张亟斋遗集》。同治四年（1865 年）望三益斋刻本。张弨，字力臣，号亟斋，淮安人，清初考古金石家。《济州学碑释文》《瘗鹤铭辨》《唐昭陵六骏赞辨附梭行图诗》《娄机汉隶字原》是四种书目，合集于《张亟斋遗集》，只能算一种。今藏于国家图书馆、北京大学图书馆。

3. 王效成《伊蒿室集》。咸丰五年（1855年）望三益斋刻本。鲁蕡校订，刘履芬跋。鲁一同《伊蒿室集叙》："得文六卷，诗两卷，诗余一卷，都为一集。"[①]《吴勤惠公年谱》记载："王效成《伊蒿室文集》《诗集》。"把《伊蒿室集》分为《文集》《诗集》两本书，是不对的。今根据现存版本和鲁一同的序，归之为一种。今藏于国家图书馆、湖南图书馆、上海图书馆、北京大学图书馆、宁波天一阁博物馆。

4. 谢枋得《文章轨范注解选》（明刻本有明代大儒王阳明亲自作的序）。同治五年（1866年）望三益斋刻本，有吴棠《重刊文章轨范叙》。今藏于南京图书馆。

5. 谢枋得《叠山先生注解章泉涧泉二先生选唐诗》。同治二年（1863年）望三益斋刻本，有吴棠《谢叠山先生注解选唐诗跋》。今藏于国家图书馆。

6. 王拯《归方评点史记合笔》。光绪元年（1875年）刻本，有同治五年（1866年）王拯自序。吴棠有《归方评点史记合笔叙》，《望三益斋杂体文》未收，文见《归方评点史记合笔》卷首。今藏于

① 鲁一同：《伊蒿室集叙》，收入王效成：《伊蒿室集》，咸丰五年（1855年）望三益斋刻本，第1页。

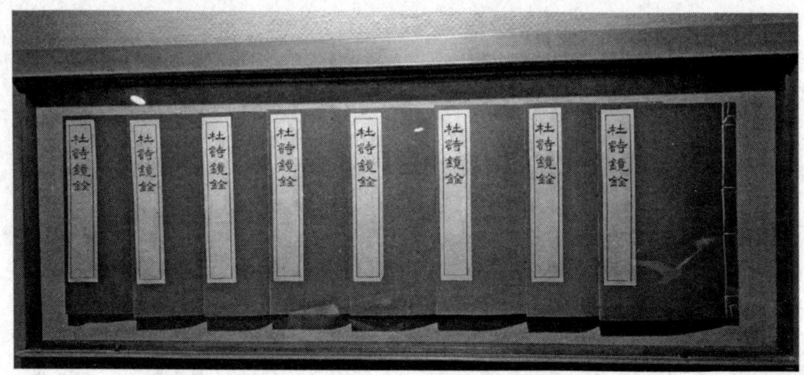

杜甫草堂展出的《杜诗镜铨》

北京大学图书馆、中江图书馆、重庆图书馆、吉林图书馆、复旦大学图书馆。

7. 杜甫著、杨伦笺注《杜诗镜铨》，附张溍《读书堂杜工部文集注解》。同治十一年（1872 年）望三益斋刻本，顾复初校。有吴棠《重刊杜诗镜铨叙》和“吴棠之印”“仲仙”印章两枚。今藏于日本早稻田大学图书馆、中国国家图书馆、辽宁大学图书馆、北京师范大学图书馆、吉林图书馆、勉县图书馆、宁波天一阁博物馆、福建图书馆、陕西图书馆、河南图书馆、新乡图书馆、保定图书馆、西南大学图书馆、重庆图书馆、湖南图书馆、辽宁图书馆、北京图书馆、大兴安岭地区图书馆、瑞安市文物馆、合肥师范学院图书馆。

8. 邵懿辰《邵位西遗文》。同治四年（1865 年）望三益斋刻本，有吴棠《邵位西遗文叙》。今藏于国家图书馆、绍兴图书馆、北京师范大学图书馆、苏州大学图书馆、宁波天一阁博物馆。

9. 魏了翁《师友雅言》。同治十三年（1874 年）望三益斋刻本。今藏于国家图书馆、上海图书馆。

10. 魏了翁《鹤山文钞》。同治十三年（1874 年）望三益斋刻本。今藏于国家图书馆、南通冯氏景岫楼。

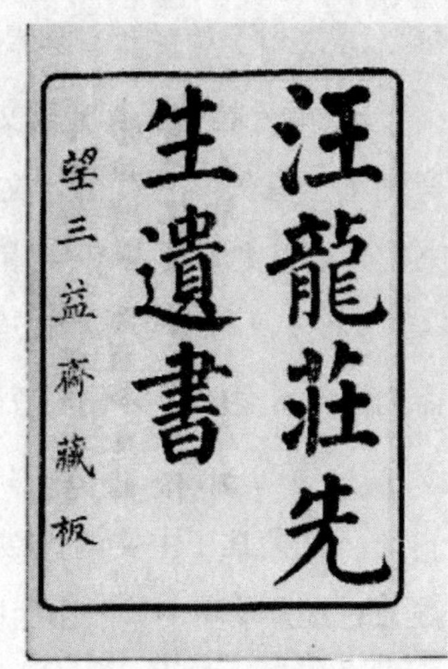
汪龍莊先生遺書
望三益齋藏板

11. 汪辉祖《汪龙庄遗书》。同治元年（1862 年）望三益斋刻本，有吴棠《重刊汪龙庄遗书叙》。今藏于国家图书馆、北京师范大学图书馆、北京大学图书馆、首都图书馆、陕西师范大学古籍整理研究所。

12. 孙衣言《逊学斋诗钞》。同治三年（1864 年）望三益斋重刻本，有吴棠《孙琴西逊学斋诗钞叙》。今藏于天津图书馆。

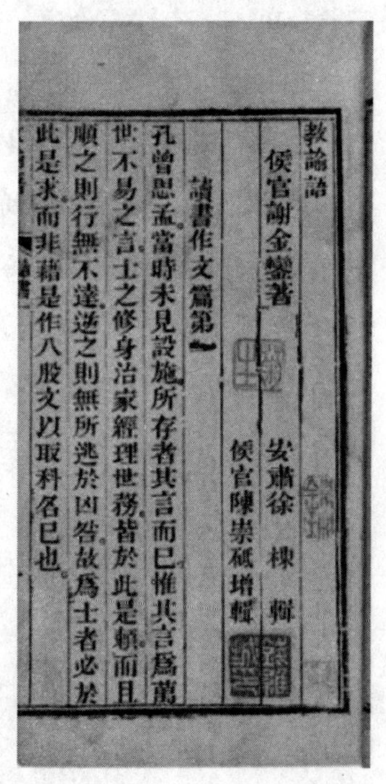
教諭語
侯官謝金鑾著　安肅徐　棟　輯
侯官陳崇砥增輯
讀書作文篇第一
孔曾思孟當時未見設施所存者其言而已惟其言爲萬世不易之言士之修身治家經理世務皆於此是賴而且順之則行無不達逆之則無所逃於凶咎故爲士者必於此是求而非藉是作八股文以取科名已也

13. 谢金銮《泉漳治法论》。同治七年（1868 年）望三益斋刻本，有吴棠《重刊泉漳治法论叙》，“吴棠私印”与“仲宣”方印两枚。今藏于美国国会图书馆、南开大学图书馆、天津图书馆、福建图书馆。

14. 谢金銮《教谕语》。同治七年（1868 年）望三益斋刻本，有吴棠《重刊教谕语叙》。今藏于安庆图书馆、国家图书馆。

15. 毛藻《客山堂稿》。同治六

年（1867 年）望三益斋刻本，有吴棠《重刊客山堂稿叙》。

16. 黄云鹄《实其文斋文钞》。同治十一年（1872 年）望三益斋刻本，有吴棠《黄翔云文集叙》。今藏于辽宁图书馆、国家图书馆、复旦大学图书馆、湖南图书馆、首都图书馆、万州图书馆。

17. 杨殿邦《莱香小圃诗集》。同治十一年（1872 年）望三益斋刻本，有吴棠《杨叠云师诗集叙》。

18. 方苞《古文约选》。同治七年（1868 年）依果亲王府刻本刊刻，有吴棠《古文约选跋》。吴棠幕僚张人瑞、缪荃孙校。今藏于北京大学图书馆、山西图书馆。

19. 吴棠《烬余吟二卷附词草一卷》。同治二年（1863 年）望三益斋刻本，有钱振伦序。曾藏于燕京大学图书馆。

20. 吴棠《读诗一得》。同治三年（1864 年）六月望三益斋刻本，卷首有咸丰四年（1854 年）丁晏序。今藏于国家图书馆。

21. 吴棠《望三益斋公余吟草二卷归田诗草一卷》。同治十三年（1874 年）望三益斋刻本。今藏于国家图书馆、首都图书馆。

22. 吴棠《望三益斋诗文钞》。张之洞题词、黄云鹄序。同治十三年（1874 年）刻于成都节署，四册本藏于苏州图书馆，十二卷本藏于首都图书馆、复旦大学图书馆。光绪刻本八册，藏于国家图书馆。

23. 吴棠《望三益斋存稿》。光绪七年（1881 年）成都节署刻本，今藏于首都图书馆。①

24. 吴棠《奏谢折子》一册。光绪成都节署刻本，藏于国家图书馆。

---

① 光绪七年（1881 年），吴棠已经去世，但因是其著作，故收入。

25. 吴棠辑《滁泗赋存》。同治十二年（1873 年）望三益斋本，有吴棠题词和“吴棠之印”“仲仙”印章两枚。今藏于上海图书馆、辽宁图书馆。

26. 吴棠辑《椒陵赋钞》。同治十三年（1874 年）望三益斋本，吴棠有序：“（薛时雨）汇椒陵赋抄七十六艺，交族侄敦甫（吴柡），敦甫另录寄川，原本寄归。”今藏于上海图书馆、辽宁图书馆。

27. 吴棠辑《滁泗赋存续刻》。同治十三年（1874 年）成都节署刻本，有吴棠《滁泗赋存续刻叙》。今藏于辽宁图书馆。

28. 吴棠辑《盱眙吴氏赋存》。同治十三年（1874 年）成都节署刻本。今藏于辽宁图书馆。

（五）望三益斋丛书 1 种

吴棠编《望三益斋丛书》，今藏于浙江图书馆、温州图书馆、嘉兴图书馆、绍兴图书馆、宁波天一阁博物馆。

吴棠去世后，后人继续用望三益斋书局的名义刊印书籍：有温

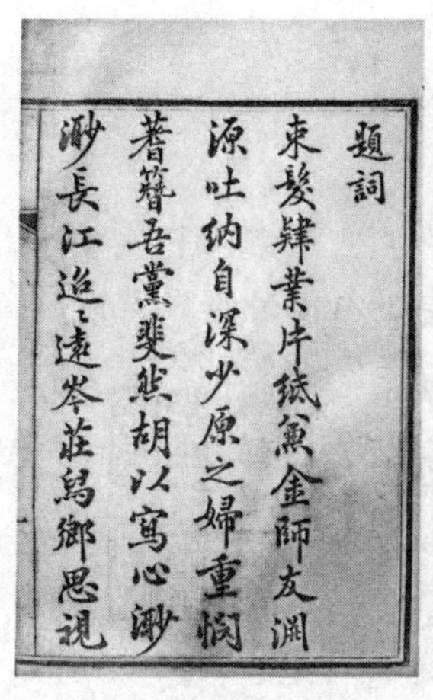

題詞

束髮肄業片綫熏金師友淵源吐納自深少原之婦重惘著簪吾黨斐然胡以寫心渺渺長江迢迢遠岑莊舄鄉思視

《滁泗赋存》题词

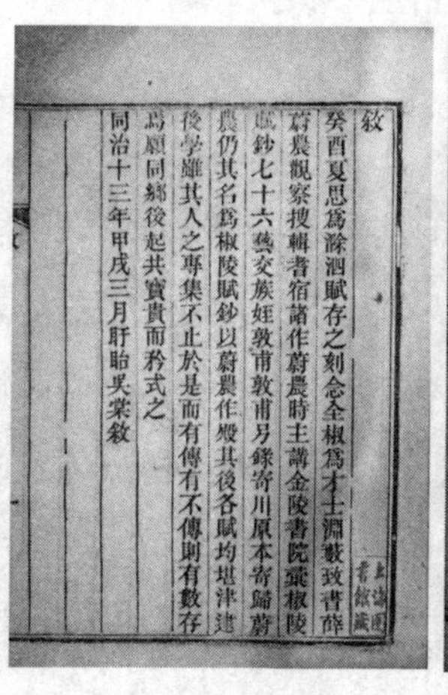

敘

癸酉夏思爲滁泗賦存之刻念全椒爲才士淵藪致書薛蔚農觀察搜輯耆宿諸作蔚農時主講金陵書院彙椒陵賦鈔七十六藝交族姪敦甫敦甫另錄寄川原本寄歸蔚農仍其名爲椒陵賦鈔以蔚農作殿其後各賦均堪津逮後學雖其人之專集不止於是而有傳有不傳則有數存焉願同鄉後起共寶貴而矜式之

同治十三年甲戌三月盱眙吳棠敘

《椒陵赋钞》叙

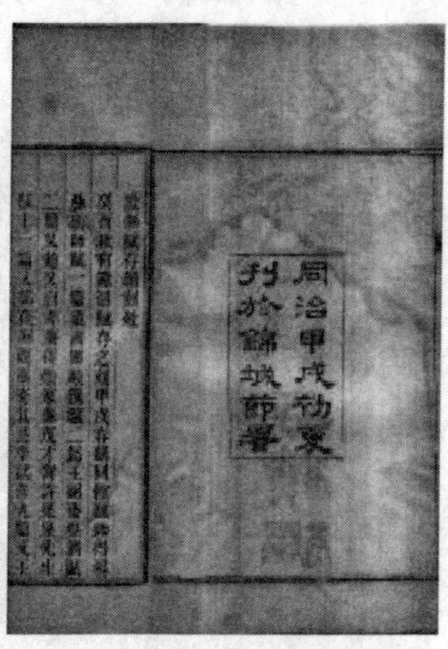

同治甲戌初夏刊於錦城節署

《滁泗赋存续刻》

一贞录《苏黄题跋五卷》，光绪二十年（1894年）望三益斋石印本。今藏于嘉兴图书馆、平湖图书馆。叶廷奇编次《金陵奎光书院课艺》1册，光绪十九年（1893年）望三益斋铅印本。苏州大学图书馆藏。书中有“光绪癸巳（1893年）中夏，望三益斋印行”。

因望三益斋书籍多为善本，望三益斋已成出版界名牌，光绪年间就有藏书家冒用望三益斋名义刻书。如金峨山馆乃是晚清藏书家郭传璞的藏书楼，曾编有《便查书目》《四明金石志》，刊刻望三益斋丛书12种。齐召南撰《宝纶堂诗钞》六卷就是光绪十三年（1887年）郭传璞金峨山馆刻本，藏于瑞安市文物馆（见《鄞县通志》）。再如毕沅《中州金石记五卷》，光绪八年（1882年）蛟川望三益斋邵氏刻本。今藏于首都图书馆、温州图书馆、上海图书馆、南京图书馆、浙江图书馆、辽宁图书馆。

第三节　抄本流传　保存文献

用手抄写来流传的这类书籍就叫抄本，也称为写本。在版印产生之后，仍有许多抄本流传。吴棠的望三益斋就有这种业务，如丁晏《四史余论》，咸丰十一年（1861年）望三益斋抄本，藏于国家图书馆。有丁晏自序，是书又名《马班陈范四史余论》，包含《史记余论》《汉书余论》《后汉书余论》《三国志余论》四部分。《汉书余论》部分占三册，其他三种各一册。《中国古籍版刻辞典》

中有："抄本有丁晏《四史余论》4卷，周亮工《闽小记》4卷。"[①] 周亮工（1612—1672），字元亮，又有陶庵、减斋、缄斋、适园、栎园等别号，世称栎园先生、栎下先生，明末清初文学家、篆刻家、收藏家，河南祥符（今河南开封祥符区）人。周亮工在闽生活前后长达12年之久，所著《闽小记》对福建各地的风土民情、物产习俗，以及人文景观，都作了详细记载，其中对白茶的记载至今被人时常引用，所以吴棠在任闽浙总督时以抄本流传。还有吴文镕《吴文节公奏稿》，望三益斋咸丰七年（1857年）抄本。今藏于北京师范大学图书馆。

吴棠望三益斋抄本还有隋汝龄的《辽海志略》。多年来研究吴棠的各位同仁根据《望三益斋杂体文》卷三中吴棠所写的序《隋大令辽海志略叙》，把《辽海志略》归为望三益斋刻本。实际上《辽海志略》并无刻本传世，只以抄本流传，根据现有资料推测为望三益斋抄本，而且吴棠的序也不是隋汝龄从推荐信中剪接而来。今以《辽海志略》的艰难流传来考察望三益斋抄本的活动。

一、《辽海志略》没有刻本传世

隋汝龄，字九芗，奉天宁海（今大连市金州区）人。道光二十八年（1848年）至咸丰九年（1859年）任江苏赣榆县知县，后官至江宁府（今南京市）督粮同知。平生勤奋好学，读书明理，精通文史。持续20个寒暑不辍，于咸丰二年（1852年）著成《辽海志略》。全书共160卷，分24门类，300多万字。《辽海志略》

① 瞿冕良编著：《中国古籍版刻辞典》，苏州：苏州大学出版社，2009年版，第823页。

将“辽海间古今世事之变迁，人材之淑慝，山川、风俗之殊，起灭分并之迹”详载一书，具有较高的史料价值，具体表现为补前志未备、辨以往之误、为后志提供基础。早在民国十六年（1927年），著名的历史学家、东北史研究的主要开拓者和奠基人金毓黻主修《奉天通志》时就发现了它。《奉天通志》是张学良亲自担任总裁、民国时期内容最为丰富、至今享誉学术界的辽宁乃至东北地区方志。《奉天通志》中对《辽海志略》的抄录、大量引用和参考，足以使我们看到这一私修志书对后世志书的影响和文献价值。孙宝田《旅大文献征存》等金州方志也引用和参考了《辽海志略》中的一些内容。近年来更是被列为“国家清史项目文献·辽海志略”课题。这些专家一致认为：“辽海志略一百六十卷。清咸丰二年（1852年）金州隋汝龄纂，有稿本及传抄本，未刊。”[①]“百年来并无刻本”。[②]“《辽海志略》成书150余年，至今未曾刊印，原稿流落境外（台湾），仅以抄本流传”。[③]

那么，《辽海志略》到底有没有刻本传世呢？查《东北文献辞典》说：“《辽海志》，清隋汝龄撰。初为抄本，一百六十卷，六十四册。清咸丰二年（1852年）付梓，汰其繁冗，厘为六十四卷，题名为《辽海志略》。”[④]古时刻书雕版以梓木为上品，所以称书籍刊印为“付梓”。既已付梓，就应该有刻本，为何诸多专家说只有抄本流传，也

① 金毓黻：《东北通史》（上编六卷），重庆：五十年代出版社，1944年版，第18页。
② 丛佩远，柴营：《辽海志略奉天抄本述略》，《文献》，1990年第1期，第133页。
③ 鲁继红，宁勇：《〈辽海志略〉的史料价值》，《东北史地》，2012年第6期。
④ 李澍田主编：《东北文献辞典》，长春：吉林文史出版社，1994年版，第304页。

许再研究一下该书内容就会有答案。《东北方志序跋辑录》收入了《辽海志略》三序：序一署名“同治二年（1863年）四月，漕运总督吴棠谨序”；序二署名“咸丰四年（1854年）冬月，岭南梁佐中谨序”；序三署名“咸丰二年（1852年）冬十二月上浣，辽东隋汝龄书于祝其（江苏赣榆县）官署”。吴棠在序中说《辽海志略》一书“例虽等乎别录，功实迈于土诵，敢矢一辞，俾附巨帙，请付梨枣，以待輶轩”。[①] 请付梨枣即刊刻书籍。古代印书的木刻板，多用梨木或枣木刻成，所以代称印刷的雕版。可见直至同治二年（1863年）《辽海志略》犹未付刻。再考察一下清咸丰二年（1852年）的时代背景，也可以得知此时刻本不太可能，隋汝龄写序的前一年即咸丰元年（1851年），太平天国已在金田起义。咸丰三年（1853年）三月，太平天国起义军攻下了江宁，并定都于此。此时包括隋汝龄任职的赣榆县乃至整个苏北地区，局势紧张，人人自危。太平军兴于南，捻军起于北，多次想要在苏北合围。虽有吴棠鼎力支撑使之未能得逞，但此种环境下出版如此巨著的可能性不是很大。因此，尽管该书于咸丰二年（1852年）完成，但直到同治二年（1863年）还没有刊刻，否则吴棠也不会在序中说“请付梨枣”了。同治二年（1863年）的局势已大大好转，苏北在吴棠的治理下，已经太平安定多年。江宁也被曾国藩的弟弟曾国荃团团包围，指日可下。所以隋汝龄才请吴棠作序，应该也有请其协助刊刻之意。如果咸丰二年（1852年）已有刻本，又何必此时才请人作序呢？因此，可以确定咸丰二年（1852年）付梓是不可能的。

---

① 柳成栋，宋抵编：《东北方志序跋辑录》，哈尔滨：哈尔滨工业大学出版社，1993年版，第35页。

二、《辽海志略》是望三益斋抄本

同治十三年（1874 年），吴棠将《辽海志略》序文收入其在四川成都刊刻的《望三益斋杂体文》卷三中，从《隋大令辽海志略叙》中可以看出，吴棠对此书的评价很高："夫吉甫之志，郡县致嫌简略；乐史之记，寰宇亦病繁芜。作志之难，闻诸往哲。"① 意思是说比起《辽海志略》来，《元和郡县图志》显得简略了，《太平寰宇记》又显得太繁杂琐碎了。《元和郡县图志》是中国现存最早的一部地理总志，为唐代元和名相李吉甫所撰。清初编写的《四库全书总目提要》说道："舆地图经、隋唐志所著录者，率散佚无存；其传于今者，惟此书为最古，其体例亦为最善，后来虽递相损益，无能出其范围。"认为这是编写的最好的一部。宋代乐史所著的《太平寰宇记》是继《元和郡县图志》之后的又一部采摭繁富的地理总志。阅览此书，可以收到"不下堂而知五土，不出户而观万邦"的效果。这两部书对后世方志著作影响很大，吴棠竟然说它们跟《辽海志略》比起来，还是有简略、繁杂琐碎之嫌，可以看出，吴棠对此书的肯定和重视。虽然古人作序有虚捧之嫌，但是吴棠对自己的属下根本不必阿谀奉承。既如此比较论述，《辽海志略》一定有其过人之处。

从上可知吴棠对此书是很重视的，而且《望三益斋杂体文》共收入吴棠给各类书籍所作的序文 34 篇，绝大多数书都由其望三益斋刊刻印行了，为何《辽海志略》没有刊刻呢？想来与刊刻费

①《清代诗文集汇编》编纂委员会编：《清代诗文集汇编·望三益斋诗文钞》，上海：上海古籍出版社，2010 年版，第 84 页。

用有关。如此 360 万字的皇皇巨著，刊刻费用自然不可小觑。而且版印与抄本历来为古代出版业的两种形式。因为古代是在木板上雕字来印刷，制版的工程量浩繁巨大。所以，对于《四书》《五经》等诸子学说，多作为学生课本，需求量大，制成一版后可多次再版印刷，制版费用就很低廉。如吴棠刻《杜诗镜铨》之后，就把雕版存于浣花草堂，留给后人再用。而对于社会需求量小又字数多的著作，多采用抄本的形式流传。如《四库全书》是集全国 360 多位高官、学者，耗时 13 年编成的丛书，共有 3500 多册书，7.9 万卷，3.6 万册，约 8 亿字。由于体量太大，也没有刊刻，只是集合了 3800 多人参加抄写，抄了 7 份，分别藏于紫禁城文渊阁、圆明园文源阁、沈阳文溯阁、承德文津阁、扬州文汇阁、镇江文宗阁和杭州文澜阁。

在望三益斋的出版业务中，也是以刻书和抄本两种形式流传的。因此，像《辽海志略》这样社会需求量小、制版工作量浩繁的作品，以抄本流传也是可以的。

又根据相关专家考据，已知《辽海志略》现存抄本有四：一为东方学会图书馆藏之全帙抄本 64 册，简称东方抄本，现藏台北市南港中央研究院历史语言研究所傅斯年图书馆，编入善本图书类。“抗战胜利后，中央研究院奉令成立北平图书史料整理处，接受北平人文科学研究所及东方事业总会等敌伪机构图书，史语所本可能即于当时入藏。”[①] 二为吉林省社会科学院图书馆藏 60 册，因其由奉天（沈阳）通志馆所抄，故称奉天抄本。三为南开大学图

① 邱彦贵：《记史语所傅斯年图书馆藏〈辽海志略〉》，《大陆杂志》，1991 年第 83 卷第 3 期。

书馆藏残卷5册。四为辽宁省图书馆藏残卷4册。奉天、史语所两抄本都用无格宣纸毛笔楷书抄录，都以64册分订，“史语所本”64册全，“奉天”本现存60册。《辽海志略》当年到底有多少抄本，目前还不能确定，留待专家继续考据。只从仅存的抄本来看，靠隋汝龄私人的力量也是不可能做到的。所以，吴棠既已作序，又收在文集中，而文集中所收的其他书籍的序文绝大多数是由望三益斋刻书出版的。推测吴棠不会对其出版之事不管不问，必定会有所举动，但是又由于其书的体量太大，制版费用昂贵，故以抄本形式流传是最好的选择。

三、《辽海志略》抄本的流传

关于《辽海志略》抄本的流传，在东北还有一些口述资料，涉及吴棠与李鸿章。今录如下：

其一是金毓黻采访刘雨田和日本松崎氏的记录。刘雨田居住在今大连市金州区普兰甸，离隋汝龄老家隋家屯只有七里路，对他家很熟悉。金毓黻《东北文献零拾》卷二中记录了刘雨田的话：“著辽海志略藏稿于家。李文忠公鸿章，与隋氏有同年之谊。公于隋氏卒后，向其遗族访得是稿，谓将以付刊，镌（携）以俱去。其后公卒，而未能付刊。隋氏之后人亦式微日甚，亦不复知求而返之矣。”书中还记录了一位日本人的话：“日本松崎氏亲得此书于北京。其言曰：‘前数年，赴北京购书，有人持此书介徐森玉先生求售，以四百元得之。盖即李文忠持去之稿也。’”①

① 金毓黻：《东北文献零拾·心史丛刊》（合订本），台北：华文书局，1969年版，第577—578页。

其二是从佩远、柴营两位学者认为吴棠给《辽海志略》作的序是推荐信。他们于1990年发表的《辽海志略奉天抄本述略》说:“同治二年(1863年)四月,漕运总督吴棠为出版《辽海志略》所写推荐信中说《辽海志略》一书‘例虽等乎别录,功实迈于土诵,敢矢一辞,俾附巨帙,请付梨枣,以待輶轩’。”①

其三是鲁继红、王峰两位学者也认为吴棠给《辽海志略》作的序是推荐信,并认可刘雨田的话,认为是李鸿章将该书稿携往北平。在他们于2008年发表的《辽海志略的流传与存佚》一文中两次说道:“咸丰二年(1852年)成书《辽海志略》,又将同治二年(1863年)四月,漕运总督吴棠所写的推荐信删节为诸序之一。”“为筹其刊行,吴棠写过推荐信,李鸿章携往北平。”②

归纳上述资料,主要有两种说法。第一种说法是认为《辽海志略》原稿在李鸿章手中,李鸿章将该书稿携往北平。刘雨田说是李鸿章向其后裔访求而得此稿,作者不认同。因为同治二年(1863年),隋汝龄在江苏做官、吴棠在清江任漕运总督,李鸿章是江苏巡抚兼统淮军,淮军在清江设有转运局。这三人见面的机会肯定不止一次,隋汝龄谋求出版,吴棠亲自作序,又帮助抄本流传,送一帙给李鸿章也是很有可能的。李鸿章直至去世都尚未退休,政事繁忙,如何会为一本书去遥远的大连寻访后裔取得书稿?再则徐森玉乃中国著名文物鉴定家、金石学家、版本学家、目录学家、文献学家。松崎氏自然是因为徐先生的推荐而

① 丛佩远,柴营:《辽海志略奉天抄本述略》,《文献》,1990年第1期,第134页。

② 鲁继红,王峰:《辽海志略的流传与存佚》,《社会科学战线》,2008年第11期,第107、111页。

购买了此书，后来藏在满铁大连图书馆。而李鸿章为什么不刊刻保藏而转以出售？是李鸿章后人所为还是仆人浑水摸鱼，可能只有徐森玉先生才能说得清。

第二种说法是吴棠为《辽海志略》所作的序是“推荐信”，鲁继红、王峰说：“隋汝龄将吴棠所写的推荐信删节为诸序之一。”作者也不敢苟同。因为吴棠生前亲自主持刊刻的《望三益斋杂体文》卷三中的《隋大令辽海志略叙》，与《辽海志略》抄本中的序内容完全相同，无一字差异，可知没有删节。而《隋大令辽海志略叙》也不是信件的格式。在没有见到更翔实的资料以前，不可认定吴棠所写的序是推荐信。

总之，吴棠与《辽海志略》有着密切的关系，除了帮助隋汝龄制作望三益斋抄本流传之外，还为《辽海志略》作序，又在序中高度评价该书。吴棠位高权重的特殊身份，使他的序言成为一种特殊形式的推崇，既提高了《辽海志略》的文化价值，也为《辽海志略》的保存、传播作出了贡献。吴棠望三益斋抄本虽然不多，但是其文化价值不可小觑。

第四节　达官刻书 经世致用

清代地方大员素有开幕府编书、刻书的传统。到了同治、光绪时期，发展为地方官书局刻书，取代了中央的内府刻书，成为晚清官刻的主流。近年学界研究者多说最早在幕府中庀局刊书的是胡林翼，随之而起的为曾国藩。实际上吴棠在刻书一途，不但刻得多，而且刻得早，更刻得好。

一是根据当时社会需求刊刻不同种类的书籍。吴棠身处咸丰、同治年间，太平天国首领洪秀全对儒家学说非常仇视，每到一处就会焚毁孔庙，孔子的书被称为妖书遭烧毁，好多名家藏书楼的藏书也全被毁了。“敢将孔孟横称妖，经史子集尽日烧”，以致东南数省士子无书可读。大乱过后，清朝政府批准江苏学政鲍源深的奏请，要求各地“将旧存学中书籍广为购补，并将列圣御纂钦定经史各书，先行重刊，颁发各学；并准书肆刷印，以广流传”。社会各阶层人士对书籍有着不同的需求，所以吴棠针对这些需求刊刻不同类别的书籍。如刊刻了《合刻（宋）程子朱子》《周易传义音训》一类经书和《史记》《汉书》等史籍满足士子的需要。吴棠从基层官员做起，直到封疆大吏，深知基层官员对于学习理政经验的渴求。于是，他刊刻《图民录》《汪龙庄遗书》《教谕语》等一些官箴书发给基层官员，让其学习这些良吏处理政事的经验，培养他们为民办实事的情怀；还刊刻一些《崇实书院课艺》《诂经精舍文续集》《望三益斋塾课》等让书院学子学习。

二是集部书、丛书以乡人、宦游地人的著作为多。吴棠刻书始自咸丰五年（1855年），第一本书就是故乡盱眙县的文人王效成的《伊蒿室集》。后来又刊刻了泗州杨殿邦的《莱香小圃诗集》、灵璧县张锡嵘撰的《张敬堂太史遗书》。同治六年（1867年），吴棠为盱眙乡贤毛藻刊刻了《客山堂稿》。毛藻，字俟园，曾监理钟山书院，有名句“名须没世称才好，书到今生读已迟”。姚鼐、袁枚均对毛藻青睐有加。吴棠还亲自编辑了滁州和泗州（当时盱眙县属泗州）文化人的文集：《滁泗赋存》《椒陵赋抄》《滁泗赋存续刻》《盱眙吴氏赋存》，为家乡文献典籍的保存、传承作出贡献。

同治四年（1865年），吴棠在淮安刊刻了清初淮安考古金石家张弨的《张亟斋遗集》。为清河崇实书院山长钱振伦及其兄钱振常刊刻了《樊南文集补编笺注》《玉溪生年谱订误》两部书。

同治六年（1867年）以后，吴棠在福州刊刻了谢金銮《重刊泉漳治法论叙》、周亮工《闽小记》。

同治十一年（1872年）以后，吴棠在四川刊刻了杜甫著、杨伦笺注的《杜诗镜铨》，张溍的《读书堂杜工部文集注解》，魏了翁的《周礼折衷》《师友雅言》《鹤山文钞》，黄云鹄的《实其文斋文钞》等书籍。黄云鹄（1819—1898），字芸谷、翔云、缃芸，湖北蕲春县人，北宋黄庭坚的十七世孙，是中国近代民主革命家、辛亥革命先驱、著名语言文字学家黄侃之父。咸丰三年（1853年）进士，官至四川盐茶道二品大员。黄云鹄是晚清著名学者，一生著述甚丰，有多部著作传世，与吴棠关系密切，有诗唱和。曾于同治十年（1871年）为吴棠《望三益斋诗文钞》作序，为吴棠父亲吴洹作《诰封光禄大夫北山吴公传》，吴棠去世后作《吴勤惠公传》存于《续碑传集》。

吴棠以保存乡邦文献为目的的刻书，为文化的传承作出了贡献，同时对家乡及宦游地父老的热爱可见一斑。

三是所刻书籍具有较高的学术地位。吴棠望三益斋所刊刻的书籍，被称为“善椠”，知名度很高。这是因为吴棠认为藏书是为了读书，读书不如刻书，读书只能为自己和家族，刻书才可以惠及旁人。所以，他刻书不是为了赚钱，而是为了文化的传播。望三益斋刻本不偷工减料，刻写精美，制作优良。还有一个原因是他的周围集结了一帮文化人，如高均儒、丁晏、鲁一同等都是校勘大家和高手，缪荃孙、顾复初等人也是名满天下的版本目录学家和藏书家。这个团队对外交游广阔，尤其是与桐城派文人的来往密切，为吴棠刻书提供了具有很高学术价值的底本，校勘时又认真负责，所以使吴棠的望三益斋刻本在出版史上具有一定的学术地位。

第七章 ‖ 享盛誉者谤亦随

——吴棠与慈禧

第一节 始作俑者 编造流言

在当今中国，说起四川总督吴棠，很多人都不知道。但是只要说是给慈禧太后送银子的清河知县吴棠，就会有人说："知道，知道，你说的是他呀。"在吴棠长期任职的淮安、成都及故乡皖东一带，还流传着吴棠是靠给慈禧太后送银子而升官的故事。那么，事实真相到底是怎么样的呢？这桩根本不存在的事为何以讹传讹，渐渐衍变成有故事情节的传说，甚至流传甚广呢？笔者梳理历史资料得知，先是有慈禧父亲贫死官守的流言，然后有吴棠误送银子的故事。这些故事的始作俑者是谁？故事中的送银人为何指向吴棠而不是别人？又为何流传得如此广泛？本文将以翔实的历史资料为读者揭开这个谜。

慈禧太后叶赫那拉氏，安徽宁池太广道惠征之女，出身于满洲镶蓝旗。咸丰十一年（1861 年），因慈禧晋封圣母皇太后而被抬入镶黄旗。慈禧垂帘听政，执掌晚清政事 48 年。辛亥革命后，出版了很多关于慈禧太后的书籍，大多是嘲讽一类的作品。有的还涉及其家族身世，说其父病死，回京无资，幸得有官赠银方能回京便是一例。

一、慈禧之父病死官守的流言

关于慈禧之父病死官守，最初的流言是："慈禧太后之父，殁于安徽宁国府任。遗寡妇孤子女，贫甚，几无以自存。回京无资，势将行乞。忽有一官赠川资于其友者，误送于慈禧之舟。其人因见慈禧家人困苦流离之状，生怜悯之心，遂举以赠之。其后二十五年，慈禧太后当国垂帘。此官陛见时，慈禧太后忆起往年之事。命之起，称谢昔日之惠云云。"[①]这些早期的流言主要有以下几点：一是说慈禧父亲早死，家庭经济非常困难，没有能力回老家，几近乞讨。二是说有一官员本来是给朋友送钱，却误送到慈禧母女所乘之船，本应讨回，因这位官员善良，可怜慈禧家人贫苦无依，就将银子赠送，为慈禧解了燃眉之急。三是说慈禧掌握大权后，当年赠银子的官员进宫拜见，慈禧回忆起当年的事，当面称谢。这些流言，只是故事的梗概，对于慈禧只说其出身贫寒，并未说其后来挟私恩越级提拔此官。对于赠银子的官员非但没有直言官员的姓名，也没有诋毁之言，反而赞扬其热心济困。

二、流言的杜撰及散布者是某郡王

关于上述流言的来源，英国濮兰德、白克好司著《慈禧外纪》

①（英）濮兰德、白克好司著，陈冷汰译：《慈禧外纪》，沈阳：辽沈书社，1994年版，第5页。

对上述内容进行了说明，指出“一时诽诋之论议”的由来：“盖有一满员穷死于官守，因附会于慈禧太后之父。闻此满员死时，慈禧家属已入都矣。某郡王所以为此言者，因一千八百七十四年即同治十三年，冀立其子，为慈禧太后所抑，颇怀怨望之心耳。”①

而某郡王为何人？考同治十三年（1874年），同治皇帝病重，无嗣，需从皇室宗亲中选立皇嗣。如为同治皇帝立嗣，则近支宗室内仅有溥伦一人，乃爱新觉罗·载治的儿子。载治（1839—1880），原为清乾隆帝第十一子成亲王爱新觉罗·永瑆的曾孙，咸丰四年（1854年）十二月奉旨过继给道光皇帝的长子奕纬为嗣，授多罗贝勒。咸丰十年（1860年）正月初一，为庆祝咸丰皇帝三十岁生日，为近支宗室晋封爵位，“念推恩之序，首重亲亲，贝勒载治著加恩赏加郡王衔”。溥伦是载治的第四子，如果立溥伦为帝，会产生两个问题：一是慈禧将变成太皇太后，不能再垂帘听政；二是载治是过继的嗣子，家族血缘较远，惇亲王、恭亲王等道光皇帝的皇子们对此表示担忧。于是，聪明的慈禧太后将皇位继承问题，由为同治皇帝立嗣转为给咸丰皇帝立嗣，既使载治的儿子溥伦失去了继承皇位的可能，避免了惇亲王、恭亲王等道光皇帝的皇子们的担忧，又可扩大候选

①（英）濮兰德、白克好司著，陈冷汰译：《慈禧外纪》，沈阳：辽沈书社，1994年版，第6页。

人的范围，还可以继续垂帘听政。为咸丰皇帝立嗣，最先被考虑的人选由溥伦变为恭亲王长子载澂、次子载滢和醇亲王第二子载湉。最终，慈禧选择了与自己关系更近的醇亲王第二子载湉（其母是慈禧妹妹）。

在同治十三年（1874 年）涉及皇位的几个候选人的父亲中只有载治是加郡王衔的多罗贝勒，视同郡王。载治因儿子未能继承同治皇帝的皇位，对慈禧产生怨恨，借某一满员病死官守，家属贫穷无力回乡之事，散布谣言，说病死的满族官员是慈禧之父惠征。恰好惠征既是满人，又病死外乡，更增加了可信度。不过，载治只说："忽有一官赠川资于其友者，误送于慈禧之舟。其人因见慈禧家人困苦流离之状，生怜悯之心，遂举以赠之。"[①]一未说送银人的姓名，二未说赠川资的数目，三未说慈禧公报私恩。《慈禧外纪》说："此言实未可信。"[②]可见当时京中已有传闻，否则不会连外国人都知道了，《慈禧外纪》不但说出传闻的来源，还断然否定，也代表了当时的一些舆论向背。

第二节　恽君毓鼎　再加杜撰

吴棠送银事最早见于恽毓鼎著《崇陵传信录》，又称《光绪皇

①（英）濮兰德、白克好司著，陈冷汰译：《慈禧外纪》，沈阳：辽沈书社，1994 年版，第 5 页。

②（英）濮兰德、白克好司著，陈冷汰译：《慈禧外纪》，沈阳：辽沈书社，1994 年版，第 6 页。

帝外传》。因光绪皇帝陵为“崇陵”，所以称之为《崇陵传信录》。恽毓鼎说撰写该书的目的是“默思先帝生平遭际困厄，心酸鼻辛，欲制泪不禁涔涔被面矣。乃始反袂吮毫，举十九年所见所闻，纂为此录”。[①]

他怨恨慈禧太后幽禁光绪皇帝多年，遂将某郡王散布附会于慈禧太后之父事写入书中：“孝钦父任湖南副将，卒官。姊妹归丧，贫甚，几不能办装。舟过清江浦，时吴勤惠公棠宰清江。适有故人官副将者，丧舟亦舣河畔，勤惠致赙三百两（或传二千两，非也）。将命者误送孝钦舟，复命，勤惠怒，欲返璧。一幕客曰：‘闻舟中为满洲闺秀，入京选秀女，安知非贵人，姑结好焉，于公或有利。’勤惠从之，且登舟行吊。孝钦感之甚，以名刺置奁具中，语妹曰：‘吾姊妹他日倘得志，无忘此令也。’既而孝钦得入宫，被宠幸，诞穆宗；妹亦为醇贤亲王福晋，诞德宗。孝钦垂帘日，勤惠已任知府，累擢至方面，不数年督四川。勤惠实无他才能，言官屡劾之，皆不听。薨于位，易名曰惠，犹志前事也。”[②]

恽毓鼎像

比较《慈禧外纪》中某郡王的谣传，恽毓鼎的故事中又增加了一些细节。如：慈禧之父惠征由任职安徽宁国府变为湖南副将，“一官赠川资”变成吴勤惠公误送银子300两。“慈

①（清）恽毓鼎著：《崇陵传信录》，重庆：重庆出版社，1998年版，第1页。
②（清）恽毓鼎著：《崇陵传信录》，重庆：重庆出版社，1998年版，第6页。

禧太后忆起往年之事，命之起，称谢昔日之惠云云”变成了“勤惠实无他才能，言官屡劾之，皆不听”。甚至对吴棠的谥号“勤惠”也进行了附会，说是因当年施惠。这些细节的加入，使这个故事的完整性和可读性都得到增强。但是吴棠的谥号“勤惠”一词的出现说明流言或故事流传是在吴棠去世以后。那么真实的故事是怎样的呢？文献资料的记载可以证实恽毓鼎增加的细节纯属虚构，原有的官场传说使恽毓鼎获得故事梗概，个人杜撰使情节略显完整。恽毓鼎故事中细节的来源推测：

一、赠川资变成送银三百两

据《有关吴棠对慈禧太后微时有恩的传说不可信》一文的作者朱树谦先生认为，薛福成的《县令意外超迁之喜》中的“速赏我三百金”，则极有可能是恽毓鼎的“勤惠致赙三百两”的渊源。朱树谦说：“至于辑录的这则轶闻，很有可能被人理解为是在影射吴棠，因为吴棠也任过桃源知县，且又有超迁之说。而其中的信息资源也有可能被人借用。”[①] 作者认同这个观点，之所以说恽毓鼎的“勤惠致赙三百两”极可能与此有渊源，是因为薛福成曾与吴棠有些交集。薛福成，字叔耘，号庸盦。咸丰十年（1860年）春，薛福成与家人在苏北宝应县的东乡避难。同治四年（1865年），入曾国藩幕府，与黎庶昌、张裕钊、吴汝纶合称为“曾门四弟子”。按说薛福成曾在吴棠治下的苏北宝应县避难，居住了6年，又曾任曾国藩的幕僚7年，对吴棠应该比较了解。为何影射

① 朱树谦：《有关吴棠对慈禧太后微时有恩的传说不可信》，《扬州大学学报》（人文社会科学版），2009年第1期，第80页。

吴棠呢？想来薛福成于咸丰十年（1860年）来苏北的时候，吴棠正在淮徐道任上，经历过三次清河危机的战斗，吴棠已率团练将捻军和太平军拒于苏北境外，薛福成看到的苏北是已经处于稳定状态的景象，并不知吴棠曾经经历了怎样的铁血激战。又或者满腹经纶、踌躇满志的薛福成对吴棠未重用他而有牢骚。再加上曾国藩身为两江总督，却对吴棠治下的苏北地区始终不得染指而耿耿于怀，故平时与幕僚闲聊时对吴棠颇有微词。赵烈文在同治六年（1867年）五月十八日的日记中记载了曾国藩对吴棠的评价："吴仲仙殊愦愦。"[①] 愦愦本有"糊涂"之意，还加了一个"殊"字，即特别糊涂。主帅的态度自然会影响到幕僚，所以薛福成会有此态度。朱树谦先生说出了两个理由："而第一，恽氏熟悉薛福成的文字（恽毓鼎光绪二十三年十月十八日日记有云：'近今经济书，宜推薛叔耘先生《庸盦六种》为第一'）。第二，恽氏写下三百两后担心数额过大（因为那天吴棠送了两份礼），便虚置一语——'或传二千两，非也'来掩饰。如果真有人说吴棠致赙2000两，那天他就花了4000两，这岂不是天方夜谭。这说明恽毓鼎在加工此传闻时，原本没有具体钱数。"[②] 朱先生的这个论断很有道理。

薛福成像

① 赵烈文：《能静居日记》，转引自罗尔纲、王庆成主编：《中国近代史资料丛刊续编·太平天国（七）》，广西师范大学出版社，2004年版，第321页。
② 朱树谦：《有关吴棠对慈禧太后微时有恩的传说不可信》，《扬州大学学报》（人文社会科学版），2009年第1期，第80页。

二、一官变成吴棠的根源

载治散布的流言中只说了“一官”，并没有官员的姓名。为何恽毓鼎直接写成吴棠，而不是“王棠”“李棠”或其他人？

恽毓鼎（1862—1917），字薇孙，一字澄斋，河北大兴人，祖籍江苏常州。光绪十五年（1889年）考中进士，历任日讲起居注官，翰林院侍讲，国史馆协修、纂修、总纂、提调，文渊阁校理，咸安宫总裁，侍读学士，宪政研究所总办等职，担任晚清宫廷史官达19年，一直担任的是比较清寒的职位。恽毓鼎一生行事中，影响最大的是参瞿和参岑事件。光绪三十三年（1907年），他先上疏参劾军机大臣瞿鸿禨，致使瞿鸿禨被开缺回籍。同年他又上疏参劾两广总督岑春煊，致使“岑着开缺养病”。不到两个月的时间，连续扳倒两大重臣，使他名闻朝野。实际上，在这两起事件中，恽毓鼎只是受人指使，扮演了上层政治斗争中的小棋子角色。很多资料认为，恽毓鼎所上弹劾瞿鸿禨、岑春煊的奏折为杨士琦所拟，比如刘厚生《张謇传记》称：“恽毓鼎所上弹劾瞿鸿禨之奏折，系杨士琦手笔，以白银二万两购得恽毓鼎之具名。”[①]马叙伦《石屋余渖》记载：“项城（袁世凯）复召泗城杨士琦草奏劾善化（瞿鸿禨）……密缮封之，并封银票一万元，持与大兴恽毓鼎。”[②]胡思敬《国闻备乘》也称：“士琦拟一折……察廷臣中唯翰林侍读学士恽毓鼎热中而不甚得志，密召而告之曰：‘顷承庆邸意，拟

① 刘厚生编著：《张謇传记》，上海：上海书店出版社，1985年影印版，第150—151页。

② 马叙伦：《石屋余渖　石屋续渖》，太原：山西古籍出版社，1995年版，第36页。

一参折。公如愿上，藩司（布政使）可得也。’”[1]还有1907年6月21日《盛京时报》记载：“侍读恽毓鼎参劾瞿中堂一折，闻系农工商部侍郎杨士琦主稿。”[2]郭卫东先生在《论丁未政潮》一文中也认为恽毓鼎在这两起弹劾事件中，就是一个“枪手”。上述资料基本肯定了一个事实：恽毓鼎所上奏折秉承了庆（奕劻）袁（世凯）集团的意旨，系杨士琦构思和书写而成。

杨士琦像

杨士琦何许人？乃吴棠亲侄女婿。杨士琦（1862—1918），字杏城，安徽泗州人，是李鸿章的重要部属，后来成为袁世凯的幕僚和智囊。光绪三十二年（1906年）九月，袁世凯的责任内阁制度失败。杨士琦主动充当袁世凯排除异己瞿鸿禨、岑春煊阴谋的主角。奉袁世凯和庆亲王奕劻命，密调戊戌政变前的档案，以布政使之位和白银2万两贿赂恽毓鼎，使之弹劾瞿鸿禨、岑春煊。恽毓鼎接受指使，除了可以在经济上得到实惠以外，更打动他的应是杨士琦许诺的布政使之位。但直至清朝灭亡，此诺也未兑现，恽毓鼎难免会怨恨慈禧和杨士琦。杨士琦的祖父杨殿邦是吴棠的恩师，杨殿邦之子早死，遗下8个儿子，家境贫寒，吴棠扶助诸孙

①胡思敬：《国闻备乘》，转引自荣孟源、章伯锋主编：《近代稗海》（第一辑），成都：四川人民出版社，1985年版，第273页。

②《盛京时报》，1907年6月21日。

长成。并把次女嫁给杨士琦的长兄杨士燮，又做主将其兄吴检的女儿嫁给杨士琦，让其在滁州吴家瞻丰草堂结婚。吴棠与杨家的关系朝野尽知，故而恽毓鼎将一官写成一直呵护杨家又是亲戚的吴棠。写《崇陵传信录》既为光绪皇帝张目，又可顺便讽刺一下杨士琦的叔丈人吴棠以出气。同时，吴棠是安徽人，慈禧父亲在安徽做官，丧船北上必经清河，所以将一官写为吴棠编造起来似乎更合情合理。可做旁证的是，十二月二十四日这天，恽毓鼎在日记中写道："接端午帅信并洋千元（又密缄），又接杨濂（莲）帅百金。"[①] 这里的端午帅为端方，字午桥。杨濂帅则为杨士琦的哥哥杨士骧，字莲府。当时杨士骧正在署理直隶总督兼北洋大臣任上，他与袁世凯及庆亲王奕劻关系密切。从恽毓鼎接受杨士骧等人的金钱来看，似可以推测此时他与袁世凯和庆亲王奕劻乃至杨士琦关系匪浅，接受中间人杨士琦的贿赂与指使是很有可能的。

第三节　众多史料　揭示真相

一、慈禧没有机会接受馈赠

慈禧于咸丰二年(1852年)参加选秀，二月初六日，咸丰帝降旨，将其父惠征由山西归绥道调任安徽宁池太广道（驻地芜湖）。五

① 恽毓鼎著，史晓风整理：《恽毓鼎澄斋日记》，杭州：浙江古籍出版社，2004年版，第18页。

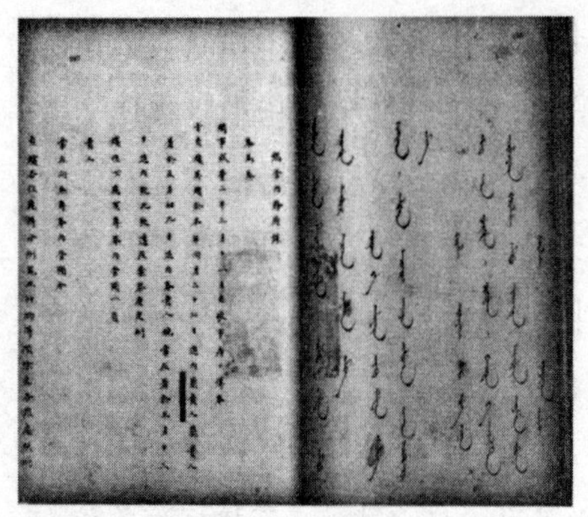
咸丰二年，传兰贵人（慈禧）的上谕

月初九日，慈禧入宫。有现藏于中国第一历史档案馆的《内务府·奏销档》记载慈禧入宫的内务府奏折为证：

“总管内务府谨奏，为奏闻事。咸丰二年（1852年）二月十一日由敬事房口传，奉旨：贞嫔、云嫔于本年四月二十七日进内，兰贵人、丽贵人著于五月初九日进内……钦此。”①“兰贵人”即后来的慈禧太后。可知惠征携同家眷赶往江南，七月到芜湖上任时，慈禧并没有随同家人南下。而慈禧自咸丰二年（1852年）入宫以后，一生并未涉足淮河以南，当然也就绝对不可能有扶父亲灵柩北上安葬途经清河一事。又如何能够接受吴棠的馈赠呢？

二、慈禧之父惠征没有任过副将

关于惠征的经历，俞炳坤先生借助中国第一历史档案馆所藏的档案，考证后认为：惠征生于嘉庆十年（1805年），原系镶蓝旗满洲人，咸丰十一年（1861年）十二月因慈禧而被抬入镶黄旗。监生出身。道光八年（1828年）到二十六年一直任吏部笔帖式。其后又任过吏部文选司主事、吏部验封司员外郎等职。二十九年二月京察一等，军机处记名，以道府用；闰四月任郎中，兼工部保源局监督，同月十七日外任山西归绥道。咸丰二年（1852年）二

① 中国第一历史档案馆藏：内务府《奏销档》，咸丰二年一至三月。

月初六日调任安徽宁池太广道，八月二十八日到任，驻芜湖。咸丰三年（1853年）三月，被开缺查处，六月初三日病死在江苏镇江府，终年49岁。[①]从上述简历中可以看出，惠征并未当过副将。他死在镇江时，慈禧已在一年前入宫。

三、慈禧家人不需要馈赠

咸丰三年（1853年）三月，芜湖被太平军攻占。惠征“携带饷银印信避至镇江”，作为临阵脱逃官员受到参劾，后被撤职，听候查办。惠征被罢官后惧怕不已，得了重病，于六月初三日病故于镇江。八月初九日，安徽巡抚李嘉端专门报告了前安徽宁池太广道惠征病故之事：“臣因前任安徽宁池太广道驻扎芜湖，于贼至时避居镇江附片参奏。闻该道有银五千余两，于家属避贼过泾县时寄存县库。……又据泾县禀称，该道将县库寄存银拨出一千三百五十两，赔还芜湖被劫关税尾项，余悉提出，并将该道信函呈验。惟该道函内声称，查明关税尾项系一千三百五十两，自应有簿籍可凭。”[②]可知，惠征携眷属逃离芜湖，途经泾县，除将一千三百五十两赔还芜湖被劫关税尾项外，离开泾县时身边带有近三千七百两银子。惠征去世后还会有赙赠银两，因此慈禧家人根本不存在“贫甚，几不能办装”的情形，也不需要受人接济方能返京，更不会为区区三百两银子而报恩终身。大量有关慈禧家世的材料，特别是其父惠征的经历都可以证明：慈禧祖上三代为官，均是四五品官员，其父惠征自入仕至开缺，其间始终担任

① 俞炳坤等著：《西太后》，北京：紫禁城出版社，1985年版，第22页。
② 中国第一历史档案馆藏：军机处《录副奏折》，农民运动类，第778卷。

实缺，且稳步升官加级，从未候补过。而且慈禧的母亲也是大家闺秀，其父惠显历任安徽按察使、驻藏大臣、工部左侍郎等职，是一位二品大员。因此，慈禧家人并不贫穷，根本不需要馈赠。

四、唯一的会面是在同治七年

同治七年（1868年）正月，吴棠正在闽浙总督任上，接到调任四川总督的圣旨后，请求进京陛见。这是吴棠唯一一次进入朝堂朝觐皇帝和慈禧太后。所以，此次会面是两人一生中唯一的一次见面。关于这次会面，《吴勤惠公年谱》中记载：“五月初三日，至都，恭诣宫门请安。初六日辰刻，召见。皇太后垂询病状，又询李鸿章剿捻事。是时，西捻张总愚由山右直趋河朔，蹂躏（山）东、直（隶）间，鸿章建就地圈贼之议，而直、东平原千里，无险可扼，屡奉严旨诘责。斯时，中外危疑，成局将隳。公奏言：‘李鸿章必能办贼，第时方盛夏，梁秫正茂，贼易潜匿，兵合则不足备贼溃窜，兵分则不足制贼死命。见兵力已疲，而贼势正盛，倘皇上能假以时日，蓄养兵力，转瞬秋获登场，郊野清静，则贼技无所逞，大兵四合，蹙贼于黄、运之间，必可肃清。’上嘉纳。”①从上述这段话可以知道，慈禧和吴棠见面时，同治皇帝也在。因吴棠在这之前曾因病请假一个月，所以，慈禧首先询问病状，应是人主对老臣的正常关怀。随后因吴棠曾剿捻多年，颇有战绩和经验，而李鸿章正值剿捻无功的时候，吴棠与李鸿章又同为安徽老乡，同在江苏做官，互相非常了解。故此慈禧向吴棠询问李鸿

① 陈庆年：《吴勤惠公年谱》，《近代史资料》总75号，北京：中国社会科学出版社，1989年版，第124页。

章剿捻的前景，以解当前之惑。吴棠认为李鸿章目前失利的原因是山东、直隶一带都是平原，又多种植高粱和玉米，便于捻军躲藏，不利于官军制敌。待到秋天，庄稼收割了，捻军就失去屏障，李鸿章定可成功。慈禧和同治皇帝采纳了吴棠的意见，后来事态的发展果然如吴棠预料的那样，未到两个月的时间，李鸿章就剿灭了这股捻军。整个会面，并没有如郡王载治散布的流言所说："此官陛见时，慈禧太后忆起往年之事。命之起，称谢昔日之惠云云。"

查遍史料，也没有发现慈禧曾到过淮河以南任何地方的记载，自然也包括淮安清河县。而吴棠一生中觐见慈禧和同治皇帝的机会只有同治七年（1868 年）这一次，既然连面都未见，那么慈禧如何接受馈赠？

第四节　君臣关系　从未偏袒

吴棠错送赙银 300 两给慈禧一事纯属子虚乌有，得慈禧报恩更是无稽之谈，其二人的关系就是正常的人主与臣属的关系。梳理一下自慈禧当政以后吴棠的晋升与从政经历，就可以清楚地看到，尽管吴棠因政绩卓著，忠心报主，成为清廷扶持的湘淮集团之外的另一种势力。但是，当他与清廷所倚重的其他大臣发生矛盾时，慈禧既没有鼎力支持吴棠，也没有报恩的事实。

一、慈禧执政之时，吴棠已是高官

咸丰十一年（1861年）十一月十一日，慈禧太后开始垂帘听政。此时，吴棠自道光二十四年（1844年）进入官场，已勤奋工作了17年，官至淮徐道兼理徐州知府，帮办江北团练和总兵田在田徐、宿军务，赏加按察使衔，从三品。在江淮之间率领团练与太平军、捻军苦战多年，功绩卓著，咸丰皇帝曾表彰“团练乡勇，甚得民心”。而此时的慈禧，尚是深宫一嫔妃——懿贵妃。咸丰十一年（1861年）七月十五日，咸丰帝在热河行宫病重。十六日，咸丰帝在烟波致爽殿寝宫，召见怡亲王载垣、郑亲王端华、肃顺等大臣。咸丰帝下谕：“立皇长子载淳为皇太子。”又谕：“著派载垣、端华、景寿、肃顺、穆荫、匡源、杜翰、焦祐瀛，尽心辅弼，赞襄一切政务。”这就是历史上著名的“顾命八大臣”或“赞襄政务八大臣”。

十七日清晨，咸丰帝病逝。懿贵妃即后来的慈禧太后，唯恐皇帝年幼，大臣专权，就迫不及待地揽权。她先授意御史董元醇上奏折，声称皇帝年幼，无法处理朝政，建议由两宫皇太后“垂帘听政”。八月十一日，就御史董元醇奏折所请，两宫皇太后召见八大臣。肃顺等以咸丰皇帝遗诏和祖制无皇太后垂帘听政旧事，拟旨驳斥。两宫皇太后与八位赞襄政务大臣激烈辩论，八大臣“哓哓置辩，已无人臣礼”。据史籍《越缦堂国事日记》记载：肃顺等人恣意咆哮，“声震殿陛，天子惊怖，至于涕泣，遗溺后衣”。小皇帝吓得尿了裤子，两宫太后也不让步，载垣、端华等负气不视事，相持数日，八大臣才如所拟。九月二十三日，大行皇帝梓宫由避暑山庄启驾，从承德启程返京师。咸丰十一年（1861年）九月三十日，两宫皇太后和恭亲王将载垣、端华、肃顺等革职拿问。又接连发出上谕，授恭亲王奕䜣为议政王，将皇帝年号“祺祥”改为“同治”，奉慈安皇太后、慈禧皇太后御养心殿垂帘听政。垂帘听政之所设在大内养心殿东间，同治皇帝御座后设一黄幔（初为黄屏，后慈禧嫌其碍眼而改为黄幔），慈安皇太后与慈禧皇太后并坐其后。

咸丰十一年（1861年）十一月二十六日，吴棠被提升为“江宁布政使兼署漕运总督”，进入封疆大吏的行列。这正是慈禧垂帘听政的15天之后。刚刚经历了丧夫之变，发动了宫廷政变的26岁少妇，可能连吴棠在何处为何官都没有弄清楚，即使吴棠于她家有恩，此时此刻也不会有心思来报恩。面对复杂多变的政治形势，她首先需要做的并不是提拔吴棠，而是采取各种措施以稳定政局并巩固统治。吴棠的晋升应是咸丰皇帝生前就安排的一项任命，或是朝廷的一项正常工作，因为吴棠的前任王梦龄就是从淮徐道升任漕运总督的。所以吴棠从淮徐道升任漕运总督，顺理成章，不存在超擢嫌疑，并非慈禧在起作用。而此后，吴棠由署漕运总督到实授，直到终老于四川总督任上，也并未获得特别提拔。

二、湘淮集团遏制吴棠，慈禧并未维护

咸丰、同治年间，晚清政府和地方实力派湘淮集团之间存在着复杂而又微妙的政治关系。清廷想扶持吴棠成为湘淮集团之外的又一种势力。但是，很多事情都显现出慈禧对吴棠并没有鼎力支持。

吴棠忠于朝廷，守护江北 30 多个州县的平安，成功阻止了太平军与捻军的合围，为曾国藩专心攻打金陵、收复江南免去了后顾之忧。同治三年（1864 年），收复金陵之后，朝廷想从湘淮集团手中收回辖制两江重地的权力。九月，东捻军首领赖文光在湖北蕲水击毙清将石清吉，并将成大吉包围在蕲北。清政府急调曾国藩驰赴鄂、皖交界处救援。十月十三日，曾国藩接奉廷寄，令其交卸两江总督大印，带兵至皖、鄂交界剿捻，命李鸿章署两江总督，吴棠署江苏巡抚，富明阿署漕运总督 。吴棠自十一月初三日，派人把漕运总督关防等件由清江浦赴扬州交给江宁将军富明阿，启程赴苏州。曾国藩和李鸿章担心吴棠上任之后，会影响湘淮军饷在江苏的筹集。在吴棠到了苏州之后，李鸿章仍拖延不交江苏巡抚的大印。清廷面对曾国藩和李鸿章的这种态度，采取了妥协。于是又下旨，以湖北军情稍松为由，谕令曾国藩毋庸前赴皖省，李鸿章、吴棠、富明阿也毋庸递署各缺，均各回本任 。吴棠只好离开苏州回苏北，十一月二十日，一肚子委屈的吴棠回到漕运总督府。

同治四年(1865 年)九月，曾国藩任钦差大臣在徐州督兵剿捻，两江总督由李鸿章署任，清政府乘机下旨更换两江总督。初十日，朝廷颁下圣旨，让李鸿章亲自督带杨鼎勋等军，驰赴河洛一带扼要驻扎，将豫西股匪迅速扑灭。“吴棠办事认真，且在清淮驻守有

年，于军务亦能整顿，即著吴棠署理两江总督。其漕运总督印务，即交与李宗羲暂行署理。江苏巡抚与洋人交涉事件颇多，丁日昌籍隶粤东，熟悉洋务，以之署理江苏巡抚，可期胜任。”[①] 曾国藩和李鸿章消极抵抗，清廷又一次妥协，吴棠又没有能够得到两江总督之位。这一次，忠厚的吴棠再也忍不住一肚子的委屈，上奏折称病，委婉地表达了自己的不满。

同治五年（1866 年），吴棠接任左宗棠的闽浙总督之位。吴棠为了百姓休养生息，撤换了代理布政使周开锡，重用了更注重民生的布政使邓廷枏，改革了左宗棠的一些做法。吴棠的举措，触动了留在闽中的左宗棠的一些亲信的利益，因此与左宗棠、沈葆桢失和。其实吴棠与左宗棠等人并没有私人恩怨，只是由于施政理念不同。清廷一为重用正在剿捻的左宗棠，二为调和他们之间的关系，将吴棠调至四川，明显偏袒了左宗棠。

由上可知，尽管吴棠忠心耿耿，朝廷也有心提拔他以牵制湘淮集团，但是每到关键时刻，总是迁就曾国藩、李鸿章、左宗棠等人，吴棠总是受委屈的一方。

三、吴棠受弹劾时慈禧不曾包庇，还不止一次给予处分

吴棠被弹劾时，慈禧并没有不听，而是按照朝廷的章程派员查实，根据不同程度的问题加以处置。如同治五年（1866 年），吴棠治下的苏北清水潭决口，六月二十九日辰刻，清水潭以南的二坝南墙因漫水猛骤，遂致坍塌，带塌了正堤。该处居民于河水涨满时，多已迁移高邮县的高地，或就堤栏栖身，时当白昼，尚易

①《清实录·穆宗实录》卷 153，北京：中华书局，1987 年影印本，第 586 页。

趋避。吴棠先捐养廉银现钱2000串，并于军需项下筹挪4000串，急派扬州府知府孙恩寿等官员赶赴灾区，妥为抚恤。一面飞咨督臣、抚臣行司委员，前往勘灾赈济；一面紧急奏报朝廷，七月十四日圣旨下："……吴棠有督率之责，未能事先筹画，咎亦难辞，着交部议处。"[①]吴棠仅因负有督率之责就被交部议处，给予处分，而慈禧并未对他进行包庇或赦免。

同治八年（1869年），云贵总督刘岳昭弹劾吴棠赴四川任时，其仆从向属员索取馈赠，言官也弹劾吴棠部下道员钟峻等人"招摇包揽"，清廷命湖广总督李鸿章前往查察，李鸿章复奏称吴棠被诬告。尽管该事已被查清，起因在于吴棠整顿四川吏治，得罪人而遭谤，所谓"事出有因，查无实据"。而钟峻乃前任留在总督府的，并非吴棠亲聘，尽管如此，慈禧还是因任用黜革之人为幕友，而给予吴棠处分，于四年后才撤销处分。可见，慈禧对吴棠非但没有宠到"言官劾之，皆不听"的地步，而是不止一次地给予处分。

甚至连吴棠死后，慈禧也并未给予特殊待遇。光绪二年（1876年），吴棠去世，朝廷圣旨"应得恤典，该衙门察例具奏"，只是按照常规体例给予抚恤。一年以后，漕运总督文彬上奏，要求"将棠事迹宣付史馆，并于清淮、徐州各建专祠"。[②]五年以后，安徽巡抚裕禄、两江总督刘坤一上奏《盱眙县城，三界镇建专祠疏》，朝廷才允之。而朝廷对有些大臣逝世时就"事迹宣付史馆，立功地建祠"。如曾国藩去世，辍朝三日，追赠太傅，谥号"文正"，祀京

---

① 中国第一历史档案馆编：《咸丰同治两朝上谕档》，第16册，第182页。

② 王钟翰点校：《清史列传》卷53—56，北京：中华书局，1987年版，第4209页。

师昭忠、贤良祠，各省建立专祠。李鸿章去世，谥“文忠”，赐白银5000两治丧，在其原籍和立功省建祠10处，京师祠由地方官员定期祭祀。甚至连张之万、李鸿藻、丁宝桢、岑毓英、曾国荃、刘坤一等与吴棠同级别的人都“入祀京师贤良祠”，而吴棠并无此殊荣。

四、吴棠因勤政惠民得慈禧赏识

笔者认为，吴棠官至封疆大吏，主要是特殊历史条件下的时代际遇及其个人的素质与努力。

一是为官清正，守土有责，一生恪尽职守。关心民生疾苦，多次上疏要求减免百姓钱粮，修水利，赈济灾民，在一定程度上缓解了阶级矛盾。因而无论太平军还是捻军在他驻防的地区都得不到老百姓的响应，也一直没有真正染指该地区。他保持了江北地区（江苏、安徽两省交界的30多个县）20多年的安定，阻止了太平军与捻军的合围，这也是清廷重用他、提拔他的真正原因。

二是吴棠为人忠厚谨慎，善于与人相处。封建时代官场险恶，吴棠一生却履之如夷，这与他能忍、不争，忠厚待人，善于跟上司、同僚、下级相处有很大关系。他曾得到漕运总督杨殿邦的赏识，还曾在袁世凯的叔祖父袁甲三指挥下剿捻，袁对他“倍加信赖”，将手下悍将陈国瑞调拨到吴棠麾下，帮助吴棠在剿捻中屡立战功。他与李鸿章的友谊也使他在遭云贵总督刘岳昭弹劾时平安过关。甚至连一直不看好他的曾国藩也承认他“有服善受言之雅，而其自处亦无护前争胜之心”。

三是吴棠临大事，决大计，毅然任之，不为众挠。清朝政府腐败，太平军和捻军等各地民众起义风起云涌，八旗子弟已无战斗力。清廷中能打仗的将领很少，精明强干如曾国藩还“屡败屡战”，而吴棠每遇大事，稳打稳扎，几乎不打败仗，守土安民，被誉为“天下治平第一人”。

因此，在复杂的咸丰、同治年间的政治风云中，慈禧对吴棠很是赏识，为了遏制湘淮集团的势力，曾不止一次地想要提拔吴棠署理江苏巡抚和两江总督等重要职务，皆因曾国藩等人反对而未能成功。面对这样的处境，吴棠仍然顾全大局，鞠躬尽瘁。

第五节　文字传播 众口铄金

关于吴棠传闻的不可信，之前俞炳坤、杨荫南、贡发芹、朱树谦、顾建娣等先生都有文章论说，他们分别引用了很多事例来论证传闻的不可信。对为何送银人是吴棠而不是其他人，顾建娣博士有四点看法：“第一，吴棠有机会对惠征有恩，时间上有这个可能。惠征病死于咸丰三年（1853年）六月初三日，惠征家属扶柩北上经过清江浦时吴棠正好还在任上。第二，地域上吴棠是安徽盱眙人，惠征也在安徽任职过，而且吴棠任职的清淮离惠征任职的芜湖不远，二人算有地缘关系。第三，吴棠的影响有限。科举制度下，一个人的影响力的辐射范围涉及三个层次：一是家族的交往圈子，包括亲朋故旧等等；二是读书应试过程中的师友圈子，包括座师、房师、同年等等；三是为官后的宦海圈子，包括上下左右的官员、幕僚等等。吴棠出身寒门，仅为举人大挑，在人际关系的圈子上首先就比世家子、进士等人缩小了很多。为官后长期驻在一地，朝廷内外缺少奥援，世人对他的了解比之于对曾、左、李，就少得多了。且吴棠死得早，身后缺乏有影响力的群体支撑。……作为从底层攀上高位的官员，比较容易成为别人中伤的靶子。第四，吴棠的谥号引发联想。吴棠谥‘勤惠’，慈禧父名‘惠征’，由此将两者拉到一起。再加上前面的几种可能，遂衍生出一段传闻。”①

作者认为，关于此传闻形成的原因，顾博士所说的这四点很有道理。而吴棠亲侄婿杨士琦与恽毓鼎交恶，导致吴棠受牵连无端被诬，更是一个重要的原因。朱树谦先生还发现在恽毓鼎《崇陵传信录》手稿中，有几处修改。如“闻舟中为满洲闺秀”原为“闻舟中为满洲官眷属”，又如“以名刺置奁具中”一语为后加的，再如“或传副将尝系狱”中的“副将”二字是后改的，原为“孝钦父”。②这说明，恽氏在撰写时并无他人直接的文字依据，只是转述流言（其中包括自己的想象），而不是转录。欧阳跃峰先生在《恽毓鼎“崇陵传信录”辨误》一文中说：“详加考究，不难发现《崇陵传信录》错误颇多。我们绝不能把它们全部作为信史，据为立论的根据，我们在引用这些材料时，需要与其他材料互相印证，需要下一番去伪存真的功夫。”③可惜，恽毓鼎撰写的对吴棠不负责任的文字，成

① 顾建娣著：《吴棠与咸同政局》，北京：中国社会科学出版社，2014 年版，第 323 页。

② 朱树谦：《有关吴棠对慈禧太后微时有恩的传说不可信》，《扬州大学学报》（人文社会科学版），2009 年第 1 期，第 77 页。

③ 欧阳跃峰：《恽毓鼎“崇陵传信录”辨误》，《历史档案》，1990 年第 1 期，第 100 页。

为后世文学作品的祖本，对吴棠形象的贬损作用不能低估。

而对于此事广泛传播的原因，应是源于文学作品的传播作用和吴棠家人与亲戚的口耳相传渠道。在中国古代的传播渠道中，文学作品的传播力度首屈一指，其家族的口耳相传往往更容易让人相信。自清廷灭亡以来，吴棠故事的广泛流传主要有以下三个渠道。

一、借助慈禧身世故事流传

民国后，人们对当政 40 多年的慈禧多有微词，对其身世也很感兴趣。当时出版的关于慈禧的书籍很多，而接受吴棠银子，挟私报恩的故事往往被收入书中。如蔡东藩《清史演义》（1914 年）、《慈禧演义》（1918 年），小横香室主人《清代野史大观》（1915 年），沃丘仲子（费行简）《近代名人小传》（1918 年），粤东渔父《故宫外史》（1934 年），周询《蜀海丛谈》（1948 年），王皓沅《清宫十三朝》（1948 年）等著作转述、演绎，流传广泛。这些书籍的转载分为三类：一为原样转载，如《清史演义》等；二为善意演绎，如《蜀海丛谈》等；三为恶意中伤，如《近代名人小传》说吴棠“官蜀九年，富至三百万。珍异书画称是。穆宗恶之，而尼于后，无知如何也”。[①]暗示吴棠贪污致富，同治皇帝讨厌他，碍于慈禧太后又无可奈何。在戏说的

① 沃丘仲子著：《近代名人小传》，武汉：崇文书局，1918 年版，第 44 页。

基础上加进了个人情感，进行了重新创作，成为晚清以来刻意贬吴第一人。

二、当代文学作品传播，影响巨大

此类作品很多，如邵镜人《同光风云录》（1957年）、野岭伊人《慈禧太后》（2001年）、唐浩明《曾国藩》（2002年）、高阳《慈禧前传》（2004年）、戴文葆《射水纪闻》（2005年）等。这些文学作品中影响较大的有《同光风云录》《慈禧前传》和《曾国藩》。高阳的作品《慈禧全传》共有《慈禧前传》《玉座珠帘（上下）》《清宫外史（上下）》《母子君臣》《胭脂井（上下）》《瀛台落日（上下）》六卷十二本。《慈禧全传》名气大，流传广泛，曾被誉为“有华人的地方就有高阳的作品”。

《曾国藩》的作者唐浩明为了让吴棠给慈禧送银子这个故事更逼真，不惜改了慈禧父亲惠征去世的时间，将咸丰三年（1853年）改为咸丰元年（1851年）。大约是因为咸丰元年（1851年）慈禧尚未入宫，有机会由清河县北上。随着近几十年的曾国藩热，《曾国藩》一书多次再版，吴棠的故事也随之广泛流传。

1949年以后，吴棠给慈禧送银得以升官的故事在吴棠的故乡皖东地区、长期任职的苏北淮安、四川成都等地流传，渐渐演变成“吴棠给慈禧太后送银子而获得包庇、越级升官”的故事，并被收入《盱眙文史资料选辑》《淮阴文史资料》《嘉山文史》《安徽掌故》《安徽民间故事集成》等书中，抹黑了吴棠勤谨、仁惠、清廉的形象。

三、吴家后人和亲戚加入传播队伍

（一）吴棠家族中流传着吴棠送银事

2015年2月，北方文艺出版社出版了杨苡、赵蘅主编，李伶伶、王一心著的《五味人生：杨宪益传》，将恽毓鼎《崇陵传信录》中关于吴棠的传说原文，翻译成白话文写进书中。杨苡是吴棠女儿吴金蕙的孙女，可见吴棠的曾外孙女并不以给慈禧送银子为不光彩的事。

滁州的吴家后人中也流传着"吴棠送银子给慈禧太后，慈禧赐了滁州100间房子给吴家"的故事。2002年，吴棠侄玄孙吴绍赣、吴绍坪编纂的《盱眙吴氏孝敬堂家谱》的"人物简介"中，介绍吴检的重孙吴钟骧时说："在滁分慈禧太后所赐的100间房子时，钟骧在杭州工作，仿效其父，一纸放弃了祖屋继承权，后使绍赣（钟骧子）一家在滁无立锥之地。"

2004年7月27日上午，吴氏宗亲座谈会在滁州市琅琊区政协召开，他们提供了一个信息："吴棠当年曾送银子给慈禧太后，慈禧太后赐了100间房子给他（吴氏家族误传，实无其事）。"真实情况是，吴家在滁州确有100间以上的房子，一处是在西大街的"瞻丰草堂"，一处是在南谯北路的吴府，每处均有房数十间。但是一是建于同治三年（1864年），吴棠与吴检兄弟同居；一是建于同治末年，吴棠准备告老还乡居住，均不是慈禧所赐。

（二）吴棠亲戚撰文证明送银事

吴棠的亲家乃杨殿邦的独子杨鸿弼，其妻陈氏是江西新城

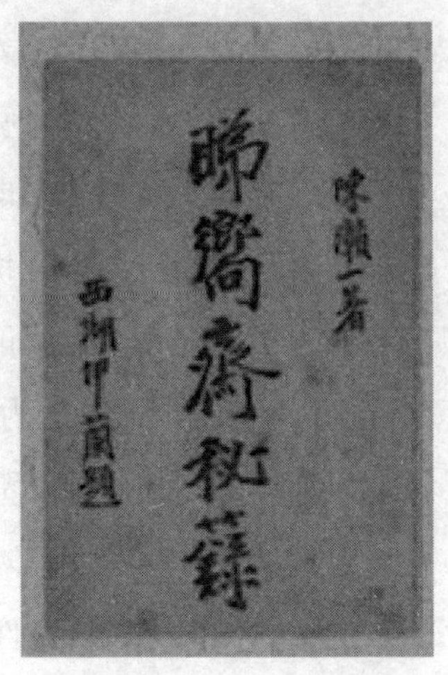

（今黎川）人，侄孙陈灨一（1892—1953），乃清末民初文人，字藻青，号甘簃，晚号半翁，别署颖川生、旁观客、睇向斋主，早年随吴棠次女吴金蕙夫妇一起生活，后来“长渡东瀛，留学日本”。民国初回国，由吴棠侄婿杨士琦援引，入袁世凯幕，负责文案。民国十四年（1925年），得张学良青睐，招致幕中，参与机要。民国十六年（1927年），入京师礼制馆。民国十七年（1928年），脱离政界，以写作、教读为生。著有《新语林》《睇向斋随笔》《睇向斋闻见录》《睇向斋秘录》《辛亥和议之秘史》《怀远录》《甘簃诗文集》《历史人物观》等。《睇向斋秘录》是以其书斋“睇向斋”为名。袁世凯次子袁克文曾为其书写匾额，并在匾后附识：“灨一姻长兄属题。甲子九月，袁克文。”尾钤“洹上袁克文印”朱文方印，“寒云千秋万岁”白文方印。“甲子”为1924年。因杨士燮的八弟杨士骢的儿子娶了袁克文的妹妹袁叔祯，故与陈灨一是亲戚，称之为姻长兄。

在民国十一年（1922年）出版的《睇向斋秘录》中，陈灨一在复述了吴棠送慈禧银两事以后，曾说：“近人笔记记兹事者甚多，而言人人殊；即赙银一端，亦多寡不同，昔尝以此问杨味春表伯，公曰：‘是皆隔靴搔痒之谈。’因为余述始末。公为勤惠东床，而亲闻诸勤惠者，其言之征信详尽，于此可见矣。”[①] 这段

① 陈赣一著：《睇向斋秘录》，上海：文明书局，1922年版，第18页。

话的意思是外人都说不清楚，杨味春是吴棠女婿，曾听吴棠说过，所以说的真实详尽。至于杨味春是否真的听吴棠说过，现在也无法查证。顾建娣博士认为：“即使是事实，吴棠是否会说也不确定。因为根据常理推断，吴棠在世时应该不会将自己的升迁归功于曾对慈禧有恩，否则显得自己无能；而且如果慈禧知道吴棠如此说，肯定会不高兴，甚至怨恨，因为那样等于是在卖弄交情，揭慈禧的短，而谁敢以那样的方式惹慈禧不高兴？因此，吴棠亲口说起此事的可能性应该没有。”[①] 考证陈灨一的目的就是想证明是实有其事，可见吴家的亲戚不但不否认这件事，还加入了渲染、炫耀、传播的行列。

综上所述，可以得知：吴棠送银事纯属杜撰。吴棠的成功完全是时代的际遇与个人的能力所致。慈禧父亲未任湖南副将，去世时家中不缺银两，不需接济；慈禧在其父去世前已经入宫，根本不可能在清河县接受吴棠银两，更不会为区区几百两银子而报恩；吴棠在慈禧垂帘听政时已是朝廷重臣，其后未获非正常提拔。在受到弹劾时也受到处分，未获得包庇。尤其是吴棠在与曾国藩、李鸿章、左宗棠等人发生矛盾时，受委屈的总是吴棠；在吴棠去世后，其谥号与立祠等也未获得特殊待遇。因此吴棠给慈禧送银事的起因，是郡王载治怨恨慈禧未能立其子为帝而制造流言。恽毓鼎怨恨慈禧和杨士琦，把流言写成信史。民国以来文学作品的转载和吴氏族人的炫耀，以及慈禧太后故事的流传，使得吴棠送银事广泛传播，致使吴棠形象受到损害。

① 顾建娣：《吴棠与慈禧传闻之再研究》，收入中国社会科学院近代史研究所：《中国社会科学院近代史研究所青年学术论坛》（2010 年卷），2011 年 12 月，第 5 页。

滁州文化丛书

CHUZHOU WENHUA CONGSHU

附录

吴棠故居背后的故事

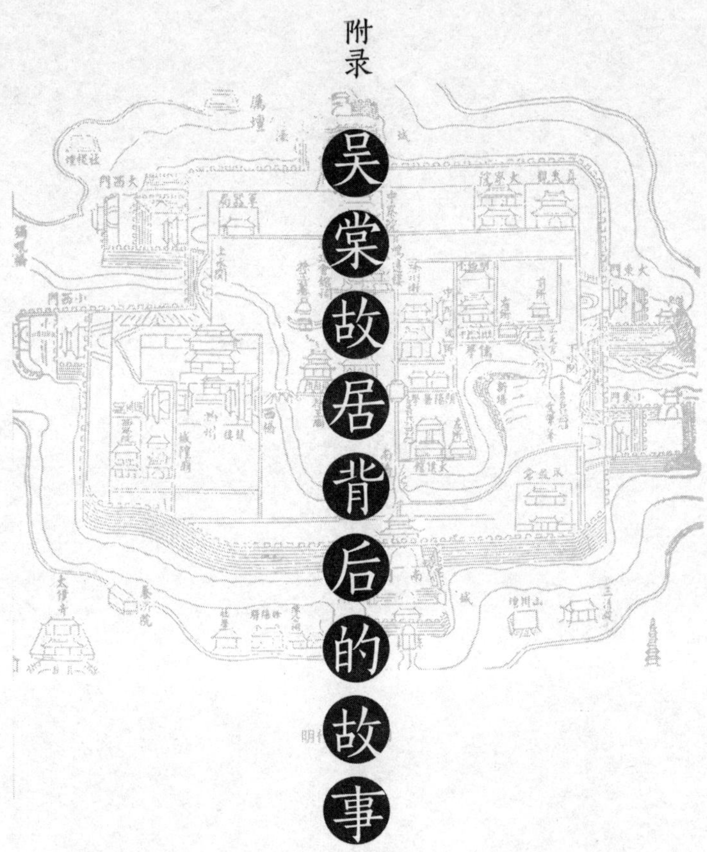

寻找吴棠在滁城的故居

吴棠故居重修并已完成布展工作，向世人开放。我作为16年前吴棠故居的发现者，心情非常激动。今日翻检旧物，发现当年的查找笔录，略作修改，以飨读者。

查找名人故居的专项工作

2003年年初，全国政协文史资料委员会组织了“名人故居的保护和纪念馆的建设”专题调研。10月22日至24日，安徽省政协文史委召开了“全省第七次政协文史工作会议”，会议决定由省政协文史委牵头、全省各级政协文史委协办，编辑出版《安徽名人故居》《安徽文史资料全书》。滁州市政协文史委也把这两个征编方案和“对全市的名人故居及文物保护情况进行调查视察”列入了2004年的工作要点。

2004年7月21日，市政协文史委召开了“查找名人故居”专题会议，各县、市、区分管文史的副主席和文史委主任都参加了会议。会上，市政协分管副主席何席章主持会议，文史委驻会副主任卜平布置了“查找名人故居并撰写相关文章”的工作。时任滁州市琅琊区政协副主席的我，也参加了会议。散会以后，我当即向琅琊区政协主席孙协作了汇报，得到他的支持，决定于7月23日先召开一个会议，把工作部署下去。

7月22日晚上，一想到第二天上午区政协要召开的这个会议，我就辗转反侧，无法入睡。为什么急成这样？其实我自1998年担任区政协副主席以来，大大小小的会主持过多次，一个十来个人的小会主持为何会急得睡不着？皆因此会是按照省、市政协文史委的要求，部署在琅琊区查找名人故居的工作。而根据我对本区的了解，古代名人故居基本不存在。由于琅琊区政协办公室工作人员非常少，所以没有设专职的文史委主任和工作人员，我于2000年驻会分管文史工作以后，一直是亲力亲为，所以对琅琊区的历史文化比较了解。琅琊区建于1992年底，辖区只有原县级滁州市的城区及两个涉农办事处。辖区面积小，可挖掘的史料少。而且滁州处在江淮之间，离南京只有一个小时的路程，历来是南京的外围防线，即一个古战场。战争的破坏较大，没有留下太多的古建筑。那么对不存在的东西如何去找？这项工作如何部署？作为主持会议的人能不急吗？

第二天一早，急急来到会议室，想着先把省里文件传达一下，再听听来开会同志的意见吧。恰巧此时，区地方志办公室的王珏先生来了，兴冲冲地说："徐主席，你这边通知开会，那边吴棠家就有人来找家了。"我一听"吴棠""找家"，哎，这怎么回事？急忙问道："吴棠是那个四川总督吗？他不是明光市的人吗？怎么到滁州来找家？"王珏回道："听吴老说，吴棠家早就搬到滁州了，好几代了。"吴老名吴炘，时年88岁，是滁州的一名热心文史工作的老教师，经常给我们提供线索。我拿起电话就给吴老打过去，问吴家来人的情况，吴老说："来人是从广西柳州来的，专门来找家的。她是个60多岁的老太太，天气太热，待不住，明天就要回去。”

我一听，高兴极了，真是山重水复疑无路，柳暗花明又一村。吴棠官居当朝一品四川总督，这不就是个名人吗？与参会同志协商后当即决定：今天的会议延期。我和王珏亲自陪吴家来人找家。

首访北大街吴公馆

吴家来的是柳州市水利局的一位工程师吴绍坪，是吴棠的侄玄孙女。她的高祖吴检是吴棠的哥哥，曾祖吴炳仁是吴棠的侄儿，曾著有《约园存稿》和《冰蚕剩稿》。从她的爷爷辈就离开滁州了，但是家人都很崇敬吴棠这位老叔祖，所以刚刚退休就来故乡寻找故居。

当天上午，我们冒着 38 度的高温，在吴炘老师的带领下，首先来到了位于北大街 25 号的吴家公馆。让我们失望的是原来五进的房子，由于乱搭建，已经被改造得面目全非，只剩下一小间房子、一口井还是原来的。尽管如此，我们还是很感兴趣，毕竟这曾是名人故居啊！幸好，吴绍坪帮我们找来了 1949 年以前的房主吴克僖的儿子吴绍华。他说 1952 年仲家油坊迁到这里，后来又被改为民居。住户的孩子长大了，房子不够住，就在院子里盖房子，一间连着一间，几乎看不出原来的样子了。热心的吴绍华又帮我们联系了他远在重庆的伯父——92 岁的吴克仪，吴克仪说：“这房子是吴德甫（吴炳经的字）所建，吴德甫不是吴棠的嫡裔，是他的族侄。吴棠在西门还有公馆。”

滁城的老城区面积不大，西门一带是古城区。于是，我们立即驱车赶往，找到了吴绍坪的堂弟吴绍宪。吴绍宪说：“西公馆原在西大街75号（原为64号，后为75号，1970年以后改为79—83号），就在二院的西侧，1995年已被拆除了。拆除后的门匾与石构件还保留在我家。”他还给我们看了门匾和石鼓等，门匾上的漆已经全部掉完，呈现出原木的颜色。门匾上有四个隶书大字，尚清晰可辨，乃是“瞻丰草堂”，落款是“潘慰祖书”。我们仔细查看了门匾，嘱咐他这是祖宗传下来的文物，一定要保护好。

出了吴绍宪的家，我们感到很扫兴，一连两处的失望，使我们下一步竟不知往何处去？吴炘老师提议，吴棠的墓和田在南谯区沙河镇，问问那里当年的佃户，也许会有线索。我觉得有理，就竭力挽留吴绍坪，让她和我们一起去沙河镇。

探访吴棠墓所在地沙河集

7月24日上午，我们通过南谯区政协联系了沙河镇领导。我和吴炘、吴绍坪、吴绍华一行来到沙河镇，镇上派了干事孙桂素同志陪同我们去吴棠墓的所在地——沙河镇东圩村山许村民组。我们先去看了吴棠墓，墓址在山许的龙山，远远看去，风景很美。走近一看，山上长满了杂草和灌木，由于少有人来，连路也没有。

孙干事和一位姓李的村民带着我们从荆棘丛中爬上龙山，来到吴棠墓前。那位姓李的老乡名叫李世才，是吴棠家佃户的后代。他介绍说：“‘文化大革命’中，红卫兵‘破四旧’，和沙河本地的人一起，挖了吴棠的墓。棺材板被生产队拿去在塘边搭跳板了。”我们发现吴棠墓被挖了一半，尚留坟圹半座。我们向李世才询问吴棠故居的事情，他说：“滁州的吴公馆不知道，龙山底下有一个吴公馆，住了十来个人，是为吴棠守墓的。”吴炘老师也介绍

2004 年，吴绍坪、吴绍华（右一）、吴炘（右二）陪同作者寻找吴棠墓地

说："我的爷爷吴大龙当年在沙河集镇上开粮行，吴家的田租收了以后在粮行卖了，供应守墓人的费用。" 李世才又带我们去看了吴公馆的遗址，现在成了一片稻田，唯一的痕迹是田埂上的一口井，似乎诉说着昔日的沧桑。

从沙河镇回来，依然没有线索。只好每天陪着吴绍坪在老城区的街巷穿行，深入吴氏族人家中采访。时值酷暑，38 度的高温

吴棠墓知情人、吴家佃户李世才（前中）

使人汗流浃背，88 岁的吴炘老师一直陪着我们满城地跑，一次也没落下。跑了两天，还是没有下落，大家有些急了。我安慰大家，再努力一次，多找些吴家的人来谈谈吧。

寻找吴棠故居南公馆

7 月 27 日上午，吴氏宗亲座谈会在琅琊区政协召开，参加的人有吴绍珠、吴绍华、吴绍坪、吴绍宪、吴至虎、吴至宏、吴至林、吴至婕等。吴氏宗亲提供了两个信息：一是吴棠当年曾送银子给慈禧太后，慈禧太后赐了 100 间房子给他（吴氏家族误传，实无其事）；二是吴棠有三个儿子，即吴炳采、吴炳祥、吴炳和。炳采 18 岁时去世，其妻王氏和吴炳祥的后人公望、公武一直居住在滁州。吴绍珠（吴棠侄玄孙女）介绍说：“人民电影院就是吴棠的家，孙子吴公望住在那里，他家的田在三界，新中国成立前公望的儿子吴克昶来收过租子。”吴至宏说：“我爷爷吴大斋（克字辈）就是代管公望家田的。”

吴绍珠（中）与吴绍坪（左二）等吴氏宗亲相会

正在开会之时，《滁州日报·晨刊》和《滁州广播电视报》的记者闻讯赶来，采访了我和吴氏宗亲。2004年7月30日，《滁州日报·晨刊》以“吴棠后人聚首滁城寻宗问祖”为题，向市民介绍了吴棠的情况。8月4日，《滁州广播电视报》登载了鲁仁道的文章《琅琊区政协挖掘历史文化遗存——首次发现清代名人故居墓葬》。一时间，滁城掀起吴棠热，很多市民打来电话，问情况的，提供线索的，还有关心我的老同志。

仔细想起来，我当时还真的犯了一个大错误。吴绍珠说人民电影院是吴棠家的时候，我想当然地认为既然已经拆掉改建电影院了，就没有必要再实地勘察了，差点就与吴棠故居错过了。

2004年，吴氏宗亲座谈会

当时得到的信息是北公馆被改造，西公馆被拆除，南公馆被改建，三个故居都不存在。吴绍坪失望地要回柳州了，行前为我留下了她自费印刷的吴棠亲侄吴炳仁的诗集《约园存稿》，和她在吴棠侄玄孙吴绍赣所修基础上编纂的《吴氏族谱》，还为我引荐了吴棠嫡玄孙吴绍彬先生。吴绍彬是吴棠的第三子吴炳和的曾孙，祖父吴增诃，父亲吴克炎。吴克炎抗战时赴重庆后失踪，母亲在吴绍彬三岁时去世。祖母张传经是桐城张廷玉的后人，1937年以后，他随祖母在桐城长大。1945年抗战胜利后才回到南公馆。1950年初到滁县人民银行工作。我初次与他接触的时候，他非常谨慎，推说一直在桐城，吴家的情况并不了解。反而是对张英、张廷玉父子宰相的事迹津津乐道。我反复把查找名人故居的意义和当前的政治形势分析给他听，并把我在光绪二十二年《滁州志》中找到的关于吴棠的材料提供给他。还告诉他吴棠对故乡很有感情，曾经在沙河集作战保卫滁州，从太平军叛将李昭寿（兆受）手中解救滁州。奏请朝廷豁免钱粮，捐银置屋办学，还牵头捐献银两重建醉翁亭等。最后，为了彻底打消他的顾虑，我甚至搬出了我的母亲。我父母都在税务局工作，20世纪60年代初，税务局曾与银行合并为大财经站，经常在一起政治学习。所以，我母亲不仅认识吴绍彬，还与他的堂妹吴绍珑很熟悉。吴绍彬见是熟人的孩子，才打开心扉与我交谈。可是，他也告诉我人民电影院是他的老家，我依然认为已经拆掉改成电影院了，查找故居的事情又陷入了死胡同。

2004年，吴棠嫡玄孙吴绍彬（左二）在吴府

吴棠是明光市老三界的人，为什么会在滁州有家，还是值得研究的。8月7日，我与明光市贡发芹先生联系，了解吴棠的资料，寻求支持。我又与市政协文史委副主任卜平联系，她告诉我，市政协已经找到了复旦大学校长章益的故居，南谯区政协在榴园有民

国教育部长杭立武故居。得知这些消息，我既高兴又感到压力倍增，遂加大了查找的力度。我不再走街串巷，转而寻找文献资料，以期从中查找故居的线索。我去市档案馆查找资料，在谢玲科长的帮助下，复印了汪雨相《嘉山县志稿》（手稿）。还找到了民国《琅琊山志》、原县级滁州市政协主编的《滁州史话》、1987 年出版的《滁州市文物志》、1998 年出版的《滁州市志》等，还从市文物管理所借来了民国初年出版的《清史稿》。晚上我就在灯下把搜集的资料一一翻检、审视。经过梳理，我逐渐可以确定，吴棠老三界的家被李昭寿焚毁，同治三年（1864 年），吴棠派其侄吴炳麒接管滁州后，在滁州建了新居，这应该是西公馆。光绪《滁州志》说："光绪元年，以疾致仕，家于滁城。" 1987 年出版的《滁州市文物志》中说其墓在"沙河集东圩"。这些文献资料都说明了不但吴棠故居在滁州，连死后也没有回老三界安葬。吴炳仁《约园存稿》中有："饥驱廿载困名场，负我瞻丰旧草堂。"吴绍宪家中保存的西公馆的门额上写的正是"瞻丰草堂"。由此可知，先建的是位于西大街 75 号的这栋房子。吴棠于同治十三年（1874 年），以病奏请开缺，朝廷不允，给假两月调养。时过一年，病已渐重，于光绪元年（1875 年）复请退休，乃获准允。此时吴棠和其兄吴检皆已儿女成群，尤其是吴检有 4 个儿子，其第二子便是吴炳仁，他有 11 个儿子、5 个女儿。西公馆已经住不下了。依此推测南公馆当为吴棠准备告老归田之时在滁州修建，过去建筑周期长，滁州新宅上百间房子短期内不可能建好，建筑年代当在同治十三年（1874 年），以病奏请开缺之前。虽然史料记载无误，可以确认吴棠故居在滁州，可是三个故居都没有遗存，实在让人遗憾。那段时间，我苦思冥想，总觉得不甘心。

发现吴棠故居的遗存

8月23日，吴绍华建议我再与吴克仪联系一下，于是我拨通了吴克仪的电话，他肯定地说："南公馆就在人民电影院那里，是吴棠自己建的。吴德甫一直是吴棠的得力管家，吴棠在淮安时，有时回来也住在北公馆。"当天下午，吴绍华又陪我去找了他的表哥王立仁（吴炳经的曾外孙）。这位92岁的老人文化修养很高，谈吐时思路非常清晰，对吴公馆的情况也很了解。他说："吴棠的房子在人民电影院那一片，房子很高大，很漂亮。中心街是东西向，为了房子门朝南，沿中心街做了一道木栅栏，进栅栏是一个大院子，沿院子北侧开了一个大门，后面是上房，还有很多房子，有100多间。南公馆的老太太（吴炳采之妻）是我们王家的姑娘，我妈妈吴汝琨（吴炳经的孙女）嫁到王家来，我妹妹王德华又嫁到吴家去（吴棠侄玄孙吴绍赣）。我们是亲上加亲。因而，小时候经常到南公馆玩，他家有幻灯片。"为了说清楚，他还用钢笔给我画了一张简图。

左一为王立仁

当天晚上，我又把手头的资料逐一梳理了一遍，发现《约园存稿》附录中有一段话，是吴绍赣"后悔一纸放弃了慈禧太后赐给吴棠的100间房子的继承权，以致在滁州无立锥之地”。吴家人都这样说，可是根据滁城晚清的街道布局来看，不可能有现成的100间房子赐给吴棠，一定是吴家自己建的。传说100间说明房子很多，虽然不一定刚好是100间，但数十间肯定是有的。西公馆、北公馆的占地面积都不是很大，最有可能的是南公馆。这时，我发现宁宗宪于1990年主编的《中国戏曲志·安徽省卷·滁县地区分卷》中记载：“滁县大戏院，坐落在滁城中心街，坐西面东。原址是清朝光绪年间四川巡抚（总督）吴棠（嘉山县人）的公馆，后因家道中落，卖于汪姓，名‘汪公馆’。1939年至1940年间，由日伪县长龚玺揆、区长孙光辉等在滁城商界摊派筹款而建成。原名‘荒兴大戏班（院）’，是为献媚日本驻滁城宣抚班班长‘荒井喜七郎’而起的。”1998年版的《滁州市志》中记载：“1937年，侵滁日军荒兴，将吴公馆加顶盖成大礼堂，建成荒兴大剧院。1950年，滁州军分区用作电影俱乐部。1952年，改为国营人民电影院，翻盖了放映大厅。”这两则资料很详细地记录了吴棠南公馆被改建成人民电影院的来龙去脉。可是《滁州市志》又记载：“（南谯北路）1972年和1985年，原宽4米的中心街两次拓宽至24米，拆除民房1万平方米。”南公馆到底被拆了多少呢？

我着急得睡不着觉，原来南公馆的房子这么多，怪不得吴家老人们说是100间。一个电影院用的是院子和堂屋等房子，那么其余的房子还在吗？好不容易熬到天亮，一大早急忙联系区政协文史委主任杨光和四牌楼居委会的吴萍主任。跑到人民电影院门前一看，旁边是一栋沿街的五层高楼——土产公司的门市部。心里一凉，难道都被拆掉了吗？正在这时，吴萍说后面还有房子，她带我们从电影院和土产公司门市部之间的空隙走了进去。一看，我们可乐坏了，原来这里还有一片老房子，约 20 来间。一部分是新华书店的职工宿舍，一部分是房产局的房子。我们从电影院的后墙所在地金刚巷，走到盐局巷，再回到南谯北路，沿着用条石砌的房子走了一圈，发现南从人民电影院，北到盐局巷，东到南谯北路，西至金刚巷，吴棠故居是一个长方形的建筑群。我马上派车接来了吴绍彬，他一看还有这么多的老房子，也很激动。他说："每次从这里经过，从马路上看到的是人民电影院和土产公司门市部，没想到这里还有这么多老房子。"他给我们指认了奶奶张传经 1949 年以后住过的房子。

8 月 25 日下午，我请来了滁州市文物管理所所长朱振文和卜平主任，请他们帮助确认一下。朱所长很有经验，立即确定是晚清的房子。

2004 年，吴棠故居俯瞰

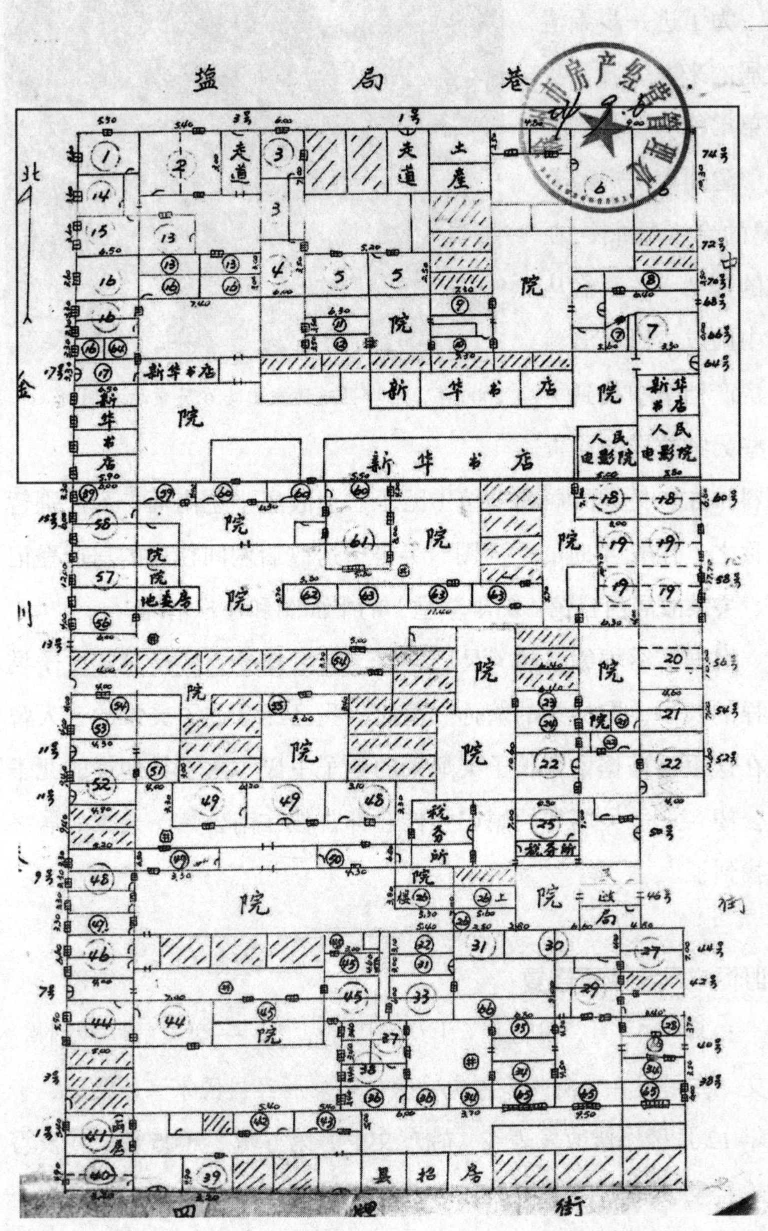

1960 年代的吴府平面图

为了进一步弄清故居的来龙去脉，我请弟弟徐勇帮忙联系了“滁州市房产经营处”的徐长秀所长，在她的帮助下，我们从新中国成立以来浩瀚的房产档案中找到了一些吴棠故居的珍贵资料。如：吴棠故居南公馆（因于三个故居中位南面，为区别暂且称之）1962 年时的平面图、吴公望房改后两间住房的房产登记表、吴棠故居西公馆（瞻丰草堂）的平面图和住户情况。

2006 年，琅琊区政协文史委在吴棠故居调研

根据吴绍坪编纂的《吴氏家谱》，可知吴公望是吴棠次子吴炳祥的长子，即吴棠的嫡孙。至此，我已经掌握了吴棠的亲人曾住在这里的证据，即长子吴炳采的妻子王氏、次子吴炳祥的儿子吴公望、三子吴炳和的媳妇张传经都曾住在南公馆，吴棠故居终于找到了。

呼吁促成吴棠故居修复

2004 年 10 月，我写了《山绕滁阳是故乡——吴棠故居在滁州》一文，先是发在《滁州广播电视报》上。后经吴氏宗亲传阅后，于当年 12 月稍作修改发表在《皖东文史》第五辑。2005 年，我撰写的《吴棠故居亟待保护》和卜平的《将吴棠、杭立武、章益三处名人故居列为市文物保护单位的建议》提案立案。2006 年 4 月，滁州市政府批准吴棠故居为市级文物保护单位。2007年我撰写的《吴棠及滁州南公馆》被收入《安徽文史资料全书·滁州卷》。2011年，我撰写的《吴棠故居》被收入全国政协主编的《名人故居博览·安徽卷》。

2013年，吴棠后裔捐献资料

2016年，时任滁州民进主委潘国安在滁州市政协全会上，作《加快名人故居修复，再现文化历史名城风貌》的大会发言。当年，吴棠故居规划修复工作启动。2017年6月23日开工建设，建筑面积约为960.78平方米，建筑高度为8.475米（马头墙高度），木结构，硬山顶，五架梁，含前厅、正厅、正堂、后廊、东西厢房等。2018年9月5日，吴棠故居修建完工。市文广新局聘请我为吴棠故居

2016年，吴棠故居修复前主梁

布展专家组成员。

吴棠研究是我1998年以来从事文史研究的第一个课题，是我所有研究课题中最后落地的，也是我退休前未完成的工作。自2004年发现吴棠故居，16年来，我与吴棠和吴棠故居结下了不解之缘。我把大量的精力放在呼吁故居的复建上，曾陪同历届市委主要领导、市政府领导、市政协领导视察故居，向他们介绍吴棠的事迹，呼吁复建故居的重要性。而在16年的吴棠研究中，对这位著名乡贤有了深入的了解，甚至感觉对其熟悉的程度如同家人。一位敦厚儒雅、勤政惠民、热爱家乡的晚清封疆大吏的形象经常出现在眼前。

故居建成了，我由衷地为市委、市政府和规划、建设、文化等相关部门所做的工作高兴，也为滁州从此多了一个传承古代文化的好去处、多了一个研究著名乡贤吴棠的平台、多了一个吴氏族人相聚的地方而高兴。我把16年来搜集的大量资料（包括吴棠亲自主

新修的吴棠故居（张辉摄）

持修的族谱、朝廷封赠其家人的圣旨等）、图片（吴棠唯一画像的石刻拓片、1967 年的吴棠故居照片以及重修前的平面图等大量照片等）都捐献出来，大部分被收入展厅之中。布展公司人员流动频繁，资料衔接出现问题，我多次为他们提供资料、修改文稿、整理图片。2020 年元旦，吴棠故居开馆，16 年的心血终于有了成果，吾心甚慰。

2019 年，吴棠后裔与宗亲相会在正在布展的吴府（汪宝来摄）

吴公望与秦《诅楚文》（元拓本）

2019年，吴棠故居的布展工作进入文物征集阶段。吴至诚先生为我提供了吴棠曾孙女、上海交通大学副教授、上海文史馆馆员吴克敏的一份手稿（电子档），内容一是吴克敏于1983年3月30日给上海文史馆办公室的回信，一是吴克敏撰写的《关于〈诅楚文〉(元至正中吴刊本)的简要说明》。从这些资料中，吴棠长孙、上海市文史馆馆员吴公望发现并保存战国石刻秦《诅楚文》(元拓本)的事迹呈现在眼前。1947年，郭沫若先生根据吴公望的藏品写出了《诅楚文考释》。

吴公望的生平及收藏

吴公望（1883—1975），名同远，字公望，号忍庵，室名望三益斋，盱眙县（今明光市）人。其父乃吴棠次子炳祥。生平未见详细记载，据王壮弘先生的《崇善楼笔记》，吴公望跋《曹真残碑并阴》文中有“余在京师十年”，落款为“癸亥孟春盱眙吴公望识于京师寓斋”。[①]民国癸亥年是1923年，已在京师十年，推算吴公望应是1913年入京的。《上海市文史馆馆员名录》说：“擅长碑帖古籍鉴定，曾任故宫博物院点查组组长、司法院图书室书记官。”

① 王壮弘著：《崇善楼笔记》，上海：上海书店出版社，2008年版，第64页。

吴公望的女儿吴克敏曾有《回忆徐森玉、沈仲章两先生》一文："听父亲说，徐伯伯和他是青年时代在北京琉璃厂书店里赏鉴碑帖字画时认识的。父亲一生只是个普通机关工作人员，研究碑帖是业余爱好；徐伯伯则名位日高，担任文物方面的要职。但他们的交谊并不因此而有所改变，徐伯伯待我们晚辈也亲如子侄。"[①] 徐伯伯即徐鸿宝，字森玉，曾任北京大学图书馆馆长、故宫博物院古物馆馆长、上海博物馆馆长、国务院文史馆副馆长等职。考徐森玉于1924年任故宫博物院古物馆馆长，很可能吴公望任点查组组长就在此年。

1933年，徐森玉主持故宫文物南运。1937年8月，七七事变后，故宫文物南迁，徐森玉率第一路由南京出发溯江至武汉，转由粤汉路到长沙。11月，沈仲章自北京秘密将珍贵的"居延汉简"抢救出京，滞留天津。徐森玉由长沙潜赴天津，前来接应。吴公望恰在此时也离开北平，欲到上海，因车船不通羁留天津英租界。有一天，吴克敏去清华校友会打听清华南迁的消息，准备觅伴，前去续学。恰遇见素未谋面的沈仲章先生，热心地问吴克敏有什么事，表示愿竭力相助，并说他是协助徐森玉先生南运古籍的。吴克敏回住所告诉父亲，吴公望惊喜地说徐森玉是他的老友，叫克敏快去问他的地址，以便前往拜访。吴克敏当即去问沈先生，托他转告。次日，沈仲章即陪同徐森玉来看吴公望。沈仲章从此与吴公望也成为了好友，后资助吴公望影印出版了秦《诅楚文》。由此可知吴公望是1937年离开北京到上海，入住陕西南路鸿安坊2号石库门房子，并在这里一直居住到1975年去世。

① 吴克敏：《回忆徐森玉、沈仲章两先生》（手稿），1988年。

吴公望是近代的碑帖专家，收藏研究过中国历史上的重要碑帖，鉴定过许多著名碑刻拓本。“工书法，偶有所见，率为小楷，学人之书，自具雅韵”。除了是兴趣爱好外，他还承袭了家族收藏。其祖父吴棠生前藏书甚富。凡是藏书人家，规矩都是“分家不分书”，如浙江宁波尚存的天一阁内，至今还张贴着“代不分书”。封建时代最讲究嫡庶之别，一般是长子嫡孙承袭家族衣钵。在其伯父吴炳采无子的情况下，长孙吴公望作为庶出吴炳祥的嫡子，负责保管祖父吴棠的藏书，并有“勤惠公孙”的藏书印。吴公望后来学有所成，擅长碑帖古籍鉴定，家有藏书万卷应该也是一大助力。可惜，抗战期间万卷藏书，为日寇付之一炬。吴棠族兄吴桐的曾孙吴克颐，字寿农，生于光绪十三年（1887 年），毕业于张之洞开办的江南高等实业学堂。

吴克颐是彭家木夫人夏淑芳的亲舅舅，素有文才。其诗稿《碎墨残红诗存》有《重过细柳巷口占》（1945）诗：

昔日藏书处，今为瓦砾场。
归来何所见，双井对斜阳。

（注：堂叔旧居有小万卷楼。藏书甚富，日寇付之一炬，惟后园水井二口尚存。①）

① 吴克颐：《碎墨残红诗存》，1985 年油印稿，第 9 页。吴绍坪提供。

1975 年，吴公望逝世，吴克颐又有《悼念公望大叔》诗：

九十年中几变迁，每思往事一凄然。
楼藏万卷成灰烬，堂对三山化劫烟。
少小相依蒙顾复，涓埃未报负云天。
竹林回忆增悲悼，东望春申涕泪涟。

可惜，万卷藏书不易搬动，吴公望自 1913 年已到北京工作，这个小万卷楼在哪里呢？吴公望与其父辈的房产在滁州老城区的中心街，是祖父吴棠所留，并没有被焚烧过。据查 1939 年至 1940 年间，曾有一部分被拆，由日伪县长龚玺揆、区长孙光辉建成荒兴大戏班（院），为献媚日本驻滁城宣抚班班长荒井喜七郎。吴棠同治三年（1864 年）曾在滁城西大街建有瞻丰草堂，原有 7 进，抗战期间日寇将最后两进焚毁。怀疑这里可能是小万卷楼的原址。此处地处滁城西隅，可以望见大丰山、小丰山、琅琊山，正符合“堂对三山”。但是吴克颐诗名为《重过细柳巷口占》，瞻丰草堂附近小巷是否曾有细

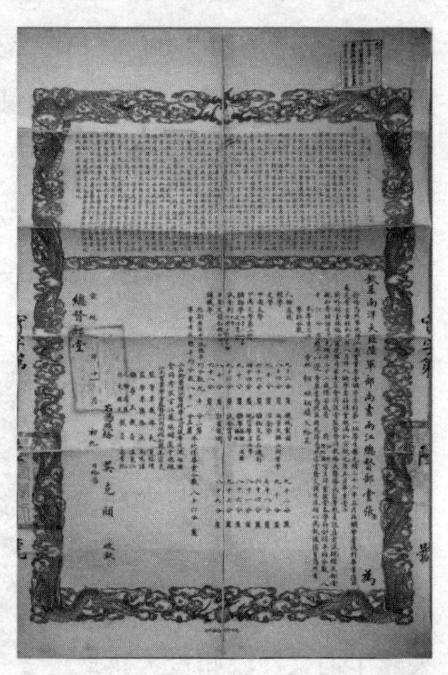

吴克颐晚清江南高等实业学堂毕业证（杨和提供）

柳之名，还待查。

吴公望与祖父吴棠一样，有多枚藏书印，即吴同远印、公望、勤惠公孙、望三益斋、盱眙吴氏藏书、盱眙吴氏望三益斋藏书之印等。书画碑帖审定时常有钤印："忍庵、公望鉴藏、盱眙吴同远公望父审定金石书画印记"，并常以"忍庵"题签。如嘉庆年间发现的初拓本《泰山刻石十字本》上就有"盱眙吴同远公望父审定印记""公望鉴藏"朱印。吴公望旧藏北齐《隽修罗碑》并《维摩经》乾嘉初拓本，封面也有"忍庵"署签。吴公望在一些碑帖上的跋文后往往以"吴同远印"隶书方印、"公望"大篆方章双印留痕。

吴公望与原配汪氏生有三个女儿克静、克婉、克娴和长子克斌；与继室李韵清生有两个女儿克敏、克宁和次子克昶。抗战中兵荒马乱，原籍老三界土匪众多，地租无法收取。据吴棠族侄吴炳经的曾外孙王立仁介绍："吴棠的两个孙子吴公望、吴公武回老三界查看田租，也被土匪绑票，后来赎了回来。滁州没人再敢到三界去，土匪太多。"①吴公望家有7个孩子，长子吴克斌曾在英国留学，费用昂贵。因而家庭生活困难，不

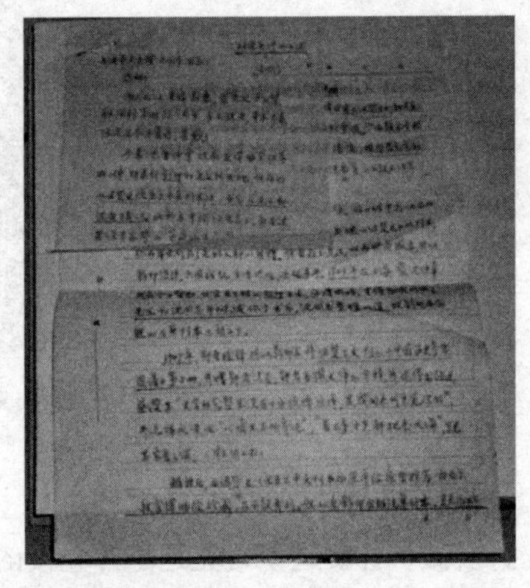

吴克敏手稿

① 滁州吴氏宗亲王立仁于2004年8月23日口述笔录，记录者徐茵。

得已将家中藏品出售。据吴克敏说："抗战期间，我家生活困难，全靠变卖我父亲旧藏的一些碑帖字画和我的微薄收入度日。"[①]1937年，吴公望已54岁，据吴克敏所说可知此后吴公望未再工作。为维持家计，家中所藏精品流失了不少。1949年以后，这些藏品散落于各地，被文物收藏家视为精品。著名的收藏家、书法家、文史专家周退密收得数种："予不识君，解放后却屡见君之藏品散落于冷摊中，曾收得数种，记有停云馆刻《唐林藻深慰帖》。有君长跋多段，视其名款为盱眙吴公望同愈（远），室名'望三益斋'。"[②]1988年，周退密任上海市文史馆馆员，发现吴公望"为同馆前辈，恨未及奉手与谈'黑老虎'也"。

吴公望与秦《诅楚文》（元拓本）

在中国历史上，春秋战国是思想和文化最为辉煌灿烂、群星闪烁的时代。这一时期出现了诸子百家彼此诘难、相互争鸣、盛况空前的学术局面，在中国思想发展史上占有重要的地位。可惜由于秦始皇大一统后，焚书坑儒，先秦留下的文化遗存就更加弥足珍贵。

由于秦以前的古文字遗存，以钟鼎彝器的金文居多，而保存下来的石刻碑文极少，所以先秦时代属于秦文字的《诅楚文》尤显珍贵。《诅楚文》是战国时期秦国向神灵祈祷、诅咒楚国的文章。秦《诅楚文》石刻迄今为止只发现了三块，刻有秦王使宗祝在神前诅咒楚王的文章，分别是《告巫咸文》《告大神厥湫文》

① 吴克敏：《回忆徐森玉、沈仲章两先生》（手稿），1988年。
② 周退密：《文史馆感旧录》（二），载于《中国书画》，2011年第10期，第114页。

和《告亚驼文》。文辞相近，只是所祈求的神灵不同。《诅楚文》刻石一经出土，就受到了世人的重视。苏轼为之作诗，欧阳修为之考订。之后，又有黄庭坚、张先、叶适、范成大、赵明诚、董逌、方勺、姚宽、陈思、章樵等文人学者纷纷为之题咏、著录、注释和考证。

在古文字的发展史上，秦《诅楚文》石刻与石鼓文年代相去不远，字体上承西周金文，下启秦代小篆，在汉字字体演变史上占有重要的地位。但由于时代的变迁和战乱，三块石刻自南宋后皆不知下落（周伯琦语），原拓本也早已失传。世传《汝帖》《绛帖》等都只收入了一部分，且系二文合并或有删节。汝帖本《诅楚文》是北宋大观三年（1109 年）敷阳王寀摹勒于汝州（今河南临汝）的丛帖，共 12 卷。所刊《诅楚文》略有删节，共 213 字，亦合《巫咸》《厥湫》两本之文而成，现藏于北京故宫博物院。绛帖本《诅楚文》是北宋皇祐、嘉祐年间，潘师旦摹勒于绛州（今山西新绛）的丛帖，共 20 卷。所收共 348 字，盖合《巫咸》《厥湫》两本之文而成。拓本 26.4 × 15.2 厘米。1934 年容庚将《汝帖》《绛帖》收入《古石刻拾零》。

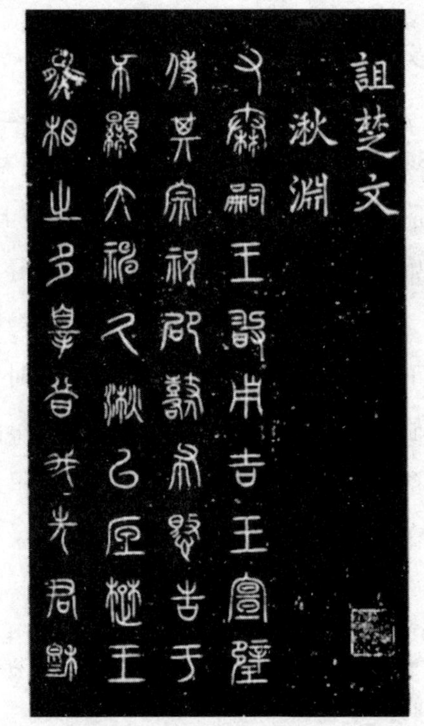

抗战前若干年，有一

天，吴公望在妹夫张孟嘉处，看到有待处理的一堆旧书画碑帖，发现有一件元至正中吴周伯琦跋的秦《诅楚文》复刻拓本。周伯琦（1298—1369），乃元代人，字伯温，号玉雪坡真逸，饶州人，博学工文章，而尤以篆、隶、真、草擅名当时。此本《诅楚文》三文分列，文字完整，吴公望见之不禁大喜。张孟嘉见他喜欢，就赠送与他。张孟嘉何许人也？为何如此慷慨？

张孟嘉，名恂，毕业于京师大学堂译学馆。工于绘事，曾为何香凝筹集仲恺学校经费作画。收藏也很丰富，与民国著名收藏鉴赏家、书画家张伯驹是好友，曾应张伯驹之请教其妾室潘素山水画。著名文物专家、清史专家、戏曲研究家朱家溍结识张伯驹，便是在张孟嘉先生的家里："孟嘉先生是一位画家，又是长我两辈的亲戚，他藏有一幅王烟客的《小岚图》轴，一个王石谷的青绿山水长卷。伯驹这次是来看这两件东西的。"[①]

张孟嘉出身河北丰润张家，是张佩纶的堂侄，张爱玲的堂伯父，吴公望是张爱玲的表姑父（其妻李韵清是张爱玲表姑）。[②]张孟嘉是世家之子，又是著名画家，所以有此《诅楚文》（元拓本）珍贵文物。又因张孟嘉夫人乃吴公望之妹，郎舅至亲，所以慷慨相赠。吴克敏在《关于〈诅楚文〉（元至正中吴刊本）的简要说明》

---

① 朱家溍著：《故宫退食录》（下），北京：紫禁城出版社，2009年版，第567页。

② 有作者cxag 2020年5月2日，在网络发帖《梅兰芳和他的高级智囊团》中说："郭民原、张孟嘉、张庚楼、言简斋、黄秋岳……此五位年纪略长于梅先生，他们多为世家子弟。比如张孟嘉为直隶丰润张佩纶之子（张佩纶系李鸿章之婿，马江之战时主福建军务），作家张爱玲之伯父。"此文写张孟嘉为张佩纶之子是错误的，张孟嘉实是张佩纶叔叔张印坦的孙子，张爱玲之堂伯父。吴公望继室李韵清是李鸿章的孙女、张爱玲奶奶李菊耦的侄女。因此吴公望是张爱玲的表姑父。

中说："先姑父即以相赠。"

吴公望将《诅楚文》（元拓本）带回，与徐森玉共同赏鉴。徐森玉叹为"海内孤本"，盛赞吴公望独具只眼、从故纸堆中抢救稀世珍品之功。尽管抗战期间，吴家生活困难，但始终珍藏这件《诅楚文》拓本。吴公望原和徐森玉商议把它影印传世，但苦于人力财力都不足，又因战乱，迁延多年。1944 年，沈仲章先生得知此事，慨然全力相助。不仅出资，还亲自觅工精印了百本《诅楚文》，分赠同好。由于沈先生的摄影、影印技术高超，此影印本几与原拓本不相上下。此影印本的封面由徐森玉题签："秦《诅楚文》（元至正中吴刊本）厥湫、亚驼、巫咸三本全。"并钤"徐鸿宝印"。《诅楚文》末尾还有吴公望和沈仲章的跋文，吴公望跋："丰润张孟嘉，举以相赠。徐森玉先生博雅嗜古典，余同好。见之叹为世间孤本。爰议影印，以公诸世而广其传。沈君仲章力赞其事，属工精印，三阅月而告成。因缀数语，用志珍导后之览者，当有真赏而不忽视之也。中华民国三十三年十二月一日，盱眙吴公望识。"并钤双印："吴

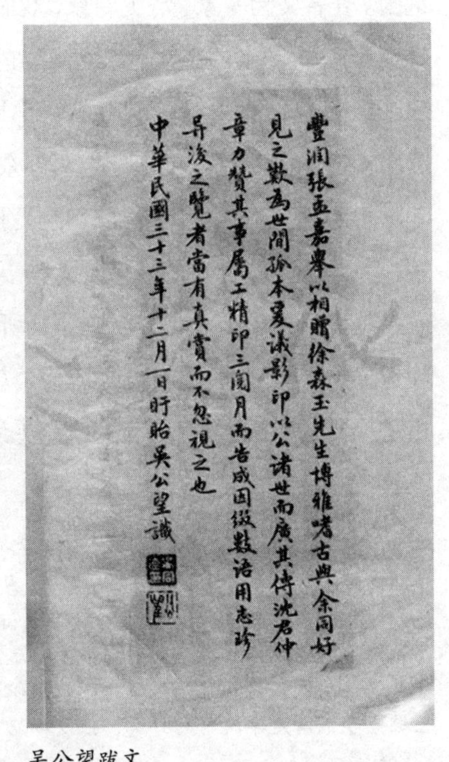
豐潤張孟嘉舉以相贈徐森玉先生博雅嗜古典余同好
見之歎為世間孤本爰議影印以公諸世而廣其傳沈君仲
章力贊其事屬工精印三閱月而告成因綴數語用志珍
异後之覽者當有真賞而不忽視之也
中華民國三十三年十二月一日盱眙吳公望識

吴公望跋文

同远印”“公望”。

影印本中除了《告巫咸文》《告大神厥湫文》和《告亚驼文》三篇文章的拓片外，书末附有欧阳修的《秦祀巫咸神文》（录自《集古录》）、苏子瞻的《诅楚文诗》、王鲁斋的《诅楚文辞》，还有元代周伯琦的《诅楚文音释》，文尾署“至正己亥九月望日左丞周伯琦伯温分省中吴识”。至正己亥乃元顺帝十九年（1359 年），宋代税安礼著《历代地理指掌图》以苏州（东吴）、常州（中吴）、湖州（西吴）三州为三吴，可知中吴乃是常州的故称。据此该本定为元至正中吴刊本。

1947 年 2 月，郑振铎将此本采入《中国历史参考图谱》第五册，出版后赠郭沫若。后郑又将影印本赠郭，郭据此于 1947 年作《诅楚文考释》。郭沫若在该书前言中说：“6 月 19 日，郑西谛先生托人送了五本《中国历史参考图谱》来，我真感谢他，使我在他的书里面得到了一个意外的收获。那是第五册所揭载的三种诅楚文，文字的完整且没有十分脱掉原样，是我向来所未见过的。我得到这项资料使我寂寞的心情又有所寄托，我差不多日夕都把来讽诵。出院后，我又得到西谛先生的来信，因为我曾经写信去请教，问他资料的来源，蒙他告诉我是采自 1944 年吴公望氏所影印的秦《诅楚文》（元正至中吴刊本）。这书据说只印了 200 部，我近年和考古工作疏远了，竟至不知有此事。”[①]1949 年以后，吴公望藏的秦《诅楚文》（元拓本）原件，经徐森玉推荐由故宫博物院珍藏，与石鼓并列。1953 年，徐森玉向上海市文史馆推荐吴公望之时，特别提及了他发现、保存《诅楚文》的事迹。8 月，吴公望被聘为上海市第一批文史馆员。

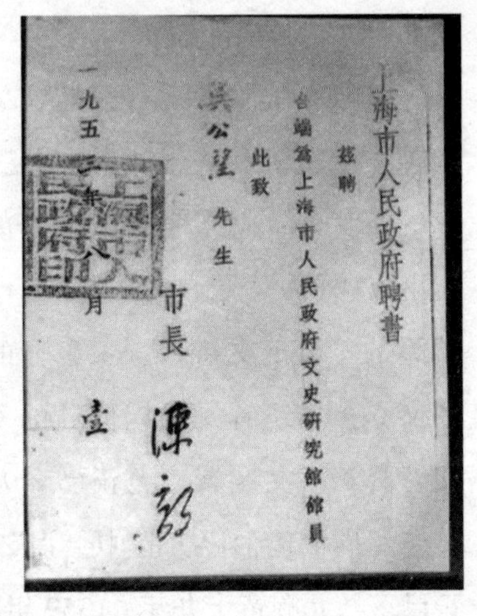
上海市人民政府聘書
茲聘
台端為上海市人民政府文史研究館館員
此致
吳公望 先生
市長 陳毅
一九五三年八月壹

由于影印本不多，郭文又从未单独出版，1982 年 10 月科学出版社出版郭沫若的《石鼓文研究 · 诅楚文考释》合刊本，印数也只有 4000 本，且书后未附原影印本中吴公望和沈仲章的两跋识。所以，《诅楚文》的藏主张孟嘉、发现并保存的吴公望、资助影印者沈仲章、封面题签及影印策划人徐森玉等人对此重要文献的传世之功，外界知者甚少。1966 年，吴公望卧病不能起，吴克敏终身未嫁，服侍父亲。吴公望于 1975 年去世，吴克敏自“文革”开始就不断遭受审查、批判乃至进入“牛棚”，吴公望家中藏品流失殆尽。1983 年，上海市文史馆办公室为举办建馆 30 周年纪念展览，写信给吴克敏，征集吴公望的文物。3 月 30 日，吴克敏回信：“1983 年 2 月 28 日来信敬悉。因先父吴公望有关资料实物，经‘文革’多已散失，寻求不易，故迟至今才复信，甚歉。今

① 郭沫若著：《石鼓文研究 · 诅楚文考释》，北京：科学出版社，1982 年版，第 277 页。

蒙沈老仲章扶病觅得仅存的一件，即其所影印的先父发现、保存的《诅楚文》（元至正中吴刊本）。书后有先父和沈老跋识，此刊本曾经徐老森玉、郭老沫若诸专家，誉为世间孤本，向所未见，此影印本亦颇难得，恐知者不多，故附简要说明，以备参考。”①

改革开放以后，随着人们对《诅楚文》的文学价值、史料价值和书法价值的认识越来越深刻，《诅楚文》（元至正中吴刊本）也成为专家研究《诅楚文》的最佳刊本。据郭沫若先生分析，中吴刊本虽然也并非原石原拓，但毕竟未经多次摹刻，因此，中吴刊本应该是目前所见到的最好摹本。台湾“中央研究院历史语言研究所”陈昭容研究员也认为，《绛贴》本初刻虽早，但绝非原石原拓，加上后代翻刻甚多，此本并非精品。而《汝贴》本疑自《绛贴》本删削节略而成，因此也并非最好的版本。元至正中吴刊本为三种版本中之最佳。周退密先生曾为吴公望撰有一联：“停云旧拓思林藻，翠墨高斋记雪泥。”表彰他为文化的传承作出的贡献。

① 见吴克敏给上海市文史馆办公室回信手稿。

孤本诗稿与革命志士吴增达

吴棠故居修建完工以后，开始了布展工作，其中重要的一项工作就是文物的征集。在征集吴棠亲侄儿吴炳仁九卷诗稿的过程中，一位被埋没 107 年的革命志士吴增达的事迹浮现出来。

吴炳仁像

吴增达是吴棠的侄孙、其兄吴检第二子炳仁的第七个儿子。因长房吴炳麒生有一子增倬，吴增达按家族排行第八，故人称八爷。

吴炳仁，字莼甫，号冰蚕老人。娶定远县程致庆之女为妻，生了五子一女。后来在淮安又先后娶了陈拂琴、庄倚琴为妾，吴增达乃陈拂琴所生。由于在诸兄弟中吴增达最为聪明活泼，“天资较胜诸兄弟”，因此很受吴炳仁宠爱。光绪二十八年（1902 年），吴增达年仅 20 岁，吴炳仁就为其捐纳了知县的头衔，并命其到日本读书。吴增达在日本接触了革命党，与家中不通音讯达 8 年之久。宣统二年（1910 年），他借口生了重病，向家里索要巨款作为革命经费。吴炳仁一则担心吴增达的身体，一则因为他要的钱金额过大，就派吴增达的七哥吴增诰和其妻弟王润孙，一同到日本接其回到国内。吴炳仁妹婿杨士琦的好朋友孙宝琦于宣统元年（1909 年）任山东巡抚，吴炳仁就托杨士琦安排吴增达到山东孙宝琦手下任职。孙宝琦，字慕韩，曾在李鸿章幕府与杨士琦共事，后来又一同被袁世凯延纳入府，共事多年，关系密切，因此对吴增达很为器重。吴炳仁在《冰蚕剩稿》中说："叠当优差"。可知孙宝琦对吴增达很不错，叠是重复，即不止一次重用他，并给予优厚的待遇。1911 年 10 月 10 日，武昌首义，辛亥革命爆发。1912 年 1 月 1 日，中华民国临时政府在南京成立。全国 18 行省共有 13 个省市宣布独立，孙宝琦也在山东宣布独立，但是后来又取消了独立，继续充当满清王朝的忠臣。吴增达对其很失望，回到南京。其时，吴炳仁已在南京煤灰堆 25 号建了一栋五进的房子以养老。吴增达不愿回家居住，也不与父母见面。他宁愿夫妻二人住到岳父家中，也不愿意住到宽敞的家里来，大约是想和封建遗老的父亲划清界限。吴炳仁看到最为喜爱、看重的儿子不回家，还避而不见，气愤难忍，但是又无可奈何，只好骂两声"孽障"出气。

第二年，也就是 1913 年 7 月，袁世凯对辛亥革命的成果大加掠夺。7 月 12 日，原江西都督李烈钧在孙中山的指示下，从上海回到江西，在湖口率先举事，正式宣布江西独立，并发表电告讨袁，"二次革命"爆发。14 日，黄兴由上海急赴南京，与程德全、章梓等人"会商"讨袁军事以响应"二次革命"，正式宣布江苏独立，成立讨袁军总司令部，黄兴自任司令。接着，由章士钊起草以江苏都督程德全、民政厅长应德闳和黄兴三人联名的讨袁通电，向全国发出。但程德全很快弃职，逃遁上海。随后安徽柏文蔚、上海陈其美、湖南谭延闿、福建许崇智和孙道仁、四川熊克武亦宣布独立。7月18日，陈炯明响应孙中山号召，宣布广东独立。

1913年7月22日，江苏讨袁军在徐州地区与冯国璋北洋第二军和张勋武卫前军会战失利，退守南京。7月28日，黄兴看到大局无望，遂离宁出走，讨袁军全军动摇。8月11日，何海鸣率南京第八师部分下级军官及士兵重新举旗讨袁，宣布恢复独立，2000多名士兵与北洋军展开血战。9月1日，张勋率武卫军攻克南京，各地宣布取消独立。孙中山、黄兴、陈其美等被通缉，相继逃亡日本，二次革命宣告失败。

二次革命是辛亥革命的继续和发展，也是辛亥革命最终失败的最后一幕，以孙中山、黄兴为首的资产阶级革命党人与北洋军阀袁世凯集团进行了一场激烈的斗争。在这场斗争中，革命党人中的下层军官作出了很多牺牲和贡献。吴增达为了给革命党筹集经费，不惜扮作强盗来抢劫自己的父母。从吴增达化装抢劫父母的时间上看，他很可能是为何海鸣部筹集军饷。今据吴炳仁《冰蚕剩稿》的记载和吴增达九弟吴增智的孙女吴绍坪转述吴家仆人“蒙面抢自家以充军饷”的故事，还原了吴增达抢劫的真相。

8月22日这一天，吴公馆门前忽然来了一群用锅底灰涂黑了脸的“土匪”，这些人中竟然还有女匪。他们进入吴宅以后，就把家里的财物洗劫一空。这时吴家只剩下女眷，吴炳仁在二次革命刚兴起的时候，就避入南京城内的红十字会里，然后安排在南京的六儿增厚、七儿增诰带着九儿增智、十儿增涛、十一儿增绥、十二儿增耆到城郊的湖熟镇避难。“土匪”好像对吴家的情况有所了解，特派女人来搜女眷的身。吴增达生母陈拂琴和庶母庄倚琴把金银首饰藏在内衣的口袋中，也被女“土匪”搜了出来。因家中没有男丁，一众女眷吓得失魂落魄，“土匪”肆无忌惮，把财物席卷而去。第二天，“土匪”又来了，找不到财物，要把家中积存的十多担大米全部拿走。这时，一直服侍吴增达长大的老佣人刘妪壮着胆子跪下来，哀求给家里留一点口粮。一个“土匪”粗声粗气地说：“不行，全部拿走。”刘妪忽然发现这个说话的“土匪”原来是自己服侍多年的八少爷，不禁放声大哭，求八少爷发发慈悲，不要对自己的父母太苛刻。家人本来被“土匪”吓得战战兢兢不敢抬头，听刘妪这么说仔细一看，才发现这群“土匪”中，竟然有八少奶奶王氏，还有吴家跟随吴增达多年的仆人吕福和刘贵。吴增达身份暴露以后，不但没有手软，还索性公开向生母和庶母索要家中的房产、田地的契据。陈拂琴一看“土匪”原来是亲生儿子，又气又急，说：“你难道不知道吗，家里的房契、地契什么时候我们女人管过？”吴增达也知道母亲和庶母不管家，于是就追问父亲的下落，并说要报告给都督和司令部，一起来索捐军饷。

自此以后，吴增达每日上门索要契据，求之不得便追问父亲的下落。一听撞门声，陈拂琴肝胆俱裂，百感交集。吴增达自然不用再伪装成“土匪”，少了锅底灰涂脸倒也省事。住在红十字会里的吴炳仁不敢回家，家中妇人不知契据下落，吴增达一时也没有办法。吴炳仁担心家中妇人，便托亲戚给吴增达带话，说正在筹措资金助饷，让其宽限数日。正在这对父子相持的时候，9 月 1 日，北洋军的张勋辫子军攻占南京。至此，二次革命在南京彻底失败，吴增达和王氏逃往山东。

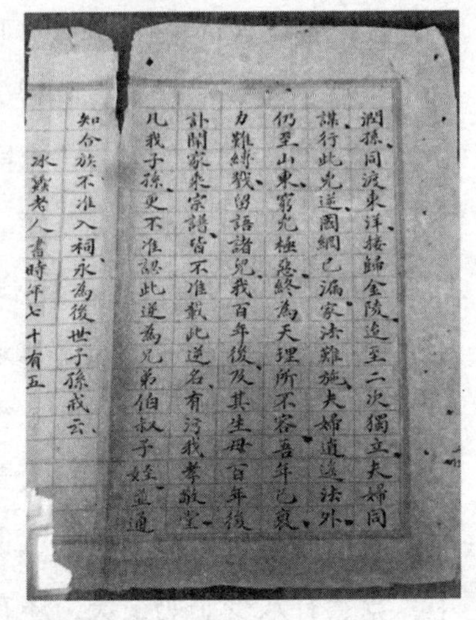

潤孫同渡東洋接歸金陵迨至二次獨立夫婦同
謀行此兇逆罔網已漏家法難施夫婦逍遙法外
仍至山東窮兇極惡終為天理所不容吾年已衰
力難縛戮留語諸兒我百年後及其生母百年後
訃聞家乘宗譜皆不准載此逆名有污我孝敬堂
凡我子孫更不准認此逆為兄弟伯叔子姪並通
知合族不准入祠永為後世子孫戒云
冰蠶老人書時年七十有五

吴炳仁诗稿中注文

吴炳仁回家以后，气得老泪纵横。陈拂琴因亲儿子装作土匪抢劫自家，在亲戚面前抬不起头，又担心逃跑在外的吴增达的安危，一时间，气愤、心疼，夹着说不出的难过，大病了一场。吴炳仁作为晚清遗老，对革命本就有抵触情绪，再加上亲生儿子来逼捐军饷，气愤难当，遂作《癸丑六月金陵围城书事附逆子叛亲四绝》，其中一首说：“古今叛逆不乏人，未闻乘危来逼亲。天下悍妇亦颇多，未闻同夫来逼婆。男枭女獍世罕睹，贼未入室儿先掳。劈箱掘地无敢阻，更逼衰翁无躲所。”并在诗后加了说明，在追述事件的发生后说：“每日撞门追索数次，其生母一闻撞门之声，心胆俱裂，向其泣涕婉言而道之，哀恳缓逼。仍追寻父躲藏何家？即报告伪都督及伪司令部，一并勒捐助饷。亲友不敢留住，恐有连累，又不敢归寓，盖归寓则有性命之忧。而密托亲友说项，暂避于红十字会所，始免于难。”从吴炳仁的诗和所附说明来看，虽然是吴增达为了革命而不得不采取的举动，但是对其父母家人的打击还是很大的。在此诗最后一首的末尾，老人还写下了这样的文字：“吾年已衰，力难缚戮。留语诸儿，我百年后，及其生母百年后。讣闻家乘宗谱，皆不准载此逆名，有污我孝敬堂。凡我子孙，更不准认此逆为兄弟伯叔子侄。并通知合族，不准入祠，永为后世子孙戒云。冰蚕老人书，时年七十有五。”

其后不久，陈拂琴就去世了。吴炳仁也于民国十年（1921 年）去世，享年 82 岁。吴增达自此与吴家不通音讯，而其父母去世时也没能通知于他。吴炳仁的诗稿《冰蚕剩稿》和《约园存稿》就留在了他最小的儿子十二爷增耆的手中。吴增耆 1924 年毕业于浙江大学电机工程系，先后辗转于福州、沈阳、杭州、株洲、重庆等城市的电厂或兵工厂做技术工作。1943 年到四川岷江电厂任工程师、总工程师。1952 年调往北京，从事《电力技术》刊物编辑，1962 年调水利电力部任职，从事技术论文翻译工作。1955 年被评为全国电力工业劳动模范，得到毛泽东主席的接见，并与毛主席合影。1956 年以后，因没有子女，经济上比较宽裕，他收养了九哥增智的孙女绍棠、孙子绍巩。1965 年，吴增耆与十哥增涛、四哥增翰之子钟骧相会于北京，写下了《吴公莼甫简史》。1985 年，吴增耆赴天津蓟县小住，得到侄孙吴绍巩单位之助，将吴炳仁的诗稿复印五份，并写作《诗稿复印缘起》。该文的落款有：吴增耆、吴克刚（十爷增涛长子）、吴绍赣（四爷增翰孙）、吴绍巩。吴增耆因年事已高，决定把吴炳仁诗稿《约园存稿》七卷和《冰蚕剩稿》二卷的原件交由吴绍赣的父亲钟骧保管。吴增耆自 1949 年以后对辛亥革命和二次革命有了新的认识，对八哥增达当年的举动也有了新的理解。他担心父亲在《冰蚕剩稿》中要把八哥逐出祠堂的遗嘱被后人得知，就把其中与此事有关的文字共 10 页裁了下来。这样，吴钟骧手中的《冰蚕剩稿》就缺了 10 页关于吴增达的内容。1990 年，晚年在杭州定居的吴增耆去世，一直守护他的侄孙女绍棠在收拾遗物时，发现了这 10 页诗稿。2003 年，吴绍棠的姐姐绍坪为

了完成叔祖出版吴炳仁诗稿的心愿，开始了诗稿的印刷工作。这时，吴绍棠把这10页诗稿的缺页交给了姐姐，让她自费印刷了一套完整的影印版《冰蚕剩稿》和《约园存稿》。

2004年，吴绍坪协助我找到了位于滁州市琅琊区的吴棠故居，并赠给我一套《冰蚕剩稿》《约园存稿》。2016年，吴棠故居吴府修建。2017年，吴棠故居开始布展，我被聘为专家组成员，开始了寻找布展实物的工作。吴绍坪告诉我吴炳仁诗稿的原件传给了吴钟骧的次子绍宁，绍宁去世后又传给了儿子凯庆，并为我提供了吴凯庆妹妹吴蓉的手机号码。2018年的夏天，我拨响了吴蓉的手机，也许是陌生区号所致，也许是当下尚有骗子诈骗，尽管吴绍坪已经向她介绍了我，最初吴蓉很可能对我是不信任的。所以，当我提出让他们捐出诗稿的时候，她直接拒绝了。我不死心，又给她打了电话，提出加微信沟通。吴蓉是个通情达理的人，爽快地加了我的微信。我把之前14年里对吴棠及其故居的研究成果都告诉了她，我搜集的图片中甚至有吴蓉的全家福照片。整整一天的交流，我们一会儿微信，一会儿电话，终于达成了共识。现在想起来，或许当时吴蓉是在看到我给她的全家福照片时，才确认我不是骗子的吧！吴蓉帮我联系了哥哥吴凯庆，谨慎的吴凯庆在电话里问了我很多关于吴棠的问题，最后确认了我真的是吴棠研究者，可以托付祖宗留下的诗稿。吴蓉兄妹请示了母亲孙舜华，老太太非常开明，说是给诗稿找到了一个好的归宿。我太高兴了，当即向滁州市文广新局局长郝定孝汇报，他支持我赴四川去取诗稿。

第二天，文物科科长周海利和明光市政协的贡发芹先生陪同我一起赶赴成都。当时，我正患腰椎间盘突出症，腰间绑着绷带，坐了12个小时的火车，晚上8点多钟赶到了成都，与吴蓉约好次日上午见面商谈捐献诗稿的事情。

当天晚上，我翻来覆去地睡不着，老是想着明天上午跟他们怎么谈。滁州市文广新局本来说好来一位副局长，但临时有事没来。如果吴蓉兄妹提出了过高的要求，我一个退休的政协副主席，能够答复吗？同行的贡发芹先生和我一样，是请来的专家组成员。而唯一可以拍板的人就是周科长，可是按照机关工作程序，他的权限是有限的。对于这样的海内孤本，如何估量它的经济价值和文化价值啊？一夜忐忑不安地度过，只好安慰自己车到山前必有路。第二天上午，吴凯庆和吴蓉来到了我们下榻的宾馆，他们带来了吴炳仁的诗稿。

吴凯庆（左）、吴蓉（右）与作者

没想到的是他们爽快地把它交给了我们，一点要求都没提。这可是好几代人保存的诗稿原件、海内孤本啊，它寄托着后人对祖先的一片赤诚。而这份手稿里面不但有吴棠及其家族的大量史料，还有对滁州美丽山水的歌吟和赞美，是研究滁州历史文化的一份珍贵的史料。我被吴家兄妹的这份盛情，深深地感动了。与周科长商量以后，我给他们表了态。我说："请拿出你们的手机来录音吧，我是一位退休的副主席，无法给你们更多的承诺。但是我今天在这里的承诺，我一定会兑现。这就是我们把这份诗稿带回去以后，会放在我们市博物馆的地库里恒温保存。然后再请相关的专家原样复制两份，一份放到吴棠故居里面去展出，一份送还你们传承后代。"

我们三人把这份带着吴家人浓浓情意的诗稿带回了滁州。周科长在全国范围寻找古籍复制的专家，终于在杭州找到了。我急忙向为我们提供信息的吴绍坪报喜，不料，她说："你们手里的诗稿是不完整的，我这里还有10页。"我翻阅诗稿，才发现原来真的被裁去了10页。于是，我急忙与吴绍坪协商，请她抓紧时间给我们寄到滁州来。没想到吴绍坪的爱人曾悦球病危，正在医院抢救。为了不耽误吴棠故居在元旦开馆，吴绍坪强忍悲痛，安排儿子和其他亲友在医院陪护，自己则连夜赶回家把缺页找出来，并于次日寄往滁州。四天以后，曾悦球去世了。听到这个消息，我手捧着薄薄的10页诗稿，忍不住流下泪来，心里真是满满的感动。我仔细阅读了这些残缺的纸片，慢慢的，一个革命志士的形象浮现在我的眼前。舍小家，为国家，不惜装作"土匪"去抢劫自己的父母，来为革命筹集军饷，以致被父亲逐出祠堂。可是他为什么要这样做呢？当时的革命党组织，那时是否对他们有要求呢？为了弄清楚这一切，我和吴绍坪想邀请在武汉的亲友们前去辛亥革命纪念馆查找相关资料。没想到吴氏宗亲吴志诚先生，看到微信群里发出的消息后，不顾 90 高龄，第二天就跑到武汉辛亥革命纪念馆，为我们拍来了《邹永成骗金首饰》等有关从亲人手中巧取金钱资助革命的图片与资料。武汉辛亥革命博物馆于 2011 年 10 月 1 日对外开放。在主楼内分五个部分展出：晚清中国、革命源起、武昌首义、创建共和和辛亥百年。其中第三部分内有“起义经费的筹集”展版，自左起：居正与焦达峰“盗金菩萨”、邹永成“骗金首饰”、刘贤沟“捐助夏布”、张振武“出售祖产”和“刘公捐献巨金”等内容。辛亥革命纪念馆的资料为吴增达抢劫自家支持“二次革命”的行为，找到了合理的解释。

随即，布展专家组的黄玉才先生把诗稿亲自送到杭州复制完成。2020 年的元旦，吴棠故居开馆啦！吴氏兄妹捐献的这份诗稿的复印件陈列在展厅中。而原件呢，静静地躺在市博物馆的地库里将永久保存。革命志士吴增达在被父亲逐出祠堂 107 年后，终于又回到了吴家。

复制的约园存稿

参考文献

一、著作

［1］台北“故宫博物院”藏：《军机及宫中档》。

［2］中国第一历史档案馆藏：《朱批奏折》。

［3］中国第一历史档案馆藏：《录副奏折》农民运动类，第778卷。

［4］中国第一历史档案馆藏：内务府《奏销档》，咸丰二年一至三月。

［5］中国第一历史档案馆藏：《清穆宗实录》卷153。

［6］中国第一历史档案馆编：《咸丰同治两朝上谕档》。

［7］中国第一历史档案馆编：《圆明园》，上海：上海古籍出版社，1983年版。

［8］吴棠著：《望三益斋诗文钞》，上海：上海古籍出版社，2010年版。

［9］陈庆年著：《吴棠年谱》，《近代史资料》总75号，北京：中国社会科学出版社，1989年版。

［10］吴焘，吴炳彝修：《盱眙吴氏孝敬堂族谱》，同治十三年（1874年）望三益斋刻本。

［11］吴焘著：《川中杂识》，北京：学苑出版社，2006年版。

［12］吴焘著：《游蜀后记》，《中华大典·交通运输典·交

通路线与里程分典》，上海：上海交通大学出版社，2017 年版。

[13] 吴炳祥著:《怡庐诗钞》, 光绪二十六年(1900 年)刻本。

[14] 吴炳仁著:《冰蚕剩稿》(抄本)。

[15] 吴炳仁著:《约园存稿》(抄本)。

[16] 吴克敏著:《回忆徐森玉、沈仲章两先生》, 1988 年复印稿。

[17] 吴克敏著:《给上海文史馆的信》(手稿)。

[18] 吴克颐著:《碎墨残红诗存》, 1985 年油印稿。

[19] 吴绍坪, 吴绍赣修:《盱眙吴氏孝敬堂家谱》, 2003 年。

[20] 郝润华编校:《鲁通甫集》, 西安: 三秦出版社, 2011 年版。

[21] 曾国藩著:《曾国藩全集》, 长沙: 岳麓书社, 2011 年版。

[22] 顾廷龙, 戴逸主编:《李鸿章全集》, 合肥: 安徽教育出版社, 2008 年版。

[23] 李鸿章著, 吴汝纶编:《李文忠公全书·奏稿》, 卷 23, 光绪三十一年(1905 年)刻本。

[24] 吴汝纶著, 宋开玉整理:《桐城吴先生日记》, 石家庄: 河北教育出版社, 1999 年版。

[25] 姚永朴著, 张仁寿校注:《旧闻随笔》, 合肥: 黄山书社, 1989 年版。

[26] 沈云龙主编, 缪荃孙纂录:《近代中国史料丛刊·续碑传集·督抚》, 台北: 文海出版社, 1966 年版。

[27] 缪荃孙著:《艺风老人年谱》,《晚清名儒年谱》, 北京: 北京图书馆出版社, 2006 年版。

[28] 奕訢等撰：《钦定剿平捻匪方略》卷46，清同治十一年（1872年）铅印本。

[29] 张瑞墀撰：《两淮戡乱记》，《中国近代史资料丛刊》，上海：神州国光社，1953年版。

[30] 王定安撰：《求阙斋弟子记》，《中国近代史资料丛刊》，上海：神州国光社，1953年版。

[31] 赵烈文撰：《能静居日记》（同治六年五月十八日），桂林：广西师范大学出版社，2004年版。

[32] 周询著：《蜀海丛谈·吴勤惠公》，成都：巴蜀书社，1986年版。

[33] 沃丘仲子著：《近代名人小传》，武汉：崇文书局，1918年版。

[34] 周采泉著：《杜集书录》，上海：上海古籍出版社，1986年版。

[35] 马新贻撰：《奏为在籍京员守城殉节胪阵死事情形恳恩敕部议恤折》，《半岩庐遗集》卷首。

[36] 曾国藩撰：《仁和邵君墓志铭》。

[37] 徐珂编撰：《清稗类钞·文学》，上海：商务印书馆，1920年版。

[38] 高均儒撰：《祭邵枢部文》，《续修四库全书·集部别集类》，上海：上海古籍出版社，2002年版。

[39]（清）王先谦编：《清经解续编》（第5册），上海：上海书店出版社，2002年版。

[40] 王效成撰：《伊蒿室集》，咸丰五年（1855年）望三

益斋刻本。

[41] 王达津主编，南开大学古籍整理研究所选：《清代经部序跋选》，天津：天津古籍出版社，1991 年版。

[42]（英）濮兰德，白克好司著，陈冷汰译：《慈禧外纪》，沈阳：辽沈书社，1994 年版。

[43] 恽毓鼎著：《崇陵传信录》，重庆：重庆出版社，1998 年版。

[44] 恽毓鼎著，史晓风整理：《恽毓鼎澄斋日记》，杭州：浙江古籍出版社，2004 年版。

[45] 陈赣一著：《睇向斋秘录》，上海：文明书局，1922 年版。

[46] 刘厚生编著：《张謇传记》，上海：上海书店出版社，1985 年版。

[47] 马叙伦著：《石屋余渖　石屋续渖》，太原：山西古籍出版社，1995 年版。

[48] 胡思敬著：《国闻备乘》，成都：四川人民出版社，1985 年版。

[49] 王壮弘著：《崇善楼笔记》，上海：上海书店出版社，2008 年版。

[50] 郭沫若著：《石鼓文研究·诅楚文考释》，北京：科学出版社，1982 年版。

[51] 罗尔纲著：《李秀成自述原稿注》，北京：中华书局，1982 年版。

[52] 朱家溍著：《故宫退食录》（下），北京：紫禁城出版社，2009 年版。

[53]贡发芹编著:《吴棠史料》,深圳: 珠江文艺出版社,2006年版。

[54]杜宏春编著:《吴棠行述长编》,合肥:黄山书社,2016年版。

[55]顾建娣著:《吴棠与咸同政局》,北京:中国社会科学出版社,2014年版。

[56]唐浩明著:《唐浩明评点曾国藩日记》,青岛: 青岛出版社,2017年版。

[57]俞炳坤等著:《西太后》,北京:紫禁城出版社,1985年版。

[58]赵雅丽著:《晚清京师南城政治文化研究》,南京:凤凰出版社,2011年版。

[59]上海古籍出版社,上海书店编:《二十五史·清史稿》,上海:上海古籍出版社、上海书店,1986年版。

[60]王钟翰点校:《清史列传》卷53—56,北京:中华书局,1987年版。

[61]金毓黻著:《东北通史》(上编六卷),重庆:五十年代出版社,1944年版。

[62](清)熊祖诒纂修:《滁州志》,光绪二十二年(1896年)。

[63](民国)杭海纂修:《滁县乡土志》,滁州市(县级)地方志编纂办公室,1984年版。

[64]滁州市(县级)文化局编:《滁州市文物志》,滁州市(县级)文化局,1987年版。

[65] 滁州市（县级）地名领导小组办公室编：《安徽省滁州市地名录》，滁州市（县级）地名领导小组办公室，1984 年版。

[66] 宁宗宪主编：《中国戏曲志 · 安徽省卷 · 滁县地区分卷》，滁县地区行署文化局，1990 年版。

[67] 汪雨相纂修：《嘉山县志稿》（手稿），1936 年。

[68] 张其浚修，汪克让纂，张莲芳点校注释：（民国）《全椒县志》，全椒县地方志编纂办公室，1996 年版。

[69] 滁州市（县级）地方志编纂委员会编：《滁州市志》，北京：方志出版社，1998 年版。

[70] 滁州市地方志编纂委员会编：《滁州市志》，北京：方志出版社，2013 年版。

[71] 政协盱眙县文史资料委员会编：《盱眙文史资料选辑》（第 3 辑），1986 年版。

[72] 政协盱眙县文史资料委员会编：《盱眙今古传奇》，2001 年版。

[73] 刘功昭选编：《淮安故事传说 · 吴棠尊师》，北京：中共党史出版社，2003 年版。

[74] 江苏省民间文艺家协会选编：《清官 贪官 糊涂官》，北京：中国友谊出版公司，2002 年版。

[75] 武佩河，贡发芹编著：《中国民间故事全书 · 安徽滁州 · 明光卷》，北京：知识产权出版社，2012 年版。

[76] 嘉山县政协文史资料委员会编：《嘉山文史》（第 4 辑），1987 年版。

[77] 孔凡仲主编：《安徽民间故事集成 · 滁州卷 · 明光民

间故事》，西安：三秦出版社，2002 年版。

[78]江东流等编著:《淮阴古代掌故》,北京: 中国社会出版社，1990 年版。

[79] 马春阳，顾桐山编：《民间吟诗作对闹笑话丛书 · 趣对雅诗笑话故事 · 吴棠孝母尊师》，合肥：黄山市社，1997 年版。

[80] 丁剑主编：《安徽掌故》，合肥：黄山书社，1990 年版。

[81] 何席章主编:《安徽文史资料全书 · 滁州卷》，合肥：安徽人民出版社，2007 年版。

[82]（民国）交通部、铁道部交通史编纂委员会编：《交通史 · 路政编》（十），1935 年版。

[83] 吴新雷主编：《中国昆剧大辞典 · 舒颐班》，南京：南京大学出版社，2002 年版。

[84]王永敬主编:《中国"昆曲学"研究课题系列, 昆剧志(下卷）》，上海：上海文化出版社，2015 年版。

[85] 范凤书编：《中国著名藏书家与藏书楼》，郑州：大象出版社，2013 年版。

[86]刘学锴等编:《李商隐资料汇编》, 北京, 中华书局, 2001 年版。

[87] 任继愈主编：《中国藏书楼》，沈阳：辽宁人民出版社，2001 年版。

[88] 瞿冕良编著：《中国古籍版刻辞典》，苏州：苏州大学出版社，2009 年版。

[89] 李澍田主编：《东北文献辞典》，长春：吉林文史出版社，1994 年版。

[90] 柳成栋，宋抵编：《东北方志序跋辑录》，哈尔滨：哈尔滨工业大学出版社，1993 年版。

[91] 金毓黻撰：《东北文献零拾心史丛刊合订本》，台北：华文书局，1969 年版。

二、论文

[1] 周退密撰：《文史馆感旧录》（二），《中国书画》，2011 年第 10 期。

[2] 李爽撰：《清代〈钱注杜诗〉暗中流传与突破禁毁考述》，首都师范大学 2007 年硕士学位论文。

[3] 罗志撰：《吴棠奏折透露的清江浦修城秘密》，《江苏地方志》，2019 年第 2 期。

[4] 马昕撰：《邵懿辰诗文集版本考述》，《安徽师范大学学报》（人文社会科学版），2017 年第 1 期。

[5] 金晓东撰：《蒋光焴与邵懿辰交游考述》，《传统中国研究集刊》，2014 年第 1 期。

[6] 许艳青撰：《莫伯骥〈叶氏藏书纪事诗补续〉佚文及其文献价值》，收于程焕文，沈津，张琦等主编：《2016 年中文古籍整理与版本目录学国际学术研讨会论文集》（下），桂林：广西师范大学出版社，2018 年。

[7] 丛佩远，柴营撰：《辽海志略奉天抄本述略》，《文献》，1990 年第 1 期。

[8] 鲁继红，宁勇撰：《〈辽海志略〉的史料价值》，《东北史地》，2012 年第 6 期。

[9] 邱彦贵撰：《记史语所傅斯年图书馆藏〈辽海志略〉》，《大陆杂志》，1991 年第 83 卷第 3 期。

[10] 鲁继红，王峰撰：《〈辽海志略〉的流传与存佚》，《社会科学战线》，2008 年第 11 期。

[11] 朱树谦撰：《有关吴棠对慈禧太后微时有恩的传说不可信》，《扬州大学学报》（人文社会科学版），2009 年第 1 期。

[12] 欧阳跃峰撰：《恽毓鼎〈崇陵传信录〉辨误》，《历史档案》，1990 年第 1 期。

[13] 顾建娣撰：《吴棠与慈禧传闻之再研究》，《中国社会科学院近代史研究所青年学术论坛》（2010 年卷），2011 年 12 月。

[14] 杨荫南撰：《关于吴棠的传说》，收入《盱眙文史资料》（第 10 辑），1994 年。

后 记

与晚清封疆大吏吴棠结缘，始于 2004 年，我在滁州市琅琊区政协担任驻会副主席，为完成名人故居查找保护的工作任务，历尽艰辛，找到了四川总督吴棠在滁城的故居吴府（南公馆）。2005 年，我写的提案《四川总督吴棠故居亟待保护》，促成了吴棠故居成为“滁州市文物保护单位”。十多年来，我以市政协常委的身份，利用政协全会、调研视察等各种机会，向历届滁州市委、市政府主要领导呼吁，要求修复吴棠故居。2016 年，吴棠故居的修复与布展工作开始启动，我以专家身份参与其中。2020 年元旦，吴棠故居开馆。

2018 年，滁州市文联约请我写一本关于吴棠的书。我立即联系了贡发芹先生，建议由他来写，他说他已经在写《吴棠评传》。我年近古稀，身体多病，本不堪胜任。犹豫再三，考虑到我手中多年来搜集了大量的资料，尤其是当年提供资料的吴氏宗亲，如吴棠嫡玄孙吴绍彬、吴棠侄玄孙吴绍宪、族曾孙吴克仪、族玄孙吴绍华、族玄外孙王立仁等都已去世，在世的如今大多已是高龄。如果不把这些珍贵的资料披露出来，将淹没无存，于是就有了这本书。

为了兼顾一般读者和吴棠研究者，最大程度地保存史料，全书分为上、下两卷，既相互独立又相互联系，互为印证。上卷以平实的语言叙述吴棠的仕宦之旅及在滁州的生平事迹，展示其为故乡所作的卓越贡献，展现一代封疆大吏对故乡的深情厚谊。下卷以翔实的史料，侧重挖掘吴棠亦宦亦文，在文化上的贡献，如吴棠与桐城派的交游、藏书刻书的历史遗存，尤其是剖析了吴棠与慈禧太后的真实关系，以及文学作品对吴棠形象损毁的缘由。附录中吴棠故居背后的故事，使读者得以了解吴棠故居及吴氏家族更多的信息。

在本书成书过程中，得到贾鸿彬先生的鼓励和指点。吴氏宗亲吴绍坪、吴至诚、吴志浩、江铨等提供资料。杜宏春先生不但提供了大量资料，还多次给予答疑解惑。顾建娣博士的著作《吴棠与咸同政局》考据严谨、观点新颖，给了我很大启迪。滁州学院图书馆的王卫鸣先生、王娟老师帮助我联系外地图书馆购买资料。本书的初稿得到贡发芹先生的悉心审改、刘思祥先生的审订；曹家富、范振海两先生帮助我识别古代碑刻、吴棠印章，张道锋博士辅导我文献学知识；滁州地情人文研究会的倪阳、张祥林、裘新江、许恒贵、张铉、骆跃泉、李应青等同仁，或提供珍贵资料，或帮助校对文稿，给予诸多帮助；黄山书社向焱老师、章莹莹老师为本书付出艰辛劳动；我的爱人周频、女儿周熙婷、女婿朱贤雨也给予了很多的支持，在此一并深深地感谢。

本人分管政协文史工作 20 年，日常工作是编辑书籍，习惯于存史资政，著书实在不是强项，疏漏之处在所难免，恳请各位专家不吝赐教。

一自风雷惊落花， 尚祈朱日散余霞。

古稀著述为存史，重振精神说梦华。

作者

2020 年 9 月 7 日于金陵苑